T E Kinsey

Lady Hardcastle und der Tod im Theater

Autor
T E Kinsey wuchs in London auf und studierte Geschichte an der Universität Bristol. Er schrieb einige Jahre lang als Journalist für Zeitschriften und Magazine, bevor er der glamourösen Welt des Internets verfiel und bei einer sehr bekannten Unterhaltungswebsite arbeitete. Nachdem er dabei half, drei Kinder großzuziehen, Tauchen lernte und sich beibrachte, Schlagzeug und Mandoline zu spielen, beschloss er schließlich, dass es an der Zeit ist, zum Schreiben zurückzukehren. Zum Glück – denn seine Reihe um die exzentrische Hobbydetektivin Lady Emily Hardcastle und ihre tatkräftige Zofe Florence Armstrong wurde ein Megahit.

Von T E Kinsey bereits erschienen
Lady Hardcastle und der Tote im Wald · Lady Hardcastle und ein mörderischer Markttag · Lady Hardcastle und das tödliche Autorennen · Lady Hardcastle und ein filmreifer Mord · Lady Hardcastle und der tote Reporter · Lady Hardcastle und der Mord am Meer · Lady Hardcastle und der Todesflug · Lady Hardcastle und die tödliche Ernte · Lady Hardcastle und der Tod im Theater

T E Kinsey

Lady Hardcastle und der Tod im Theater

Kriminalroman

Deutsch von Bernd Stratthaus

blanvalet

Die Originalausgabe erschien 2022 unter dem Titel
An Act of Foul Play bei Thomas & Mercer, Seattle.

MIX
Papier | Fördert gute Waldnutzung
FSC® C014496

Penguin Random House Verlagsgruppe FSC® N001967

1. Auflage 2025

Redaktion: Susann Rehlein
Umschlaggestaltung: © www.buerosued.de nach einer
Originalvorlage von Thomas & Mercer
Coverdesign: Tom Sanderson
Coverillustration: Jelly London
StH · Herstellung: DiMo
Satz: Vornehm Mediengestaltung GmbH, München
Druck und Bindung: GGP Media GmbH, Pößneck
Printed in Germany
ISBN 978-3-7341-1379-6

www.blanvalet.de

1

Warum es im Theater eine Pause gibt, hat sich mir nie so recht erschlossen. Brauchen die Schauspieler nach all dem Herumgestehe und Gerede wirklich unbedingt ein bisschen Ruhe? Müssen sämtliche Zuschauer die ungenügend ausgestatteten Toiletten aufsuchen? Kann niemand eine weitere Stunde ohne ein Glas enttäuschenden Wein überstehen?

Es war Lady Hardcastles Geburtstag, und unsere kleine Gesellschaft würde im Le Quai essen, einem französischen Restaurant, das im Spätsommer in der Stadt eröffnet hatte und bald zum derzeit angesagtesten Speiselokal avanciert war. Unsere Suffragetten-Freundin Lady Bickle hatte angeregt, den Abend mit einem Theaterbesuch zu beginnen – das Stück eines ihrer Freunde wurde im Duke's Theatre aufgeführt.

Also war unsere Gruppe in die Frogmore Street gefahren, um sich dort dem Bristoler Theaterpublikum anzuschließen und einen Abend voller »ausgelassen heiterer Unterhaltung« zu erleben, wie sich der Theaterkritiker der *Bristol News* ausgedrückt hatte.

Er hatte nicht unrecht. In der Pause bemerkte ich, dass ich so viel gelacht hatte, dass mir die Wangen wehtaten und ich froh über die Erholung war. Vielleicht war *das* am Ende die Funktion von Pausen, obwohl es nicht erklären würde, warum man sie auch in einem Melodram oder einem Moralitätenspiel brauchte.

Wie auch immer die Begründung für die Pause lautete, als der Vorhang nach dem ersten Akt fiel, verebbten Gelächter und Applaus, und fast alle standen auf, um nach draußen zu gehen.

Lady Bickle und ihr Mann Sir Benjamin wollten zur Bar. Inspektor Sunderland und seine Frau Dolly gaben ihre Pläne nicht bekannt, woraus ich schloss, dass sie sich zur Toilette aufmachten. Die Lokaljournalistin Dinah Caudle und ihr Verlobter Dr. Gosling, der Gerichtsmediziner, wägten ihre Optionen ab, bevor auch sie sich für die Bar entschieden.

Lady Hardcastle wollte natürlich beides.

»Kommst du mit, Flo?«, fragte sie.

»Ich brauche nichts, danke«, erwiderte ich mit einem Lächeln. »Vielleicht stehe ich auf und vertrete mir ein bisschen die Beine.«

»Wie du willst, Liebes.«

Sie schloss sich den anderen an.

Ich setzte mich um, um eine bessere Sicht zu haben, lehnte mich auf das gepolsterte Geländer vor und sah mich im Zuschauerraum um. Das Duke's Theatre war zwar ziemlich groß, aber irgendwie verfügte es trotzdem über eine angenehm intime Atmosphäre. Ich hatte es immer gern besucht, vor allem wenn die Vorstellung gut war. Und diese war bis jetzt außerordentlich erheiternd gewesen. Lady Bickles Freund Hugo Bartlett war ein großartiger Komödienschriftsteller, und das Ensemble erfüllte seinen Text so wunderbar kunstfertig mit Leben, dass ich mir gewünscht hatte, der erste Akt möge gar nicht zu Ende gehen.

Der Feuerschutzvorhang war heruntergelassen worden, um die Quelle des Rumpelns und Klapperns zu verbergen, das von der Bühne herüberdrang, und so alles noch aufregender zu machen. Im Grunde wusste ich natürlich, dass die Geräusche nur ein Anzeichen für die harte Arbeit der unsichtbaren, zu wenig wertgeschätzten Bühnenarbeiter waren, aber ich stellte mir gern etwas ein bisschen Geheimnisvolleres vor.

Die Sunderlands kamen als Erste zurück.

»Das ging ja schnell«, merkte ich an.

»Es gab eine Schlange«, erklärte Mrs. Sunderland.

Ich nickte. Es gab immer eine Schlange.

Hinter dem Schutzvorhang klapperte und rumpelte es noch ein bisschen weiter.

»Ich frage mich jedes Mal, was dahinter so vor sich geht«, sagte Inspektor Sunderland und setzte sich wieder hin. »Sie müssen davon doch eine Ahnung haben, Miss Armstrong. Zirkusse und Theater unterscheiden sich ja nicht so stark voneinander, oder?«

»Nein, wahrscheinlich nicht«, entgegnete ich. »Und deshalb nehme ich an, dass Arbeiter mit schwieligen Händen Kulissen herumschieben und dann alles mit achtundzwanzig Pfund schweren schmiedeeisernen Gewichten fixieren. Die sie manchmal fallen lassen …« Ein weiterer lauter Knall ertönte. »Genau so.«

»Was für ein aufregendes Leben Sie geführt haben müssen«, sagte Mrs. Sunderland. »Manchmal beneide ich Sie darum, wissen Sie das?«

»Es hatte so seine Momente«, erwiderte ich vage.

»Das kann ich mir vorstellen. Sie haben so viele wundervolle Dinge getan und sind an so viele wundervolle Orte gereist. Ich bin ja nie weiter von zu Hause weggekommen als bis nach Brighton.«

»Da haben wir unsere Flitterwochen verbracht«, erklärte der Inspektor.

Mrs. Sunderland ergriff seine Hand. »Und wir hatten dort eine so schöne Zeit! Aber ich würde trotzdem gern ein paar von den Orten besuchen, von denen Emily und Sie uns immer erzählen.«

»Ich hatte großes Glück«, entgegnete ich. »Der einzige Nachteil ist, dass ich das alles immer in Gesellschaft von Sie wissen schon wem erleben muss.«

Mrs. Sunderland musste lachen. »Sie sind wirklich schrecklich. Ich habe nie zwei bessere Freundinnen kennengelernt.«

Ich bemerkte eine Bewegung hinter uns und drehte mich um. »Wenn man vom Teufel spricht.«

»Sollten mir die Ohren klingeln?«, fragte Lady Hardcastle.

»Ich habe nur gerade erzählt, was für eine furchtbare alte Schachtel Sie sind«, antwortete ich.

»Da hast du wahrscheinlich recht. Obwohl ich mich an eine Zeit erinnern kann, als die Dienerschaft noch ein bisschen diskreter bezüglich der Fehler ihrer Arbeitgeber war.«

»Sie wollen doch sicherlich nicht, dass ich lüge.«

»Guter Punkt. Aber jetzt rutsch mal, sei so lieb. Lass die alte Schachtel ihre müden Beine ausruhen.«

»Sie waren nicht annähernd so lange weg, wie ich erwartet hätte«, merkte ich an.

»Schlangen, Liebes. Dichte Reihen fröhlicher Theaterbesucher, die geduldig darauf warten, sich entweder zu entleeren oder aufzufüllen. Ich habe sorgfältig abgewägt und bin zu dem Entschluss gekommen, dass es viel unterhaltsamer wäre, die Pause in Gesellschaft meiner Freunde zu verbringen.«

»Es ist ein sehr lustiges Stück, finden Sie nicht?«, warf Mrs. Sunderland ein. »Georgies Freund ist ziemlich geistreich.«

»Der geheimnisvolle Hugo Bartlett«, sagte Lady Hardcastle. »Hat einer von Ihnen ihn schon kennengelernt?«

Die Sunderlands schüttelten die Köpfe.

»Lady Bickle hat versprochen, dass sie ihn uns nach der Vorstellung vorstellt«, sagte ich. »Wir können ihm dann alle zu seiner Brillanz gratulieren.«

»Georgie hat auch ein faszinierendes Leben geführt«, ergänzte Mrs. Sunderland wehmütig. »Warum habe ich denn kein faszinierendes Leben geführt, Ollie?«

»Weil du leichtsinnig genug warst, einen ehrgeizigen jungen Polizisten zu heiraten«, erwiderte der Inspektor. »Er hat dich zu einem Leben voller Banalität und Gewöhnlichkeit verurteilt.«

Sie ergriff noch einmal seine Hand und drückte sie

voller Zuneigung. »Das würde ich um nichts auf der Welt ändern.«

Daraufhin saßen wir in geselligem Schweigen beieinander, blätterten unsere Programme durch und warteten auf den Beginn des zweiten Akts.

Und warteten.

Die Zeit zieht sich in die Länge, wenn man auf eine Vorstellung wartet, aber diese Pause schien wirklich ewig zu dauern. Die Leute, die rechtzeitig zurückgekehrt waren, möglicherweise ohne das erledigt zu haben, was sie überhaupt erst aus dem Zuschauerraum getrieben hatte, redeten verärgert miteinander. Ich hörte Formulierungen wie »verdammt lange« und »ich wünschte, sie würden endlich weitermachen« aus dem Parkett zu uns heraufschweben. Ein paar Zuschauer standen auf und verließen erneut den Saal.

Irgendwann hörten wir dann die Pausenglocke, und der Zuschauerraum füllte sich rasch wieder.

Das Grummeln wurde durch ein aufgeregtes Murmeln ersetzt, das allmählich anschwoll, als die Leute ihre Plätze wieder einnahmen und angeregt mit ihrer Begleitung plauderten – über die gute Unterhaltung, die sie bisher genossen hatten, und in Erwartung der Unterhaltung, die gleich noch folgen würde.

Ein gedämpfter, beinahe ironischer Jubel kam auf, als der Brandschutz sich hob und der noch immer geschlossene rotsamtene Vorhang sichtbar wurde. Ein lautes Geräusch drang dahinter hervor, als in letzter Minute noch irgendeine Requisite auf der Bühne an Ort und Stelle geschoben wurde.

Nach ein paar weiteren Sekunden verloschen die Lichter im Zuschauerraum, und wir alle begannen aus Gründen, die ich noch immer nicht erklären kann, begeistert zu klatschen. Die Tür hinter uns ging auf, sodass Licht aus dem Foyer hereinströmte, woraufhin mehrere Leute im Parkett missbilligend zischten, obwohl sie selbst erst ein paar Augenblicke zuvor ihre Plätze wieder eingenommen hatten. Ich war fest davon überzeugt, dass es für sie gar keinen Unterschied machte, ob sie die Bühne sahen oder auf die Logen gafften. Die Tür schloss sich wieder, und die vier verbleibenden Mitglieder unserer Gesellschaft schoben sich im Dunkeln zu ihren Plätzen. Sie setzten sich umständlich hin, und ein Mann in der fünften Reihe sah auf.

»Würden Sie bitte still sein!«, tadelte er streng.

Da öffnete sich der Vorhang, und dahinter wurde ein neues Bühnenbild sichtbar. Akt zwei würde offenbar an einem großen runden Tisch in einer Ecke des Ballsaals stattfinden, im Anschluss an die Party, auf die sich die vier Protagonisten im ersten Akt vorbereitet hatten. Auf dem Tisch standen Champagnerflaschen in Kühlern, leere Gläser und mehrere Teller, auf denen die halb verzehrten Reste eines Büfetts lagen. Die Stühle standen schräg, als ob die vier Freunde gemeinsam zu einem letzten Tanz aufgesprungen wären.

Oder wenigstens drei von ihnen. Einer lag links vorn auf der Bühne auf dem Rücken, ein Theaterdolch ragte aus seiner Brust, und auf seinem Hemd breitete sich ein sehr überzeugend wirkender Blutfleck aus. Das Stück nahm eine dunklere Wendung, als ich erwartet hatte.

Offenbar hatten auch nur wenige andere mit so etwas gerechnet, sodass im Publikum hier und da aufgekeucht wurde und sich ein eiliges Flüstern verbreitete.

Die drei verbleibenden Freunde – ein Mann und zwei Frauen – traten von links auf die Bühne und plauderten und lachten, als ob sie gerade von der Tanzfläche kämen.

»Hör mal, Bertie«, sagte der Mann, »du hast da wirklich was verpasst, nicht wahr, Mädels? Der alte Biffy Blenkinsop hat versucht jemanden zu küssen …«

Er wurde durch den Schrei einer der Frauen unterbrochen, als diese die Leiche auf der Bühne bemerkte.

Wenn Frauen in Büchern losschreien, sobald sie eine Leiche sehen, finde ich das immer ein wenig übertrieben. Zwar weiß ich, dass ich in meinem Leben als Kammerzofe, Teilzeitspionin und Vollzeitbeobachterin Kontakt mit mehr Leichen hatte als eine durchschnittliche Frau in … nun ja, ihrem ganzen Leben … Also bin ich eventuell einfach nur unempfindlich dagegen geworden, aber ich habe in so einer Situation nicht ein einziges Mal aufgeschrien. Wahrscheinlicher ist es, dass ich so etwas sage wie: *Oh nein, nicht schon wieder.*

Es war allerdings ein Ausweis ihrer Fähigkeiten, dass der Schock der Schauspielerin ganz echt wirkte. Ich hatte mich gerade zu Lady Hardcastle umgewandt, um ihre überzeugende Darstellung einer zu Tode erschrockenen Frau zu kommentieren, als ich bemerkte, dass die zweite Schauspielerin hektisch in Richtung Seitenbühne gestikulierte. Während der Vorhang wieder zugezogen wurde, trat der Schauspieler zu seinem Kollegen, und wir hörten noch ein »Großer Gott«, dann war der Vorhang zu.

Im Publikum entstand ein Moment schockierter Stille, doch als die Lichter im Saal wieder angingen, brandete lautes Stimmengewirr auf.

Als die Zuschauer ihre Begleitungen wieder sehen konnten, begann die Spekulation. Was war hier los? War es eine echte Leiche gewesen? War jemand umgebracht worden? Mehrere Menschen versuchten den Saal zu verlassen, aber ihr Vorankommen wurde von der Masse der Neugierigen aufgehalten, die bleiben und herausfinden wollten, was hier vor sich ging.

Inspektor Sunderland war bereits von seinem Platz aufgestanden. »Das hat … Nun, es hat echt ausgesehen. Ich sollte besser hingehen und mich vergewissern …«

Er verstummte, als der Vorhang sich bewegte und ein Mann in Abendgarderobe sich auf die Bühne kämpfte. Er hob die Hände, und das Publikum verstummte.

»Meine Damen und Herren«, begann er. »Leider kann die Vorstellung von *Die Hedonisten* heute Abend nicht fortgesetzt werden. Wir entschuldigen uns dafür, Ihnen den Abend verdorben zu haben. Den Eintrittspreis können Sie sich entweder an der Kasse erstatten lassen oder Ihr Ticket gegen das einer späteren Vorstellung eintauschen. Ich möchte mich noch einmal für die Unannehmlichkeiten entschuldigen.«

Die Enttäuschung des Publikums brach sich in Form eines lauten Stöhnens Bahn, einer oder zwei riefen, was eigentlich vorgefallen sei – aber eigenartigerweise setzte sich niemand in Bewegung.

Der Inspektor trat an das Geländer unserer Loge und lehnte sich nach vorn.

»Entschuldigen Sie, Sir«, sagte er laut und vernehmlich. »Inspektor Sunderland von der Kriminalpolizei Bristol. Würde es Ihnen etwas ausmachen, uns mitzuteilen, was passiert ist?«

»Inspektor?«, erwiderte der Mann und schirmte seine Augen mit der Hand gegen den Scheinwerfer ab, der nun auf ihn gerichtet war. »Würde es Ihnen viel ausmachen, zu uns auf die Bühne zu kommen, bitte? Ihre Kollegen vom Polizeirevier sind unterwegs.«

Sein Kommentar löste ein neuerliches Stimmengewirr aus, diesmal mit beunruhigtem Unterton.

Der Mann auf der Bühne hob noch einmal die Hände und bat um Ruhe, aber der Aufruhr wurde nur umso heftiger.

»Meine Damen und Herren«, rief Inspektor Sunderland. »Dürfte ich um Ihre Aufmerksamkeit bitten?«

Er wurde ignoriert.

»Meine Damen und ...«

Ich tippte ihn gegen den Arm und bedeutete ihm, dass ich mich darum kümmern würde. Dann steckte ich zwei Finger in den Mund und stieß einen ohrenbetäubenden Pfiff aus.

In der schockierten Stille, die darauf folgte, fuhr der Inspektor fort. »Meine Damen und Herren. Anscheinend ist das hier zu einer Angelegenheit für die Polizei geworden, also würde ich Sie bitten, noch eine kleine Weile auf Ihren Plätzen sitzen zu bleiben. Mr. ...?«

Der Mann auf der Bühne bemerkte, dass er angesprochen wurde. »Adlam«, sagte er also. »Edwin Adlam. Ich bin der Intendant.«

»Mr. Adlam, wären Sie so nett, Ihre Belegschaft anzuweisen, Leute an den Türen zu postieren, bis meine Kollegen eintreffen. Niemand soll das Theater verlassen.«

Das Stimmengewirr wurde nun durch empörte Rufe ersetzt.

Der Inspektor wartete, bis diese abgeebbt waren.

»Wenn diese Angelegenheit so ernst ist, wie sie scheint«, fuhr er dann fort, »ist es unverzichtbar, dass wir Sie alle vernehmen.«

»Ich muss nach Hause«, rief der Mann aus dem Parkett, der uns vorhin angewiesen hatte, still zu sein. Mehrere andere Zuschauer pflichteten ihm bei.

»Und ich bleibe auch nicht, wenn hier ein Mörder frei rumläuft«, ergänzte ein weiterer.

Das führte zu panischen Tuscheleien und neuerlichen Bemühungen, das Theater zu verlassen.

»Sie kommen schon heim«, versprach der Inspektor. »Meine Kollegen sind in wenigen Augenblicken hier, und Sie werden weit vor dem angesetzten Ende der Vorstellung aufbrechen können.«

Erneut brandete aufgeregter Lärm auf, aber die Neugier und der instinktive Gehorsam gegenüber den Anweisungen einer Autoritätsperson waren stärker als die Angst, sodass alle sich wieder hinsetzten. Der Inspektor wandte sich an uns.

»Ich sollte besser hinter die Bühne gehen«, erklärte er. »Gosling? Ich denke, Sie werden dort ebenfalls gebraucht.«

»Natürlich«, erwiderte Dr. Gosling. »Entschuldigt uns bitte. Wir sind so schnell wie möglich zurück.«

Eine Zeit lang verhielten sich die Leute schmollend fügsam und blieben sitzen. Dann und wann brachten sie Angst oder Sorge zum Ausdruck sowie einigen Ärger darüber, dass sie daran gehindert wurden, das Theater zu verlassen, aber die wenigen Gespräche, die ich deutlich mitanhören konnte, schienen eine widerwillige Einsicht in die Logik des Inspektors nahezulegen: Wenn das Theaterstück weitergegangen wäre, wären sie ohnehin noch eine Stunde auf ihren Plätzen gesessen, also wurde ihre Heimkehr de facto gar nicht verzögert.

Was der Inspektor allerdings nicht beachtet hatte, war, dass sie, wenn sie sich das Theaterstück angesehen hätten, angenehm vom Bühnenspaß unterhalten worden wären, sodass die Stunde nur so verflogen wäre. Doch in der jetzigen Situation gab es nichts, womit sie sich hätten ablenken können, sodass die Stimmung sich allmählich von genervter Unruhe und gereizter Resignation über ungeduldige Verärgerung zu renitenter Aufregung wandelte.

Die Leute hatten begonnen, aufzustehen und sich umzusehen und ihre Nebensitzer in ein Gespräch darüber zu verwickeln, wie schrecklich es doch sei, dass wir alle hier festgehalten wurden. Das Aufstehen führte zu allgemeiner Unrast, und einer oder zwei der aufsässigeren Besucher näherten sich den Türen des Zuschauerraums, wo die Angestellten des Theaters sie höflich, aber bestimmt aufforderten, sich wieder hinzusetzen.

Mrs. Sunderland war beunruhigt. »Wer könnte denn so etwas getan haben?«, fragte sie.

»Wenn das irgendjemand herausfinden kann«, erwiderte Lady Hardcastle, »dann Ihr Oliver.« Sie lächelte. »Wissen Sie eigentlich, dass ich ihn in all den Jahren unserer Bekanntschaft noch nie so angesprochen habe? Für mich ist er immer nur Inspektor Sunderland.«

»Er macht sich auch darüber lustig, dass Sie ihn ständig überreden wollen, Sie Emily zu nennen«, entgegnete Mrs. Sunderland. »Ich habe ihm gesagt, er soll nicht so albern sein, aber Sie werden füreinander wohl immer Lady Hardcastle und Inspektor Sunderland bleiben, meine Liebe.«

»Das werden wir wohl.«

»Also, Sie denken doch nicht, dass wir in Gefahr sind, oder? Wo jetzt ein Mörder frei im Theater herumläuft, meine ich.«

»Nein, wir sind so sicher wie nur irgend möglich. Ollie und Simeon sind hinter der Bühne, und wir haben Flo zu unserem Schutz.«

»Da haben Sie wohl recht«, erwiderte Mrs. Sunderland. »Wer auch immer dafür verantwortlich ist, Ollie wird ihn erwischen. Und je schneller, desto besser – der arme Schauspieler schien ein so netter junger Mann zu sein. Ich meine, ich weiß schon, dass er nur eine Rolle gespielt hat, aber so was merkt man doch, nicht wahr? Es ist eine solche Tragödie, dass er einfach so aus dem Leben gerissen worden ist.«

»Ich kenne nicht mal seinen Namen«, mischte sich Miss Caudle ein und blickte dabei in ihr Programmheft. »Ist das nicht furchtbar?«

»Er hieß Paul Singleton«, sagte Lady Bickle traurig. »Und er war tatsächlich ein ganz reizender Mensch. Ein ziemlicher Schlingel, aber einer mit einem Glitzern in den Augen.«

»Tut mir leid, Liebes«, entgegnete Lady Hardcastle. »Ich hatte vergessen, dass du ihn gekannt hast.«

»Ich kenne sie alle.« Sie blickte zu Mrs. Sunderland. »Ich bin nämlich mit dem Autor befreundet. Na ja, mit seiner Schwester – wir waren zusammen in der Schweiz auf dem Internat. Dort waren wir absolut unzertrennlich, aber jetzt habe ich sie schon seit Jahren nicht mehr gesehen. Eines Tages hat allerdings dieser Bursche bei uns vor der Tür gestanden und sich als ihr Bruder vorgestellt. Normalerweise wäre ich misstrauisch gewesen, aber ich habe die Familienähnlichkeit sofort erkannt. Er hat mir erklärt, dass seine Schwester ihn aufgefordert hat, bei mir vorbeizuschauen, solange er in Bristol zu tun habe, und ich bin wirklich froh darüber. Wir haben ihn zum Abendessen eingeladen, nicht wahr, Ben?«

»Haben wir, ja. Ein famoser Kerl. Im echten Leben nicht ganz so lustig wie in seinen Stücken, aber trotzdem ein angenehmer Tischgenosse.«

»Sehr angenehm«, stimmte Lady Bickle zu. »Ich habe dann meinem Interesse für seine Arbeit Ausdruck verliehen, also hat er gefragt, ob wir gern das Ensemble kennenlernen würden, das sein Stück im Duke's Theatre aufführt. Sie sind alle ganz wundervoll. Bestimmt sind sie am Boden zerstört.«

»Bestimmt«, pflichtete Lady Hardcastle ihr bei. »Es ist schrecklich, auf diese Weise einen Freund zu verlieren.«

Miss Caudle wandte sich an mich. »Werden Sie Ollie wieder behilflich sein? Ich muss mich gleich an einen Artikel setzen, sobald ich wieder ins Büro komme – es wäre ganz fantastisch, eine Quelle zu haben, die an den Ermittlungen direkt beteiligt ist.«

»Das sollten wir besser der Polizei überlassen, denken Sie nicht?«, erwiderte ich. »Nur dies eine Mal.«

»Da hat sie recht, Liebes«, stimmte Lady Hardcastle mir zu. »Es ist eine Sache, dabei zu helfen, Geheimnisse bei uns zu Hause zu lüften, aber wenn wir anfangen, uns auch noch mit Verbrechen zu befassen, die hier in der Stadt passieren, grenzt es doch ein bisschen an Einmischung.«

In Wahrheit waren wir gut darin, uns in Ermittlungen einzumischen, die nicht bei uns zu Hause stattfanden, aber ich war froh, dass sie mir in diesem Fall beisprang. Ich half immer gern, aber oft hatte ich den Eindruck, dass es besser wäre, sich rauszuhalten und stattdessen Miss Caudles Zeitungsartikel zu lesen.

»Da habt ihr wahrscheinlich recht«, lenkte Miss Caudle ein. »Und Ollie wird sowieso keine Schwierigkeiten haben, den Mörder zu fangen. Es ist ja nicht so, als ob es eine große Menge an Verdächtigen gäbe.«

»Eben«, bekräftigte ich. »Wir sollten uns besser raushalten.«

Die Stimmung unter den Zuschauern hatte sich zunächst wieder beruhigt, aber Zivilisation ist zerbrechlich und benötigt die andauernde Kooperation der Zivilisierten. Es braucht nicht viel, um diese Kooperation abzuschleifen, und in einem Theater eingepfercht zu sein – egal wie luxuriös es ausgestattet sein mochte –, war herausfordernd.

Als es nach einer halben Stunde noch immer keine Spur von Inspektor Sunderland und Dr. Gosling gab, wurde die versammelte Menge zunehmend aufsässig. Ausflüge zu den Türen wurden häufiger, und die daraus resultierenden Interaktionen mit dem Personal immer aggressiver.

»Das hier wird eher früher als später eine hässliche Wendung nehmen«, sagte ich leise zu Lady Hardcastle. »Ich würde Sie und unsere Freunde gern in Sicherheit bringen, solange ich kann.«

Sie lächelte und deutete auf die Loge. »Ich glaube, hier drin passiert uns nichts. Die Tür ist ziemlich stabil, und es wird wohl niemand dumm genug sein, vom Parkett zu uns heraufzuklettern. Außerdem, wohin sollten wir denn gehen?«

»Ich würde schon einen Weg finden. Wenn das Gerangel losgeht, wäre ich gerne nicht mehr da.«

»Dazu kommt es doch bestimmt nicht.«

Während sie noch sprach, packte ein junger Mann seine Freundin bei der Hand und rannte dann den Seitengang des Zuschauerraums hinunter. Als er sich dem Ausgang näherte, wurde der Lauf zu einem Angriff, er drehte leicht den Körper und richtete die Schulter in Richtung der Türen aus. Die beiden Platzanweiser, die ihm im Weg standen, entschieden, dass es auf keinen Fall ihre Aufgabe war, sich mit zahlenden Zuschauern zu prügeln, also traten sie eilig beiseite und ließen ihn vorbei.

Dem Publikum fiel rasch auf, dass hier etwas im Gange war, und alle Köpfe drehten sich, um zu sehen, wie das Unterfangen des Paars sich entwickeln würde.

Beinahe schienen sie schon ihre Freiheit wiedererlangt zu haben, als sich die doppelflügeligen Türen öffneten und der junge Mann gegen einen Polizisten stieß. Dieser war über eins achtzig groß und wog bestimmt hundert Kilo, das meiste davon waren Muskeln. Der Mann prallte einfach ab, fiel rückwärts um und riss dabei seine Freundin mit, sodass beide in einem unordentlichen Knäuel aus Gliedmaßen und derangierter Kleidung endeten.

Lächelnd streckte der Sergeant die Hand aus und half dem jungen Paar wieder auf die Beine.

»Hoppla«, sagte er. »Sie sind offensichtlich kein Rugbyspieler, Sir?« Mit einem weiteren freundlichen Lächeln klopfte er dem jüngeren Mann auf die Schulter. »Versuchen Sie nie, einen größeren Mann umzurennen, der aufrecht vor Ihnen steht – Sie landen dabei unweigerlich auf dem Hinterteil. Sie müssen den Körperschwerpunkt tief halten, verstehen Sie?«

Der Sergeant führte es ihm vor, indem er in die Knie ging und die Arme ausbreitete, als wollte er jemanden angreifen. Der Mann murmelte irgendetwas Unverständliches.

»Diese Ausdrucksweise ist doch unnötig, Sir«, entgegnete der Sergeant und richtete sich auf. »Setzen Sie sich einfach wieder hin, es dauert nicht mehr lange, dann können Sie gehen.«

Der junge Mann ergriff die Hand der jungen Frau

und versuchte, an dem Sergeant vorbei in Richtung Freiheit zu gelangen. Das Publikum, das das alles bis hierher schweigend mitverfolgt hatte, brach in heiteres Gelächter aus, als der Sergeant den Mann am Mantelkragen packte und ihn daran gute fünfzehn Zentimeter vom Boden hochhob. Ein, zwei Sekunden lang strampelte der Mann noch in der Luft und fuchtelte und zappelte vergeblich mit Armen und Beinen herum. Als er endlich stillhielt, stellte ihn der Sergeant sanft auf dem Boden ab.

»Wie schon gesagt, Sir, ich wüsste es wirklich zu schätzen, wenn Sie sich hinsetzen würden.«

Der Sergeant scheuchte das Pärchen zurück ins Parkett und sah ihnen hinterher, als sie zu ihrer Reihe zurückschlichen.

»Also«, sagte er dann mit einer Stimme, die ebenso gut trug wie die der Schauspieler, die vorhin auf der Bühne gestanden hatten. »Ich habe mit Inspektor Sunderland gesprochen, und er hat gesagt, dass Sie alle sehr bald gehen dürfen. Er möchte nur, dass Sie Ihre Namen und Adressen hinterlassen, damit er weiß, wo er Sie finden kann, wenn er sich mit Ihnen in Verbindung setzen möchte.«

Auf diese Erklärung hin ertönte weiteres unwilliges Gemurmel und wenigstens ein »Verdammte Frechheit!« vom Balkon, aber da jetzt ganz offensichtlich jemand zuständig war, schien das Publikum geneigter zu sein, sich den zivilisatorischen Gepflogenheiten unterzuordnen.

»Diejenigen von Ihnen, deren Mäntel in der Garderobe hängen«, fuhr er fort, als das Gegrummel verklungen war, »sollten eine ordentliche Schlange an den Hinterausgängen bilden, wo meine Leute sich rasch Ihre Kontaktdaten notieren. Die Übrigen verlassen das Haus bitte über die Seitenausgänge und sprechen davor noch mit den Polizisten, die dort postiert sind. Bewahren Sie Ruhe, bleiben Sie höflich und gehen Sie zügig weiter. Dann sind Sie rechtzeitig zum Kakao wieder zu Hause.«

Er zeigte auf die sich nun öffnenden Türen, und die Leute machten sich zum Aufbruch bereit.

Es gab ein wenig Stühlerücken, aber keine ernsthafte Bewegung in unserer Loge.

»Geht doch schon mal vor, meine Lieben«, sagte Dolly Sunderland mit einem erschöpften Seufzen, das Zeugnis von einem Leben im Schatten der Arbeit ihres Mannes ablegte. »Ich warte noch auf Ollie.«

»Unsinn«, erwiderte Lady Hardcastle. »Wir warten alle zusammen. Bestimmt brauchen sie nicht mehr lang.«

»Sei nicht albern«, meldete sich Miss Caudle zu Wort. »Schließlich feierst du heute deinen Geburtstag. Du solltest wirklich nicht hier rumsitzen müssen und auf unsere Kerle warten. Ich bleibe bei Dolly, und wir kommen dann so schnell wie möglich nach ins Le Quai und schließen uns den Feierlichkeiten an.«

»Nein, ehrlich …«, setzte Lady Hardcastle an, aber sie wurde von der Ankunft der Männer unterbrochen.

»Seid ihr immer noch hier?«, fragte Dr. Gosling aufgeräumt. »Wir dachten, ihr wärt inzwischen sicher schon unterwegs …« Er verstummte langsam, als er Miss

Caudles Gesichtsausdruck bemerkte. »Na ja … ich … also ich meine …«

»Tut mir leid, Mylady«, übernahm der Inspektor, »aber wir werden hier noch für eine Weile gebraucht. Bitte gehen Sie schon ohne uns los.«

»Bist du dir sicher, Liebling?«, fragte Mrs. Sunderland.

»Unbedingt. Wir beeilen uns, so sehr wir können, aber es ergibt keinen Sinn, dass ihr alle hier herumsitzt. Lasst euch das Essen schmecken. Wir versuchen, rechtzeitig bei euch zu sein, um auf das Geburtstagskind anzustoßen.«

Sir Benjamin hatte nur sehr wenig gesagt, seit die Leiche auf der Bühne entdeckt worden war, aber jetzt sah er zu seinem alten Freund Dr. Gosling auf und fragte: »Kann ich dir irgendwie helfen? Ich fühle mich ziemlich nutzlos, wenn ich einfach nur hier rumsitze.«

»Wir haben alles unter Kontrolle, alter Knabe«, entgegnete Dr. Gosling. »Die Leiche weist außer der Stichwunde keine Auffälligkeiten auf. Nur professionelle Sorgfalt hindert mich daran, hier und jetzt die Todesursache zu erklären. Ich warte damit bis nach der Obduktion, aber ich bin mir sicher, dass ich nichts anderes entdecken werde. Dein beträchtliches Talent wäre hier leider reine Verschwendung. Ich bleibe eigentlich auch nur, um Sunderland Gesellschaft zu leisten. Der arme Tropf wird immer ganz mürrisch, wenn man ihn alleine lässt.«

Der Inspektor verdrehte die Augen, und Sir Benjamin musste lachen.

»In Ordnung«, entgegnete er. »Dann kümmere ich mich um die Damen, keine Sorge. Wir heben euch ein bisschen Champagner auf.«

»Wir Damen kommen auch ganz gut alleine zurecht, vielen Dank«, warf Lady Bickle ein. »Ganz im Gegenteil werden wir diejenigen sein, die sich um *dich* kümmern.«

Sir Benjamin neigte lächelnd den Kopf. »Da hast du recht«, sagte er.

»Viel Glück, alter Knabe«, sagte Dr. Gosling. »Wir machen, so schnell wir können.«

»Kommen Sie doch alle mit«, schlug der Inspektor vor. »Wir lassen Sie durch den Bühnenausgang raus, dann müssen Sie sich nicht anstellen. Schließlich habe ich ja Ihre Namen und Adressen.«

Wir folgten ihm durch eine verriegelte Tür – der Intendant hatte ihm einen Schlüssel überlassen – zu dem Bereich hinter der Bühne, und irgendwann traten wir dann nach draußen in die kühle Novemberluft.

Es war nur ein kurzer Spaziergang zum Tramways Centre am Magpie Park und dann über die Clare Street und die Corn Street. Das Le Quai lag versteckt in einer Seitenstraße in der Nähe des St. Nicholas Market, und selbst an einem Dienstagabend wimmelte es in der Gegend vor Leuten, die zum Dinner oder zu einer Unterhaltung unterwegs waren. Ein fröhlicher kleiner Mann mit einem niedlichen Hund stand an einer Straßenecke und röstete Kastanien über einem Glutbecken, und wären wir nicht gerade auf dem Weg gewesen, uns in einem angesagten Restaurant vollzustopfen, hätte ich definitiv angehalten und mir eine Tüte gekauft.

An der Tür des Restaurants begrüßte uns der Oberkellner, ein bezaubernd liebenswürdiger und eleganter Mann, der auf den Namen Jean-Pierre Dubois hörte und perfektes Englisch mit einem exotischen Pariser Akzent sprach.

Als Lady Hardcastle bei unserem letzten Besuch versucht hatte, ihn in ein Gespräch in seiner Muttersprache zu verwickeln, hatte er mit einem gewinnenden Lächeln und einem neckischen Augenzwinkern zugegeben, dass er eigentlich Wally Dudden hieß und aus Totterdown stammte. Er war Frankreich nie näher gekommen als im Alter von sechs Jahren, als er mit seiner Tante Hilda Urlaub auf der Isle of Wight gemacht hatte. Wir liebten ihn darum nur umso mehr und hatten hoch und heilig versprochen, sein Geheimnis für uns zu behalten.

»*Bonsoir, madame*«, begrüßte er sie nun überschwänglich und schnippte mit den Fingern, damit uns jemand die Mäntel abnahm. »Und außerdem Miss Armstrong. Wie wundervoll, Sie zu sehen. Und Miss Caudle – vielen Dank für den wunderbaren Artikel in der *Bristol News*. Der Koch, wie sagt man doch gleich, war ganz aus dem Häuschen vor Freude?«

»Gern geschehen, Jean-Pierre«, erwiderte Miss Caudle lächelnd.

»Und Sir Benjamin und Lady Bickle. Sie erweisen uns so bald schon wieder die Ehre.«

»Wir halten es einfach nicht lange ohne Sie aus«, erwiderte Lady Bickle.

»Und da hinten versteckt sich auch noch Mrs. Sunderland«, sagte Jean-Pierre. »Sie sehen so schön aus wie immer, *madame*, so *élégante*.« Er warf einen Blick in das geöffnete Buch auf dem Pult neben der Tür und fuhr mit seinem langen Finger über die Liste der Reservierungen. »Wir haben heute Abend einen Tisch für acht Personen vorbereitet. Ist uns da ein Fehler unterlaufen?«

»Nein, mein lieber Jean-Pierre«, entgegnete Lady Hardcastle. »Inspektor Sunderland und Dr. Gosling kommen später nach. Sie sind bei der Arbeit aufgehalten worden.«

Er ließ den Blick noch einmal über unsere kleine Gruppe schweifen. »Ach, aber natürlich, ich sollte gesehen haben, wer fehlt. Es muss etwas Wichtiges sein, wenn es die beiden von so schönen Damen weghält.«

»Sie sind ein schamloser Charmeur, mein Lieber«, sagte Lady Hardcastle, »aber Sie haben recht. Es ist ziemlich wichtig, und wir sehen wirklich alle ziemlich gut aus.«

»Wir bringen Sie sofort zu Ihrem Tisch. Gibt es einen besonderen Anlass für Ihren Besuch? Wir haben Sie noch nicht alle zusammen hier begrüßen dürfen, wenn ich das recht sehe.«

»Emily hat heute Geburtstag«, erklärte Lady Bickle freudig.

»Oh, meine liebe Lady Hardcastle, Sie hätten etwas sagen sollen.«

»Na ja«, erwiderte sie gespielt verlegen, »ich mache eben nicht gern viel Aufhebens um meine Person.«

Ich widerstand der Versuchung, höhnisch loszuschnauben.

»Ich frage nicht, wie alt Sie sind, aber bestimmt nicht älter als *vingt-cinq ans, non*?«

Ich wartete darauf, dass Dr. Gosling »Ha! Und dann noch der ganze Rest« ausrief, aber dann fiel mir wieder ein, dass er ja gar nicht hier war. Bei diesem Gedanken musste ich lächeln.

»Ich weiß nicht, worüber du grinst, Flo«, sagte Lady Hardcastle. »Ich könnte sehr wohl für fünfundzwanzig durchgehen.«

»Aber natürlich«, entgegnete ich. »Aus der Ferne. Im Dunkeln.«

Jean-Pierre wackelte an mich gewandt mahnend mit dem Zeigefinger und führte uns dann mit einem Lächeln zu unserem Tisch.

Das Le Quai hatte erst Anfang September eröffnet, aber wir hatten dort seither schon wenigstens viermal gegessen, sodass es sich bereits gemütlich vertraut anfühlte. Von außen wirkte es schmucklos und anonym, nur der Pariser Schriftzug über der Tür lieferte überhaupt einen Hinweis auf die Wunder, die hier drin geschahen. Der Innenraum war allerdings etwas ganz anderes. Er war riesig und im Art-Nouveau-Stil eingerichtet, wie ihn die berühmtesten Pariser Restaurants bevorzugten. »*Très chic et très moderne*«, wie Jean-Pierre sich stockend ausgedrückt hätte.

Jean-Pierre brachte uns persönlich zu unserem Tisch und stellte uns Gaston vor, unseren Ober. Die Speisekarten erschienen wie aus dem Nichts, genau wie Eiskübel und Champagner.

Sir Benjamin erhob sich: »Bevor wir zu viel gegessen haben …«, setzte er an.

»Oder zu angesäuselt sind«, warf Lady Bickle ein.

»Oder das«, räumte er ein. »Bevor wir also zu satt oder zu beschwipst sind, um uns noch an den Anlass zu erinnern, aus dem wir hier sind, lasst uns die Gläser zu einem Toast auf das Geburtstagskind erheben. Auf Emily. Alles Gute zum Geburtstag.«

Wir stimmten begeistert ein und nippten an unserem Schaumwein.

Lady Hardcastle stand auf. »Da ich nicht daran gewöhnt bin, öffentlich zu sprechen …«

»Ach, halt den Mund, Liebes, sei so gut«, unterbrach Miss Caudle sie.

»Da hast du recht, meine Liebe.« Sie setzte sich wieder hin. »Ich wollte euch nur allen sehr dafür danken, dass ihr gekommen seid. Es war ein wunderbarer Geburtstag.«

»Abgesehen von dem Teil, wo einer der Schauspieler ermordet worden ist«, merkte ich an.

»Abgesehen davon, ja, Liebes.«

»Ich habe mich bemüht, es mir nicht zu Herzen zu nehmen«, ergriff Lady Bickle das Wort. »Ich wollte den Abend nicht verderben. Aber ich muss zugeben, dass mich die ganze Angelegenheit doch ziemlich aufgewühlt hat.«

»Mich auch, meine Liebe«, pflichtete Mrs. Sunderland ihr bei. »Ich weiß nicht, wie Ollie damit Woche für Woche klarkommt, wirklich nicht. Ein Blick auf diesen armen Mann, der da auf der Bühne lag, und ich wäre beinahe in Ohnmacht gefallen, das kann ich euch sagen.«

»Mir ist schlecht geworden, als ich zum ersten Mal

ein Mordopfer gesehen habe, nicht wahr, Flo?«, sagte Miss Caudle.

»Sie haben sich in die Rhododendren übergeben«, ergänzte ich.

»Es waren Hortensien«, verbesserten mich Miss Caudle und Lady Hardcastle gemeinsam.

Ich zuckte mit den Achseln, und alle mussten lachen.

»Ich denke, wir sind uns alle einig, dass es eine fürchterliche Sache war«, sagte Sir Benjamin. »Aber bitte, lasst uns nicht weiter darüber reden – schließlich hat Emily Geburtstag. Ich schlage vor, wir verbringen einen fröhlichen, mordfreien Abend. Morgen können wir dann den armen Singleton betrauern.«

»Sehr richtig«, stimmte Miss Caudle zu. »Also, wer von euch möchte die Bohnensuppe? Sie ist köstlich. Ihr müsst sie unbedingt probieren.«

Trotz des tragischen Vorfalls verbrachten wir einen wirklich wundervollen Abend. Inspektor Sunderland und Dr. Gosling kamen noch rechtzeitig zu *fromages et desserts* und schafften es sogar, nicht über den Fall zu sprechen.

Lady Bickle hatte freundlicherweise angeboten, Lady Hardcastle und mich in ihrem reizenden Haus am Berkeley Crescent zu beherbergen, was sich als gute Sache erwies, denn Sir Benjamins Prophezeiung erfüllte sich: Am Ende des Abends waren wir alle zu vollgefressen und zu angeheitert, um noch irgendetwas anderes zu tun, als eins der örtlichen blau lackierten Taxis zu rufen und uns in Richtung unseres jeweiligen Zuhauses kutschieren zu lassen.

2

Am nächsten Morgen wachte ich bestürzend früh auf. Kurz war ich verwirrt, mich in einem unvertrauten Zimmer zu befinden, in dem eine unvertraute Uhr auf einem unvertrauten Nachttisch tickte. Ich streckte die Hand nach Kerze und Streichhölzern aus, ertastete jedoch eine unvertraute Vase. Während ich mühsam zu mir kam, erinnerte ich mich wieder daran, dass ich im Haus der Bickles am Berkeley Crescent lag, und diese Vase zu einer elektrischen Lampe umgewandelt worden war. Irgendwann fand ich auch den Schalter und sah ganz kurz das Zimmer, bevor ich die Augen eilig wieder schloss, um die plötzliche blendende Helligkeit der Glühbirne auszusperren.

Ich öffnete sie nur einen winzigen Spalt und blickte in Richtung des Tickens. Es war sieben Uhr. Ich stöhnte auf. Wir waren bis nach drei Uhr aus gewesen, und ich hatte erwartet – oder allerwenigstens gehofft –, dass mein Hirn mich ausschlafen lassen würde, wo ich doch zur Abwechslung mal nicht früh raus musste, um irgendwelche Arbeit zu verrichten.

Ich schaltete das Licht wieder aus und versuchte, noch einmal einzudösen, aber es war zu spät. Inzwischen war ich hellwach.

Ich hatte ein Buch eingepackt, weil ich genau die Situation vorhergesehen hatte, also stieg ich seufzend aus dem Bett, holte es und begann zu lesen. Eine gute Stunde später, ungefähr um zehn nach acht, klopfte jemand.

»Herein«, sagte ich und ließ das Buch sinken.

Die Tür öffnete sich einen Spaltbreit, und Lady Hardcastles Kopf erschien. »Guten Morgen, winzige Dienerin«, sagte sie mit einem schelmischen Grinsen.

»Guten Morgen«, erwiderte ich. »Haben Sie gut geschlafen?«

»So gut, wie es bei einer Vierundvierzigjährigen eben möglich ist. Es kommt allerdings nicht oft vor, dass ich vor dir auf bin.«

»Ich bin schon seit über einer Stunde wach, also bin ich mir nicht sicher, ob es zählt.«

»Ah, aber ich bin schon angezogen«, konterte sie und öffnete schwungvoll die Tür, um mir ihr elegantes Kleid vorzuführen. »Also geht der Sieg an mich.«

Ich musterte sie von Kopf bis Fuß. Sie war tatsächlich angezogen, aber …

»Ich würde die Niederlage eingestehen, wenn Sie daran gedacht hätten, sich die Haare zu bürsten.«

»Ich *habe* sie gebürstet.«

»Nur vorne.«

»Ach es hat doch gar keinen Sinn, hinten zu bürsten – das kann ich sowieso nicht sehen. Was die Leute denken, interessiert mich nicht.«

»Mich interessiert es«, entgegnete ich. »Wir müssen das in Ordnung bringen, bevor Sie sich in der Öffentlichkeit zeigen.«

Sie seufzte resigniert. »Na gut. Können wir uns damit aber bitte beeilen?«

»Natürlich. Haben wir es eilig?«

»Nicht im eigentlichen Sinn … Aber ich würde gern nachsehen, ob es Frühstück gibt. Ich bin vollkommen ausgehungert.«

Ich musste lachen.

»Geben Sie mir ein paar Minuten, um mich anzuziehen, dann komme ich zu Ihnen und frisiere Sie. Sie sind nebenan, richtig?«

»Trödel nicht«, erwiderte sie und schloss die Tür wieder.

Als wir das Esszimmer betraten, saß Lady Bickle schon dort, hatte die Beine auf einen Stuhl gelegt und las den *Daily Telegraph*.

»Guten Morgen, die Damen«, begrüßte sie uns, ohne die Zeitung abzulegen. »Essen steht auf dem Sideboard. Bedient euch.«

»Danke, meine Liebe«, erwiderte Lady Hardcastle. »Haben wir Ben verpasst?«

»Leider ja. Er hat heute Morgen wichtige Chirurgensachen zu erledigen.«

»Er muss doch aber hoffentlich nicht operieren, oder? Nicht nach letzter Nacht.«

Lady Bickle lachte. »Keine Angst, es geht nur um eine Verwaltungsangelegenheit. Er muss einfach nur mit

Kopfschmerzen rumsitzen und so tun, als würde er sich für den Haushalt interessieren.«

»Ach, der arme Kerl. Das könnte ich ja nicht. Flo versucht immer, mich für die finanzielle Seite unseres Haushalts zu interessieren, aber ich bekomme dann einfach nur einen glasigen Blick und beginne mich zu fragen, ob man einer Katze wohl das Klavierspielen beibringen könnte oder wie viele Schafe wir im Notfall in den Rolls Royce bekommen würden.«

Das war natürlich gelogen – Lady Hardcastle wollte bis zum letzten Pfennig über Haushaltsangelegenheiten Bescheid wissen. Die Gewohnheit, die schrullige Gesellschaftsdame zu spielen, war ihr allerdings so sehr zur zweiten Natur geworden, dass sie manchmal nicht anders konnte, sogar unter Freundinnen, die von ihren Fähigkeiten beeindruckt gewesen wären.

»Ich weiß genau, was du meinst, meine Liebe«, entgegnete Lady Bickle. »Das Leben ist insgesamt einfach zu kurz, um sich mit so langweiligen Nebensächlichkeiten zu beschäftigen.«

Ich vermutete, dass auch das eine Lüge war. Lady Bickle hatte sich als sehr patente Frau erwiesen, als wir mit ihr und ihren befreundeten Suffragetten bei der Wahl 1910 mitgearbeitet hatten.

»Was ist mit Ihnen, Flo?«, fragte sie. »Wie stehen Sie zu dem allen?«

»Ich versuche immer noch, herauszufinden, welche Art von Notfall es unausweichlich machen würde, auch nur ein einziges Schaf zu transportieren, Mylady, ganz zu schweigen von einer kleinen Herde.«

Als Lady Hardcastle und ich uns mit unseren Tellern hinsetzten, bemerkte ich lächelnd, dass wir beide genau das Gleiche ausgewählt hatten: Speck, gebratene Eier, Wurst und gegrillte Tomaten. Wir hatten sogar unsere Toastscheiben auf die gleiche Seite des Tellers gelegt.

Lady Bickle legte den *Telegraph* hin und setzte sich auf. »Ich wollte euch um einen Gefallen bitten.«

»Wir tun dir gern jeden Gefallen, Liebes«, entgegnete Lady Hardcastle. »Das weißt du.«

»Es geht um die Sache mit dem lieben Paul Singleton. Ich weiß, dass ihn nichts zurückbringen kann, aber ich wünsche mir so sehr, dass der Gerechtigkeit Genüge getan wird …«

»Inspektor Sunderland sorgt schon dafür, mach dir keine Sorgen.«

»Ach, das weiß ich doch. Aber würde es euch sehr viel ausmachen … na ja … ein paar Nachforschungen für mich anzustellen?«

»Ich bin mir nicht sicher, ob das nötig ist, meine Liebe. Inspektor Sunderland ist einer der fähigsten Polizisten, die ich je getroffen habe.«

»Ach, ich wollte Ollies Fähigkeiten nicht in Abrede stellen. Wirklich nicht. Ich habe mich nur gefragt, ob es die Sache vielleicht beschleunigen könnte, wenn ihr mithelfen würdet. Allermindestens könntet ihr euch auf dem Laufenden über den Fortgang der Ermittlungen halten? Ihn nebenbei mal fragen, wie es so läuft, so was in der Art.«

»Du kennst ihn inzwischen doch sicher gut genug, um ihn das selbst zu fragen.«

»Oh, wir sind befreundet, das stimmt, aber ihr habt mit ihm schon oft zusammengearbeitet, und er respektiert euch. Wenn ihr euch für die Sache interessiert, fühlt er sich bestimmt geschmeichelt. Und vielleicht bittet er euch sogar um eure Hilfe, was dann wiederum Flos Bedenken ausräumen würde, euch ungebeten aufzudrängen.«

»Ich glaube, du überschätzt unser Ansehen, meine Liebe, aber wir versuchen es gern.«

Lady Bickle lächelte. »Danke. Wisst ihr, ich kann mir überhaupt nicht vorstellen, warum irgendwer ihn umbringen sollte. Er war so charmant und verwegen. Ein wenig wie ein Kobold. Ich kann mir schon denken, dass das nach einer Weile ein bisschen anstrengend werden könnte, aber nicht so sehr, dass man ihm den Tod wünschen würde.«

»Bis jetzt können wir nicht sicher sein, dass er das intendierte Opfer war«, merkte ich an. »Es kommt vor, dass Mörder Fehler machen.«

»Wir können nicht mal mit Sicherheit davon ausgehen, dass der Mörder überhaupt ein bestimmtes Opfer im Blick hatte«, ergänzte Lady Hardcastle. »Vielleicht wollte er einfach nur irgendeinen Schauspieler umbringen. Oder irgendjemanden, der etwas mit dem Stück zu tun hat. Oder überhaupt irgendwen.«

»Ach, aber das macht es ja nur umso schlimmer. Dass er aus einem bestimmten Grund getötet worden sein könnte, ist schon schlimm genug, aber daran zu denken, dass er dem Mörder vielleicht nur zufällig vors Messer gelaufen ist … ist einfach nur schrecklich. Nein, das kann ich nicht akzeptieren. Irgendwer muss irgendeinen verdrehten Grund gehabt haben, Paul Singleton zu töten, und Inspektor Sunderland muss herausfinden, wer es war und was dieser verdrehte Grund ist.«

»Er arbeitet bestimmt schon daran«, warf ich ein.

»Natürlich. Tut mir leid. Ich zweifle nicht an ihm. Es ist nur so …«

»Wir verstehen dich, meine Liebe«, sagte Lady Hardcastle sanft.

»Es gibt nur eine begrenzte Anzahl an Verdächtigen«, merkte ich an.

»Immerhin alle, die im Theater waren«, erwiderte Lady Bickle. »Und da müssen doch sicher … wie viele Leute reinpassen? Tausend?«

»Bequem«, erwiderte ich. »Aber wir können das gesamte Publikum ausschließen.«

»Aha? Wieso das denn? Jeder hätte doch hinter die Bühne gehen und ihn erstechen können.«

»Tatsächlich nicht«, übernahm Lady Hardcastle. »Flo hat recht. Aus dem Publikum kann es keiner gewesen sein. Erinnerst du dich denn nicht? Als der Inspektor uns nach hinten gebracht hat, musste er die Tür aufschließen. Man muss überprüfen, ob es noch andere Wege gibt, um hinter die Bühne zu kommen, aber ich würde darauf wetten, dass, wenn diese eine Tür verschlossen war, das auch für alle anderen gilt.«

»Hätte die Person denn nicht durch den Haupteingang hinausgehen, sich nach hinten schleichen und dann durch den Bühneneingang wieder hineinschlüpfen können?«

»Sind Sie je am Bühneneingang des Duke's Theatre gewesen?«, fragte ich. »Wir mussten dort einmal eine kleine … ›Angelegenheit‹ erledigen, das muss ungefähr ein Jahr her sein. Alles hatte in London angefangen, aber letztendlich sind wir in der Gasse hinter dem Duke's gelandet. Der Türsteher dort ist ein ganz famoser Kerl. An dem ist niemand vorbeigekommen.«

»Es muss also ein Mitglied des Ensembles oder einer der Bühnenarbeiter gewesen sein?«, folgerte Lady Bickle.

»Das wäre jedenfalls meine erste Vermutung«, entgegnete ich mit einem Nicken.

»Dem schließe ich mich an«, sagte Lady Hardcastle. »Obwohl mir im Moment noch ein Rätsel ist, wie die betreffende Person es geschafft hat, einen Mann auf offener Bühne zu erstechen. Wie hat sie ihn allein auf die Bühne gelotst? Wie ist sie nahe genug an ihn herangekommen? Wie hat sie das Töten bewerkstelligt, ohne dabei beobachtet zu werden? Und wie ist sie dann entkommen? Das herauszufinden, übersteigt nicht die Fähigkeiten des Inspektors, aber das wird ein Stück Arbeit.«

»Stimmt wohl«, pflichtete Lady Bickle ihr bei. »Also, wärt ihr wohl so lieb, ihm nach Kräften zu helfen und mich über seine Fortschritte auf dem Laufenden zu halten? Dafür wäre ich euch wirklich dankbar.«

»Natürlich, meine Liebe. Betrachte uns als deine Augen und Ohren im Herzen der Ermittlungen.«

»Danke. Wie sind denn die Würstchen? Die Köchin probiert gerade einen neuen Metzger aus, und ich bin mir nicht sicher, ob sie mir schmecken.«

»Ich bin mir auch noch nicht sicher«, sagte Lady Hardcastle. »Ich denke darüber beim Kauen nach. Steht denn irgendwas Interessantes in der Zeitung?«

»Nicht wirklich. In einem Artikel wird den Lesern geraten, mehr in ein vernünftiges Auto zu investieren. Proteste gegen den Krieg in Tripolis. Ein Artikel über den Harrods-Katalog, in dem es um ›seltsame Pelzmäntel fürs Auto, knautschfähige Pelzmützen und ein Pariser Bratenrock-Kostüm‹ geht. Ach, und irgendein Unsinn aus Birmingham über ein Treffen, das von der Nationalen Liga gegen das Frauenwahlrecht organisiert wurde. Es gab viel leeres Gerede darüber, wie schrecklich die Idee ist, Frauen wählen zu lassen, und dass darüber nicht das Parlament entscheiden solle, sondern es eine Volksabstimmung geben müsse. Was ja in Ordnung wäre, wenn Frauen zum Volk gezählt würden und dabei ebenfalls eine Stimme hätten. Es ist alles so furchtbar frustrierend.«

Überlegungen zum Mörder wurden vorerst beiseitegestellt, während wir Lady Bickles Arbeit für die Women's Social and Political Union besprachen, die Suffragetten.

Das Frühstück war allzu schnell vorüber, und wir packten unsere Taschen, um nach Littleton Cotterell zurückzukehren. Noch ein letztes Mal versprachen wir Lady Bickle, die Mordermittlungen im Auge zu behalten, dann schnallten wir die Tasche auf den Gepäckträger des Rolls Royce und brachen nach Hause auf.

»Haben wir noch irgendwelches Gebäck, weißt du das?«, fragte mich Lady Hardcastle, als wir ins Dorf hineinfuhren. »Glaubst du, Miss Jones hat welches gekauft? Du weißt schon, falls wir zufällig welches zum Morgenkaffee haben wollen?«

»Ich vermute eher nicht«, antwortete ich. »Warum? Haben Sie Appetit auf Gebäck?«

»Habe ich tatsächlich. Vielleicht etwas mit einer Glasur. Oder mit Johannisbeeren. Oder Marmelade. Ja, Marmelade. Marmeladendonuts. Sei so lieb und halte kurz bei Holman, ja?«

Ich parkte vor der Bäckerei und stieg aus, um nachzusehen, was er anzubieten hatte.

»Hallo noch mal, Miss Armstrong«, begrüßte mich Holman, als ich hereinkam. »Haben Sie etwas vergessen?«

»Ich ... äh ... Entschuldigung, was?«

»Meine Lippen sind versiegelt«, entgegnete er mit einem Augenzwinkern. »Ich will ja nicht, dass Sie Schwierigkeiten kriegen. Genug geredet. Was kann ich für Sie tun?«

»Ein halbes Dutzend Marmeladendonuts, bitte«, sagte ich noch immer verwirrt.

Mr. Holman lachte. »Ich spiele mit«, entgegnete er mit einem weiteren Augenzwinkern.

Ich ging zum Auto zurück und reichte Lady Hardcastle die Tüte.

»Ihre Leckereien, Mylady.«

»Für mich allein?«

»Ich habe ein bisschen mehr gekauft, falls Edna oder Miss Jones einen wollen.«

Sie machte die Tüte auf und zählte. »Aber hier sind sechs Stück drin.«

»Nur damit ich nicht noch mal losmuss, wenn Sie dann später sagen: ›Ach, liebe Flo, ich hätte so gern noch einen Donut.‹ Dieses Spiel spielen wir nicht zum ersten Mal, wissen Sie?«

Ich fuhr weiter.

Meine Freundin Daisy Spratt trat gerade aus dem Dog and Duck, um den Gehweg vor dem Pub zu fegen, und ich winkte ihr beim Vorbeifahren fröhlich zu. Ihr eigenes Winken wirkte eher verblüfft als fröhlich, als sie uns verdattert nachsah.

Lady Hardcastle bemerkte den Blick. »Womit hast du denn Daisy schon wieder aufgebracht?«, fragte sie.

»Keine Ahnung. Als ich gestern mit ihr gesprochen habe, ging es ihr noch gut.«

»Bestimmt renkt sich das wieder ein, das tut es doch immer.«

Ich parkte ordentlich in unserer kleinen Auffahrt und folgte Lady Hardcastle mit unseren Taschen zur Tür. Edna kam gerade durch die Eingangshalle, als Lady Hardcastle eintrat, einen Besen in der einen und den »Werkzeugkasten« mit Putztüchern und Polituren in der anderen Hand. Sie grüßte Lady Hardcastle und blieb dann abrupt stehen, als sie mich sah.

»Guten Morgen, Miss Armstrong. Wie sind Sie denn …? Ich meine, Sie waren doch gerade noch …«

»Ist irgendwas nicht in Ordnung, liebe Edna?«, fragte Lady Hardcastle.

»Ich glaube, ich weiß Bescheid«, warf ich ein. »Mr. Holman hat sich auch so komisch verhalten.«

»Ach ja?«

»Ja«, erwiderte ich nickend. »Und Sie haben doch auch Daisy gesehen. Inzwischen kann ich die Zeichen deuten. Entschuldigen Sie mich einen Augenblick, ich muss gerade mal ein bisschen ungehörig laut werden … Gwen!«, rief ich. »Gwenith! Komm sofort her!«

Meine Doppelgängerin erschien an der Tür zum Salon und hatte das schelmischste Grinsen aufgesetzt, das jemals einem menschlichen Wesen ins Gesicht geschrieben stand.

»Edna Gibson«, erklärte ich, »ich habe die Ehre, Ihnen meine Schwester vorzustellen, Mrs. Gwenith Evans.«

»*Bore da*, Mrs. Gibson«, sagte Gwenith mit einer kleinen Verbeugung. »Und Lady Hardcastle.«

»Hallo, meine Liebe. Wie schön, dich wiederzusehen.«

»Das Vergnügen ist ganz meinerseits. Und tut mir leid, Mrs. Gibson.«

»Nennen Sie mich doch Edna, meine Liebe.«

»Also dann, Edna, tut mir leid, dass ich Sie durcheinandergebracht habe. Das war eine zu gute Gelegenheit, um sie verstreichen zu lassen. Ich hätte nicht geglaubt, dass ich mich so einfach als meine Schwester ausgeben könnte, aber der Bäcker hat geglaubt, dass ich die kleine Flossie bin, also hab ich mir gedacht …«

»Die *kleine* Flossie?«, erwiderte Edna mit einem Kichern. Meine Zwillingsschwester und ich waren natürlich von ähnlicher Statur, und es amüsierte Edna sichtlich, dass eine von uns die andere als klein bezeichnete.

»Ich bin zwanzig Minuten jünger«, erläuterte ich

seufzend. »Deshalb war ich schon immer ihre kleine Schwester.«

»Und das solltest du auch besser nicht vergessen«, warf Gwen ein.

Ich stellte die Taschen ab, durchquerte die Halle und umarmte sie.

»Es ist so lange her«, sagte ich. »Warum hast du uns denn nicht gesagt, dass du kommst?«

»Ich wusste es selbst nicht. Es war eine dieser spontanen Eingebungen, weißt du?«

»Ja. Wo ist Dai denn?«

»Mit seiner Brigade unten in Shoeburyness zu einem Manöver. Da hab ich mir gedacht: *Warum soll ich hier müßig in Woolwich rumsitzen, wenn ich genauso gut in einen Zug springen und Flossie besuchen kann?* Und bevor ich noch Zeit hatte, dir zu schreiben, war ich mit meiner Tasche und einer Vesper für den Zug schon in Paddington. Ich hab unterwegs noch in Bath haltgemacht, um eine alte Freundin zu besuchen – ihr Mann ist ein Freund von Dai und war früher in seinem Regiment, aber er ist ausgemustert worden, und sie sind zurück nach Bath gezogen, um in der Nähe ihrer Mutter zu sein. Also habe ich bei ihr übernachtet und bin heute Morgen gleich hierhergekommen.«

»Und hast unterwegs noch den Bäcker zum Narren gehalten. Hast du sonst noch wen getroffen? Vor dem Pub vielleicht?«

»Eine lebhafte, dunkelhaarige junge Frau war gerade unterwegs in den Pub und hat mich gefragt, wie das Theaterstück gestern war, ja.«

»Das war meine Freundin Daisy. Was hast du gesagt?«

»Sehr berührend. Wunderschön.«

»Das muss sie verwirrt haben – ich habe ihr gesagt, dass es eine Komödie war. Kein Wunder, dass sie mich so komisch angeschaut hat, als wir an ihr vorbeigefahren sind. Wie lange kannst du denn bleiben?«

»Solange ihr mich ertragt. Dais Kompanie ist für ein paar Wochen weg. Ich dränge mich euch natürlich nicht so lange auf, aber eine Woche oder so wäre wunderbar, wenn das für euch in Ordnung ist.«

»Aber natürlich, Liebes«, sagte Lady Hardcastle. »Es ist schön, ein bisschen Gesellschaft zu haben.« Sie wandte sich an Edna. »Könnten Sie eines der Gästezimmer herrichten, bitte, liebe Edna? Dann können wir Gwenith dort einquartieren.«

»Wird sofort erledigt, Mylady«, antwortete Edna und entfernte sich in Richtung Treppe.

»Wir haben Donuts mitgebracht«, sagte Lady Hardcastle und wedelte mit der Tüte. »Wir lassen Ihnen einen in der Küche, Edna.«

»Vielen Dank«, entgegnete Edna mit einem Blick über die Schulter. »Ich mag Holmans Donuts gern.«

»Ah«, erwiderte Gwen. »Donuts. Einen Moment.«

Sie verschwand im Salon und kam wenige Augenblicke später mit ihrer eigenen Tüte wieder zurück. »Ich hab auch welche gekauft.«

Bei Kaffee und viel zu vielen Donuts erfuhren wir, was es an Neuigkeiten in Gwens Leben gab, und brachten umgekehrt auch sie auf den neuesten Stand bezüglich unserer eigenen letzten Abenteuer. Wir schrieben einander häufig, also wusste sie schon ein bisschen über die Flugzeuge und die Apfelplantage Bescheid, aber sie kannte noch nicht sämtliche Details und natürlich wusste sie auch nicht, was sich im Theater zugetragen hatte.

»Das alles lässt das Leben einer Soldatenfrau ein bisschen farblos erscheinen«, sagte Gwen, als wir fertig waren.

»Farblos vielleicht«, warf Lady Hardcastle ein, »aber darum nicht weniger befriedigend. Dafydds Beförderung ist doch eine wundervolle Neuigkeit.«

»Er hat wirklich Karriere gemacht«, stimmte Gwen zu. »Ein Bursche aus Merthyr ist jetzt Batteriefeldwebel in der Artillerie Seiner Majestät. Ich bin sehr stolz. Und mein Leben ist glücklich und bequem verglichen mit dem vieler anderer. Aber in Flugzeugen herumzufliegen und Geheimrituale in Obsthainen zu beobachten, ist doch eine andere Welt, nicht wahr? Und es ist schon Monate her, dass ich überhaupt mal im Varieté war, ganz zu schweigen von einem Stück, in dem einer der Schauspieler in der Pause ermordet wird.«

»Um ehrlich zu sein«, merkte ich an, »ist das das einzige Stück, in dem wir jemals waren, in dem einer der Schauspieler umgebracht worden ist.«

»Es gab da doch noch diesen Komiker, der im Hackney Empire gestorben ist«, erinnerte mich Lady Hardcastle.

»Weil Sie ihn erschossen haben. Das zählt nicht.«

Gwen musste lachen.

»Siehst du?«, sagte sie. »Viel aufregender als ein Liederabend im Crown and Cushion. Hättest du dir je träumen lassen, wo wir alle landen, Floss?«

»Nicht eine Sekunde lang. Damals sind wir durch den Zirkus geschlichen und haben uns füreinander ausgegeben.«

»Also war der Schabernack von heute keine neue Entwicklung?«, folgerte Lady Hardcastle.

»Ich bezweifle, dass es jemals eineiige Zwillinge gegeben hat, die dieses Spiel nicht gespielt haben. Es hört nie auf, lustig zu sein. Erinnerst du dich an den alten Mr. Roberts aus dem Metzgerladen in Aberdare, Gwen?«

»Der arme, alte Kerl«, erwiderte Gwen. »Wir haben ihn verrückt gemacht. Er konnte uns einfach nicht auseinanderhalten.«

»Es fällt mir schwer, das zu glauben«, sagte Lady Hardcastle. »Ihr seht doch vollkommen unterschiedlich aus.«

»Das liegt daran, dass wir nebeneinandersitzen. Wenn wir einzeln unterwegs sind …«

»Nein, ich wüsste immer noch, welche von euch welche ist. Vergesst nicht, dass Flo inzwischen seit siebzehn Jahren für mich arbeitet.« Sie benutzte nur sehr selten den Ausdruck »*für* mich arbeiten«. »Ich würde das sofort erkennen. Ganz abgesehen von allem anderen, hat sie ein kleines Muttermal neben dem linken Ohr, das du nicht hast.«

»Es gibt Leute, mit denen wir zusammen aufgewachsen sind, denen das nie aufgefallen ist«, entgegnete Gwen offensichtlich beeindruckt.

Es klingelte an der Tür.

»Wollen wir es austesten?«, schlug ich vor. »Lassen Sie Gwen an die Tür gehen, dann sehen wir, was passiert.«

»Ich wette drei Pence darauf, dass die Person es nicht bemerkt«, sagte Gwen.

»Dann mal los«, sagte Lady Hardcastle. »Die Wette gilt.«

Gwen stand auf und strich sich das Kleid glatt. »Bin ich vorzeigbar?«

Nach all den Jahren, in denen ich mit Lady Hardcastle zusammenlebte und dadurch mit Menschen aus aller Herren Ländern und jeder sozialen Schicht in Berührung gekommen war, hatte mein Akzent den Großteil seiner lokalen Färbung eingebüßt. Gwen hatte allerdings ein gutes Ohr und war in der Lage, mich perfekt zu imitieren.

Auch ich hatte ein gutes Ohr, und ihr Akzent war für mich sogar noch leichter nachzumachen als umgekehrt – schließlich war er früher mal mein eigener gewesen.

»Halbwegs«, erwiderte ich.

Sie ging in die Halle hinaus und ließ die Tür zum Salon offen stehen, damit wir mithören konnten.

Die Haustür wurde geöffnet.

»Guten Morgen«, sagte Gwen.

»Ah«, antwortete Inspektor Sunderland. Er wirkte ein wenig verwirrt. »Ist … äh … ist Lady Hardcastle zu Hause?«

»Ist sie, Sir. Einen Moment, ich sage ihr, dass Sie hier sind.«

»Danke.« Noch immer lag ein Zweifel in seinem Tonfall. »Sind Sie … sind Sie Florence Armstrongs Schwester?«

»Na, Sie sind aber wirklich ein Spielverderber«, erwiderte sie lachend. »Sie haben mich gerade drei Pence gekostet.«

»Tut mir furchtbar leid. Ich bin Inspektor Sunderland.«

»Ah, ich habe schon alles über Sie gehört. Gwenith Evans. Ehemals Armstrong.«

»Sehr erfreut. Sind sie drin?«

»Oh, tut mir leid, ja. Kommen Sie doch rein.«

»Guten Morgen, Inspektor«, begrüßte ihn Lady Hardcastle, als er den Salon betrat. »Verzeihen Sie bitte unsere Albernheiten. Die Armstrong-Schwestern waren überzeugt, dass sie Sie würden zum Narren halten können, aber ich hatte meine Zweifel.«

»Habe ich Sie nicht mal einen Moment lang hinters Licht führen können?«, fragte Gwen.

»Es war außerordentlich verwirrend. Zuerst war mir nicht klar, warum Sie nicht zu wissen schienen, wer ich war. Dann fiel mir wieder ein, dass Miss Armstrong schon oft von ihrer Zwillingsschwester erzählt hat, also habe ich ein bisschen genauer hingesehen. Sie haben kein Muttermal neben dem linken Ohr.«

Gwen lachte auf. »Nun, ich schiebe das mal auf Ihre Polizeiausbildung. Bäcker und Kellnerinnen sind leichter zum Narren zu halten.«

»Das muss es wohl sein«, entgegnete er.

»Aber jetzt, da wir das alles geklärt haben, kommen

Sie doch rein und machen Sie es sich bequem«, forderte Lady Hardcastle ihn auf. »In der Kanne ist noch Kaffee, außerdem gibt es mehr Donuts, als wir essen können.«

»Danke, Mylady. Ich möchte kein Familientreffen unterbrechen, aber wenn Sie mir ein paar Minuten Ihrer Zeit opfern würden – und einen Donut –, wäre das fantastisch. Ich muss zugeben, dass ich Donuts ziemlich gern mag.«

Er setzte sich hin, und ich schenkte ihm eine Tasse Kaffee ein.

»Also dann, lieber Inspektor, was besorgt Sie? Hat es vielleicht etwas mit dem Theatermord zu tun?«

»Es geht um den Theatermord, ja«, erwiderte er genüsslich kauend.

»Und was können wir diesbezüglich für Sie tun? Ich muss Sie warnen, dass wir uns schon ein bisschen darüber unterhalten haben, und leider haben wir bis jetzt noch keinerlei Geistesblitze gehabt. Aber wir helfen Ihnen immer gern bei Ihren Fällen – das wissen Sie ja.«

»Das weiß ich tatsächlich und bin dafür immer sehr dankbar. Aber leider ist es nicht mein Fall – das ist der erste Grund für meinen Besuch.«

»Nicht Ihr Fall? Oje. Was ist denn passiert?«

»Ach, nichts Schlimmes. Ursprünglich war ich eingebunden, weil ich zufällig im Theater war, als die Leiche entdeckt worden ist, aber einer meiner Kollegen – Dick Wyatt – war zu der Zeit im Dienst, also handelt es sich rechtmäßig um seinen Fall. Er hat mir zwar angeboten, ihn mir zu überlassen, da ich die Ermittlungsrädchen bereits in Bewegung gesetzt hatte, aber der Hauptkommissar will, dass ich mich um eine andere Sache kümmere, also übernimmt Wyatt schlussendlich doch.«

»Ach, wie schade. Ich hatte eigentlich gehofft, dass wir über den Fortschritt in diesem Fall auf dem Laufenden bleiben könnten.«

»Ah, na ja … nun, wissen Sie, das ist der zweite Grund, warum ich vorbeischaue. Ich werde ziemlich viel unterwegs sein müssen und … nun ja, üblicherweise rede ich nicht schlecht über Kollegen – das wissen Sie –, aber Wyatt … Wyatt ist …«

»Ein ziemlicher Trottel?«, half ich aus.

»Mehr als nur ziemlich, leider. Er ist faul, achtet nicht auf Details, und es fehlt ihm an … Intuition? Scharfsicht? Vielleicht auch an Intelligenz. Lassen Sie uns nicht um den heißen Brei herumreden, er ist ein vollkommener Idiot. Ohne jemanden, der ihn in die richtige Richtung stupst, wird er einfach nur die erstbeste Person verhaften, die er befragt, und das war's dann. Alles landet vor Gericht, und dort wird der Fall wegen Mangels an Beweisen abgewiesen, sodass der wahre Mörder sich unserem Zugriff immer weiter entzieht. Und noch schlimmer, ich mache mir Sorgen, dass er selbst daran mitwirken wird, die Ermittlungen zu behindern.«

»Wieso das denn?«, fragte Lady Hardcastle.

»Er hat den Ruf, so was wie ein … Schürzenjäger zu sein. Nein, das lässt ihn vielleicht doch in einem zu schlechten Licht erscheinen. Er ist kein Schurke, aber er lässt sich leicht den Kopf von einer hübschen Frau verdrehen, und im Theater besteht an denen ja kein Mangel. Ich befürchte, dass er seinen Neigungen erlaubt, die

Ermittlungen zu beeinträchtigen, oder noch schlimmer, dass er aktiv daran arbeitet, sie zu ruinieren, um irgendeine Schauspielerin zu schützen, auf die er zufällig ein Auge geworfen hat.«

»Glauben Sie wirklich, dass das wahrscheinlich ist?«

»Nicht wahrscheinlich, aber definitiv möglich. Ich möchte diesen Mörder schnappen. Ich möchte jeden Mörder schnappen, verstehen Sie, aber dieser hat mir den freien Abend verdorben.«

»Das verstehe ich, lieber Inspektor. Was können wir denn dabei tun?«

»Könnten Sie vielleicht irgendeinen Weg finden, um sich unter sie zu mischen? Unter die Theaterleute, meine ich. Lady Bickle ist doch mit ihnen bekannt – könnte sie Sie nicht vorstellen? Und wenn Sie sich in ihrer Nähe aufhalten, hören oder sehen Sie vielleicht irgendetwas. Könnten Sie vielleicht Ihren üblichen Zauber einsetzen, um die Ermittlungen voranzubringen und Wyatt derweil für mich im Auge behalten?«

»Bestimmt können wir da etwas arrangieren. Was meinst du, Flo? Hast du Lust, dich ein bisschen unter die Mimen zu mischen?«

»Sehr gern. Aber ...« Ich blickte zu Gwen.

»Ach, macht euch um mich keine Gedanken«, warf sie ein. »Ich kann mich schon bei Laune halten. Ich dränge mich euch sowieso schon auf – es ist ja nicht so, dass ihr mich eingeladen habt.«

»Man kann nie wissen«, überlegte Lady Hardcastle, »vielleicht können wir dich sogar einbinden, wenn du Lust dazu hast. Ich denke oft, dass ich gut auch zwei

Armstrongs gebrauchen könnte, und du hast doch erst vor zwei Minuten gesagt, wie langweilig dein Leben ist.«

»Wirklich? Ach, sehr gern. Ihr könnt auf mich zählen.«

»Sind Sie sich da sicher, Mylady?«, fragte der Inspektor. »Ich bin mir sehr bewusst, dass auch ich mich Ihnen aufdränge. Ich habe wirklich keine Rechtfertigung dafür, Sie um Hilfe zu bitten.«

»Unsinn, mein lieber Inspektor. Hoffentlich wissen Sie inzwischen, dass Sie von uns immer Hilfe bekommen, wenn Sie sie benötigen. Und das wird bestimmt ein großer Spaß. Ach, kennt uns dieser Wyatt-Knabe eigentlich?«

»Nur vom Hörensagen. Ich glaube nicht, dass er Sie jemals zu Gesicht bekommen hat.«

»Noch besser«, erwiderte sie. »Ich hätte Lust, dass wir mal nicht Emily Hardcastle und Florence Armstrong sind, wenn wir uns mit den Theaterleuten oder Inspektor Wyatt treffen.«

Der Inspektor reagierte darauf mit seinem vertrauten leisen Lachen. »Übertreiben Sie es nicht, Mylady. Es handelt sich nicht um eine Ihrer Geheimdienst-Missionen. Ich will nur wissen, wie die Dinge so laufen.«

»Unsinn. Warum nicht in die Vollen gehen? Wir haben Spaß *und* halten Sie auf dem Laufenden. Georgie Bickle wird auch gern mithelfen – Sie will genauso sehr wie Sie wissen, was da vor sich geht.«

»Also gut«, sagte der Inspektor. »Vielen Dank. Dürfte ich vielleicht noch einen von diesen Donuts haben?«

3

Lady Hardcastle hatte erklärt, dass wir das Eisen schmieden sollten, solange es heiß ist, denn was du heute kannst besorgen, das verschiebe nicht auf morgen, also hatten wir uns gleich für den darauffolgenden Tag mit Lady Bickle verabredet. Ich tadelte sie dafür, so mit Floskeln um sich zu werfen, aber sie entgegnete nur, dass hier ein Esel den anderen Langohr zieht und dass Originalität schließlich nicht das A und O ansprechender Rhetorik sei. Ich gab mich ihrer überlegenen Weisheit geschlagen.

Also ließen wir Gwen am nächsten Morgen zu Hause, wo sie einen Brief an Dai schrieb, und erreichten um kurz vor elf das Haus am Berkeley Crescent gegenüber dem Museum und der Kunstgalerie.

Lady Hardcastle klingelte.

Einige Augenblicke später erschien Williams, der weißhaarige Butler der Bickles, an der Tür.

»Ah, Lady Hardcastle. Und Miss Armstrong. Die Herrin erwartet Sie bereits. Folgen Sie mir bitte.«

Er führte uns in den Salon, wo Lady Bickle schon zwei

weitere Tassen Tee einschenkte. Williams verzog sich ohne großes Tamtam wieder, und Lady Bickle begrüßte uns herzlich.

»Wie schön, euch beide so schnell wiederzusehen. Setzt euch doch. Ihr habt bei unserem Telefonat nicht viel verraten. Gibt es irgendwelche Neuigkeiten?«

»Gewissermaßen, meine Liebe, ja«, antwortete Lady Hardcastle.

Sie fasste kurz unser Gespräch mit Inspektor Sunderland vom Vortag zusammen.

»Also treten wir vor dich«, schloss sie, »mit den Mützen in der Hand und bitten dich darum, uns freundlicherweise deinen Theaterfreunden vorzustellen.«

Lady Bickle musste lachen. »Sei nicht albern. Schließlich habe ich euch selbst darum gebeten, die Sache im Auge zu behalten. Außerdem wird es sie sehr freuen, euch kennenzulernen.«

»Ah«, warf ich ein, »aber werden sie ebenso begeistert sein, Violet Goodheart und Joanna Webster-Green kennenzulernen?«

»Und wer soll das jetzt wieder sein?«

»Die beiden Damen, die gern ihre eigene Theatertruppe in Bournemouth eröffnen wollen und die verzweifelt auf der Suche nach dem Rat sind, den nur eine erfahrene Gruppe von Schauspielern wie deine Freunde ihnen erteilen kann.«

»Und die erstatten euch dann wiederum Bericht?«, fragte Lady Bickle.

Lady Hardcastle lachte auf. »Sie *sind* wir«, erklärte sie freundlich. »Wir spielen die Rollen selbst.«

»Ach. Aber warum das denn?«

»Dank unserer kürzlichen Heldentaten eilt uns ein gewisser … Ruf voraus. Wenn wir dort als wir selbst reinrauschen und anfangen, Fragen zu stellen, schließen sie möglicherweise die Reihen und wir finden überhaupt nichts raus, also müssen wir uns als jemand anderes ausgeben.«

»Ach du meine Güte, ich bin so ein Dummkopf. Aber natürlich. Ich vergesse immer, dass ihr solche Sachen ja ständig macht. Donnerwetter, was für ein Spaß.« Sie grinste mädchenhaft, aber dann schoss ihr ein praktischer Gedanke durch den Kopf. »Ach, aber woher kenne ich euch denn dann?«

»Interessante Frage. Woher kennt sie uns, Flo?«

»Wir sind Mitglieder der WSPU-Sektion in Dorset«, erklärte ich, »und Sie haben uns bei einer Feier der Suffragetten kennengelernt. Sämtliche Gruppen aus dem Westen sind zu einer Tagung zusammengekommen, an die sich ein Abendessen in einem Hotel in Taunton angeschlossen hat. Sie haben mich angesprochen, weil Sie so beeindruckt von den Selbstverteidigungstechniken waren, die ich an jenem Nachmittag demonstriert habe. Wir haben uns prächtig verstanden, und ich habe Sie mit meiner guten Freundin bekannt gemacht, mit …«

»Wenn ich mich zwischen den beiden Namen entscheiden muss, möchte ich, glaube ich, Joanna Webster-Green sein«, erklärte Lady Hardcastle. »Das ist ein guter Name. Er hat einen Klang von verlässlicher Ehrbarkeit. Obwohl ich vermute, dass du mich Jo nennen würdest.«

»Vielleicht würde ich das«, stimmte ich zu. »Es

klingt deutlich freundschaftlicher. Aber wären Sie denn zufrieden mit so einem kumpelhaften Kosenamen?«

»Sehr sogar«, bekräftigte Lady Hardcastle. »Er hat eine zauberhafte Lässigkeit, der auf meine Freundlichkeit und Nahbarkeit schließen lässt.«

»Zweifellos. Aber sollten Sie nicht besser *Lady* Webster-Green sein, wenn wir in Bristol sind? Falls jemand Sie erkennt und Mylady nennt, sitzen Sie in der Patsche, wenn Sie sich als gute alte Mrs. Webster-Green vorgestellt haben.«

»Ein sehr valider Punkt, meine Liebe. Also, dann bin ich Joanna, Lady Webster-Green. Ihre vielen Freunde kennen sie nur als Jo. Was die Rollenverteilung in unserer Partnerschaft angeht ... Violet hat den Geschäftssinn, glaube ich, während ich eine Witwe mit mehr Geld als Verstand bin ...«

»Es zahlt sich immer aus, die Fiktion so nah wie möglich an der Wahrheit zu halten«, bestätigte ich.

»Ach, sei still. Ich bin eine künstlerische Visionärin, und es ist mein Traum, die dramatischen Künste den guten Leuten von Bournemouth näherzubringen. Vielleicht sogar denen von Poole.«

»Hast du denn tatsächlich eine künstlerische Vision?«, fragte Lady Bickle.

»Nicht, dass man es bemerken würde«, entgegnete Lady Hardcastle. »Aber wir finden, dass es sich nicht auszahlt, diese Dinge übermäßig zu verkomplizieren, also sollte das keine allzu große Bedeutung haben.«

»Ach, aber wenn es eins gibt, worüber Schriftsteller und Schauspieler gern reden, dann über ...«

»Sich selbst?«, vermutete ich.

»Nun ja, das tun sie auch ziemlich oft. Aber wenn sie das gerade nicht tun, lieben sie nichts mehr, als über das Schreiben und die Schauspielerei zu sprechen. Wenn ihr diese Geschichte über euch erzählt, müsst ihr auf ein paar Fragen darüber gefasst sein, was für Inszenierungen ihr aufzuführen hofft.«

»Das ist ein wichtiger Hinweis«, erwiderte Lady Hardcastle. »Ich denke mir etwas angemessen Prätentiöses aus, bevor wir uns mit ihnen treffen. Flo – ich meine Violet – wird angesichts des affektierten Geredes ein überzeugend entsetztes Gesicht machen, und damit haben wir unser Ziel voll und ganz erreicht.«

»Ich kann es gar nicht erwarten, euch in Aktion zu sehen«, sagte Lady Bickle.

Ich lächelte über ihre Begeisterung.

»Aber übertreiben Sie es nicht«, warnte ich Lady Hardcastle. »Achten Sie darauf, sich nicht zu sehr reinzusteigern und die Geschichten nicht zu sehr auszuschmücken. Wenn Sie sich entscheiden, irgendein Detail hinzuzufügen, nehmen Sie etwas, das wir uns leicht merken können, sonst entlarvt man uns, wenn wir es später unvermeidlich vergessen und falsch wiedergeben.«

»Ah, ja. Sehr gut. Na, das ist doch ziemlich aufregend, oder?«

»Ist es, ja«, stimmte ich zu. »Ich gebe mich gern für jemand anderen aus.«

»Es hat seinen Reiz, das muss ich zugeben. Manchmal habe ich Sehnsucht danach, jemand anderes zu sein, selbst wenn es nur für kurze Zeit ist.«

»Hast du jemals darüber nachgedacht, Schauspielerin zu werden, meine Liebe?«, fragte Lady Hardcastle. »Ich hab immer gedacht, dass du ein Talent dafür haben könntest. Und so hättest du auf jeden Fall die Gelegenheit, für ein paar Stunden jeden Abend jemand anderes zu sein.«

»Ich hab es vor langer Zeit mal probiert – als Kind hatte ich den Traum, eine große Shakespeare-Darstellerin zu werden. Aber als ich dann endlich die Gelegenheit bekam, in einer Schulaufführung die Julia zu spielen, war das überhaupt keine angenehme Erfahrung.«

»Oje. Ist es nicht gut gelaufen? Ich weiß, wie sich das anfühlt.«

»Tatsächlich ist mein eigenes Spiel ziemlich gut aufgenommen worden, aber die Besprechung in der Schülerzeitung des Stückes insgesamt war vernichtend. Und die arme Helena Bartlett in der Rolle des Romeo haben sie gehasst. Sie war zwar eigentlich eine ziemlich gute Schauspielerin, aber der Kritiker fand, dass sie einen zu großen Busen hatte, um überzeugend einen verwegen gut aussehenden jungen Mann zu spielen. Ich war außer mir über die Ungerechtigkeit – ihre Darstellung wegen ihres Aussehens zu kritisieren, meine ich. Das hat mir die ganze Sache ziemlich verleidet. Was hätten sie wohl über mich geschrieben, wenn sie nicht auf der armen Helena hätten rumhacken können?«

»Ach ja«, ergriff Lady Hardcastle das Wort. »Auch ich war schon die Zielscheibe schlechter Besprechungen, allerdings war die Kritik in meinem Fall vollkommen gerechtfertigt. Ich habe in einer Uniaufführung von

Hamlet in meinem ersten Jahr dort den Güldenstern gespielt. Ich war wirklich ganz furchtbar, und die Kritiker nahmen kein Blatt vor den Mund und ließen es die ganze Welt wissen. Aber ich hatte ein paar Lacher, also hat es sich für mich am Ende doch gelohnt.«

»Ich denke, ich halte mich an das, was ich kenne«, sagte ich.

»Sie haben nie geschauspielert?«, fragte Lady Bickle.

»Gwen und ich sind mal im Krippenspiel der Schule als Engel eingesetzt worden. Doch das hat nicht so gut geklappt.«

»Aber niemand würde doch das Krippenspiel an einer Schule schlecht besprechen.«

»Ach, das Krippenspiel war schon in Ordnung, soweit ich weiß, aber meine Rolle ist gestrichen worden.«

»Die Geschichte kenne ich noch nicht«, warf Lady Hardcastle ein.

»Ich bin auch nicht stolz auf sie. Obwohl, vielleicht bin ich das doch. Es war alles Arthur Jones' Schuld. Er spielte einen der Hirten und versuchte immer, Gwen ein Bein zu stellen, wenn wir über die Bühne gehen mussten, um unseren großen Monolog aufzusagen. Zum Großteil hat sie seine Versuche vereitelt, aber während der Generalprobe hat er es dann doch geschafft. Sie hat sich beim Hinfallen ihr bestes Kleid zerrissen und sich außerdem die Pappflügel zerknickt. Also habe ich ihm eine gescheuert. Oder auch zwei. Tatsächlich musste mich eine Lehrerin von ihm wegzerren. Ich wurde heimgeschickt, und man legte mir nahe, auf meine Rolle in dem Stück zu verzichten.«

»Wer ist denn Gwen, dass Sie sie so energisch verteidigen?«, fragte Lady Bickle.

»Ihre Zwillingsschwester Gwenith«, erläuterte Lady Hardcastle. »Wenn ich das richtig verstehe, waren die zwei in ihrer Jugend eine richtige Plage.«

»Ich erinnere mich an uns lieber als bezaubernde Frechdachse«, sagte ich. »Und wir sind immer füreinander eingestanden.«

»Aber Sie wollten keine Schauspielerinnen sein«, sagte Lady Bickle.

»Ich auf keinen Fall – für Gwen kann ich nicht sprechen. Ich denke, wir müssen letztlich alle bis zu einem gewissen Grad schauspielern, oder? Sie spielt heute die Rolle der pflichtbewussten Soldatenfrau, ganz egal wie sie sich sonst sieht.«

Lady Bickle nickte. »Das ist wahr. Wir spielen alle unsere Rollen.«

»Und wenn ich jemals den Drang verspüren sollte, zu schauspielern«, fuhr ich fort, »gibt mir unsere Arbeit jede Menge Gelegenheiten, mich durch den Fundus zu wühlen und so zu tun, als wäre ich jemand anderes.«

»Stimmt schon. Aber was ist mit der körperlichen Gefahr?«

»Das ist vielleicht ein Teil des Ganzen, aber was ist mit den vernichtenden Kritiken in den Zeitungen, von denen Sie beide erzählt haben? Wenn ich angegriffen werde, bevorzuge ich doch einen fairen Kampf, bei dem ich auch zurückschlagen kann.«

Lady Bickle lachte. »Das ist ein gutes Argument. Selbst meine heutigen bescheidenen Unternehmungen bleiben nicht frei von öffentlicher Kritik. Sie sollten mal sehen, mit welchen Ausdrücken ich belegt werde, nur weil ich höflich darum bitte, dass Frauen ein Wörtchen bei der Regierung des Landes mitreden sollen. Man könnte meinen, wir forderten die Abschaffung des Männerwahlrechts statt einfach nur das zusätzliche Wahlrecht für Frauen.«

»Sehen Sie? Die chaotische Welt ist gewalttätig und grausam und voller Männer, die uns schaden wollen, aber wenn sie es versuchen, haben wir normalerweise eine gute Chance, uns zu verteidigen. Ich kann mir die Frustration und die Wut nicht vorstellen, wenn man in gedruckter Form kritisiert wird und nicht das Recht zu einer Entgegnung hat.«

»Die Schauspieler werden es lieben, dass Sie das verstehen. Wann wollt ihr sie denn kennenlernen?«

»Wann auch immer es dir am besten passt«, erwiderte Lady Hardcastle. »Aber je eher, desto besser, denke ich. Inspektor Sunderland und du wollen beide, dass wir unsere Nase in diese Angelegenheit stecken, und er hat nicht die allerbeste Meinung von Inspektor Wyatt, also wäre es mir am liebsten, wenn wir so bald wie möglich den Kontakt herstellen und uns an die Arbeit machen könnten. Vielleicht sollten wir mit deinem Schriftstellerfreund anfangen …«

»Hugo Bartlett«, sagte Lady Bickle.

»Ja, genau der. Da er derjenige ist, über den du sie alle kennengelernt hast, sollten wir sogar unbedingt mit ihm anfangen. Er kann uns dann mit den anderen Mitgliedern der Truppe bekanntmachen.«

»Um genau zu sein, müsste man wohl sagen, dass ich seine Schwester Helena kenne, aber ja.«

»Aber er ist derjenige, der bei dir vorbeigekommen ist, oder? Wenn du uns ihm vorstellen könntest, übernehmen wir die Sache von da an.«

»Ich rufe ihn gleich im Theater an«, sagte Lady Bickle, stand auf und ging zur Tür. »Nehmt euch gern noch Tee. Und Kuchen. Die Köchin hat extra gebacken, als sie von eurem Besuch erfahren hat.«

Die Köchin der Bickles war eine Fachfrau für alles, was mit Konditorei zu tun hatte, also verteilte ich eine Auswahl der kleinen Kuchen auf zwei Teller, nachdem ich uns nachgeschenkt hatte. Es war immer eine Freude, die Bickles zu besuchen.

Hugo Bartlett wollte sich sehr gern mit uns unterhalten und schlug ein Treffen am darauffolgenden Morgen vor.

Also parkten wir am Freitag um kurz vor elf den Rolls Royce auf der Park Row und gingen dann die Christmas Steps zur Hälfte hinunter bis zum Crane's Kaffeehaus. Trotz des unrettbar angeschlagenen Rufs des Besitzers – des abstoßenden Oswald Crane – waren seine Kaffeehäuser beliebt. Das Innere der Filiale an den Christmas Steps war modern und hübsch eingerichtet, wenn auch ein bisschen zu spärlich beleuchtet. Es konterkarierte den leicht schäbigen Eindruck, den die Ladenfront machte, und fühlte sich gemütlich und einladend an. Eine elegant gekleidete junge Kellnerin kam zu uns.

»Guten Morgen, die Damen. Ein Tisch für zwei Personen?«

»Für vier«, entgegnete Lady Hardcastle. »Wir erwarten noch Gäste. Oder vielleicht warten sie auch schon auf uns.«

»Aha«, sagte die Kellnerin. »Sind Sie zufällig Lady Webster-Green und Miss Goodheart?«

»Aber ja, genau die sind wir.«

»Dann ist Ihre Begleitung schon hier. Kommen Sie.«

»Vielen Dank, meine Liebe. Wir folgen Ihnen.«

Tatsächlich machte es ziemlich viel Spaß, ausnahmsweise nicht die respektvolle Kammerzofe zu sein.

Die Kellnerin führte uns bis in die hinterste Ecke des Kaffeehauses, wo Lady Bickle mit einem eher kleinen, jung wirkenden Mann zusammensaß, dessen gepflegter Bart auf die Art ordentlich gestutzt war, wie sie auch der König bevorzugte. Als wir näher kamen, stand er auf, und mir fiel auf, wie untersetzt er war: Er hatte den kräftigen, fassartigen Körper eines Ringers.

»Guten Tag, meine Damen«, begrüßte uns Lady Bickle und musterte unsere veränderte Garderobe. »Wie schön, euch wiederzusehen. Darf ich euch Mr. Hugo Bartlett vorstellen? Hugo, das sind meine guten Freundinnen Lady Webster-Green und Miss Violet Goodheart.«

»Sehr erfreut, meine Damen«, begrüßte uns auch Mr. Bartlett. Er sprach leise – überhaupt nicht der dreist selbstbewusste Mann, den ich erwartet hatte. Aber vielleicht gehörten Schriftsteller eher zur stillen Sorte. Die Schauspieler wären bestimmt lauter.

»Ganz meinerseits«, sagten Lady Hardcastle und ich wie aus einem Munde.

Mr. Bartlett lächelte höflich und wartete ab, bis wir

uns gesetzt hatten, bevor auch er seinen Platz wieder einnahm.

»Es ist sehr freundlich von Ihnen, sich mit uns zu treffen, Mr. Bartlett«, sagte Lady Hardcastle. »Vielen herzlichen Dank.«

»Das Vergnügen ist ganz meinerseits«, antwortete er. »Jeder Freund von Georgie Ingram ist auch ein Freund der Bartletts. Tut mir leid, ich meine natürlich Bickle. Vergib mir, meine Liebe – Helena hat so viel über dich gesprochen, als ihr noch zusammen auf der Schule wart, dass du für mich wohl immer Georgie Ingram bleiben wirst.«

»Ist schon in Ordnung, mein Lieber. Um ehrlich zu sein, ist es ganz schön, daran erinnert zu werden. Es war eine ziemlich heitere Angelegenheit, Mrs. Benjamin Bickle zu werden. Eine Auszeichnung, könnte man sagen, ein Zeichen des Erwachsenwerdens. Aber dann wurde Ben zum Ritter geschlagen, und ich musste den Namen zu Lady Bickle ändern. In diesem Moment schwante mir, dass ich nichts als ein Anhängsel meines geliebten Ehemanns war. Wo auch immer er hingeht und so weiter, aber ich frage mich allmählich, wohin mich *mein* Weg wohl geführt hätte. Was wohl aus der alten Georgie Ingram geworden ist? Sie muss bestimmt noch irgendwo hier drin sein.«

»Ich hieß Joanna Muffet, bevor ich geheiratet habe«, warf Lady Hardcastle ein. »Konnte es gar nicht erwarten, den Namen loszuwerden.«

Mr. Bartlett richtete die dunkelbraunen Augen auf mich. »Was ist mit Ihnen, Miss Goodheart? Haben Sie tatsächlich ein gutes Herz?«

»Das rede ich mir gern ein«, entgegnete ich.

Er lachte höflich auf. »Georgie hat mir erzählt, dass Sie beide sich mit dem Gedanken tragen, eine Theatergruppe zu gründen. In Bournemouth?«

»Das tun wir«, bestätigte Lady Hardcastle. »Oder wenigstens tue ich es – Violet ist die Stimme der Vernunft, die meine wilderen Vorstellungen einzuhegen versucht.«

»Und ist *das* eine wilde Vorstellung?«

»Nicht, wenn wir es gut und klug durchführen«, übernahm ich. »Deshalb wollten wir uns mit Ihnen treffen: um über Ihre wundervolle Truppe zu sprechen.«

»Sie sind sehr freundlich. Ich kann nicht behaupten, ein Experte zu sein, aber fragen Sie mich ruhig aus.«

»Danke. Als wir unsere Reisepläne für Bristol gemacht haben, haben wir uns mit La…« Ich hielt inne. Wir waren Lady Bickles Freundinnen – also würde ich sie Georgie nennen, wie alle anderen es taten. Dann fragte ich mich, ob ich nicht einfach hätte weitersprechen sollen – immerhin *war* sie ja Lady Bickle. Dann entschied ich mich, dass es jetzt zu spät dafür war, also sollte ich wahrscheinlich besser weitersprechen und mich verbessern. Oder ein Stottern vortäuschen. Ein Stottern könnte es überdecken. Aber ich müsste es aufrechterhalten, möglicherweise tage-, vielleicht sogar wochenlang. Ich entschied mich also für die Korrektur. »… mit *Georgie* unterhalten, und sie hat vorgeschlagen, uns Ihnen vorzustellen, da Sie doch ein so erfolgreicher Theatermacher sind. Doch nachdem wir dann die Planungen gestern festgeklopft hatten, haben wir erfahren, dass Sie im Zentrum eines ganz furchtbaren Vorfalls im Theater gestanden haben.«

»Furchtbar«, bekräftigte Lady Hardcastle. »Bevor wir heute Vormittag unsere Pension verlassen haben, haben wir uns gefragt, ob wir nicht besser Georgie anrufen und absagen sollten. Aus Rücksicht, wissen Sie? Wir wollen uns zu einer so schrecklichen Zeit wirklich nicht aufdrängen.«

»Es ist tatsächlich eine schreckliche Zeit«, bestätigte Mr. Bartlett düster. »Paul Singleton war ein wunderbarer Schauspieler und ein guter Freund, und wir sind alle über die Ereignisse am Dienstagabend schockiert und tieftraurig. Aber … na ja, wie heißt es doch, die Show muss weitergehen. Wir müssen unsere Trauer beiseiteschieben, ein Lächeln aufsetzen, ins Scheinwerferlicht treten und unser Publikum unterhalten. Die grausige Wahrheit ist, dass die Tragödie so viel Interesse an dem Stück geweckt hat, dass die Vorstellungen für die ursprünglich geplanten zwei Wochen inzwischen ausverkauft sind und die Theaterleitung uns um eine Verlängerung gebeten hat. Eigentlich wollten wir eine Pause machen und dann zum Theatre Royal in Bath weiterziehen, aber dem Gastspiel von *The Worst Woman in London* wurde mitgeteilt, dass das Duke's unerwartet nicht zur Verfügung steht. Wir sollen stattdessen zwei weitere Wochen unser Stück aufführen.«

»Also macht Ihnen unser stumpfsinniges Geplapper nichts aus?«, fragte ich.

»Überhaupt nichts – und ich bin mir sicher, dass es alles andere als stumpfsinnig ist. Außerdem sprechen wir übers Theater, und es gibt nichts, was Theaterleute lieber tun.«

Lady Bickle zwinkerte uns von der anderen Tischseite aus zu.

»Danke«, sagte Lady Hardcastle. »Und wenn Sie gern darüber sprechen, nun ja ... Wissen Sie, ich habe die Gelegenheit, eine Immobilie in Bournemouth zu kaufen, die wunderbares Potenzial hat, um sie in ein Theater umzuwandeln. In der Stadt gibt es schon eine Menge Theater, aber ich habe vor, etwas ein bisschen ... Na ja, man möchte ja nicht zu sehr wie ein Snob erscheinen, aber ich würde gern etwas ein wenig Raffinierteres anbieten. Komödien wie die Ihre zum Beispiel. So etwas kommt beim Publikum sehr gut an, aber es ist kein herkömmliches Schenkelklopferzeug, sondern stilvoll und geistreich. Es gibt tiefere Gedanken unter all dem Gelächter. Ich würde gern abseits der Anzüglichkeit des Varietés ein Theater einrichten, in dem intelligente Komödien wie Ihre aufblühen können.«

»Sie schmeicheln mir, Lady Webster-Green.«

»Ach, bitte, mein Lieber, nennen Sie mich doch Jo. Aber ich meine das ganz ernst. Irgendwo zwischen hoher Kunst und niederer Unterhaltung, so ist mein Eindruck, ist doch noch Platz für klug gemachte Komödien. Ich überlege, das Theater Thaliaeios zu nennen – nach Thalia, der griechischen Göttin der Komödie.«

Dies schien ein guter Moment für ein erstes Augenrollen zu sein, also tat ich es. Lady Bickle unterdrückte ein Kichern.

»Aha«, sagte Mr. Bartlett. »Nun ... äh ... das wäre ... jedenfalls ein Name, der auffallen würde, wenn er sich vielleicht auch ein bisschen zu schwer aussprechen lässt. Vielleicht können wir uns damit später noch einmal befassen. Aber Ihre Grundidee ist interessant. Wie haben Sie denn vor, es zu betreiben?«

»Nun, mein Lieber, deshalb wenden wir uns ja an Sie. Wie betreiben Sie denn Ihre Truppe? Zu wievielt sind Sie? Was sind Ihre Aufgaben? Wie sind Sie organisiert? Wie steht es mit der Bezahlung? Erzählen Sie mir einfach alles.«

Sie trank einen großen Schluck von ihrem Kaffee und beugte sich erwartungsvoll vor.

Mr. Bartlett ließ sich nicht zweimal bitten, und für die nächste halbe Stunde sprach er beinahe ohne Punkt und Komma über sein Theaterensemble und die gemeinsame Arbeit. Lady Hardcastle schmeichelte ihm mit staunender Aufmerksamkeit, während ich, als die vernünftige Violet Goodheart, mir eifrig Notizen machte.

Bartlett beschrieb ausführlich die finanziellen Arrangements bezüglich der einzelnen Mitglieder der Gruppe. Er hielt sie wohl für ziemlich innovativ und komplex, aber in Wahrheit unterschieden sie sich nicht allzu sehr von Partnerschaftsvereinbarungen, wie sie im ganzen Land Firmen zusammenhielten. Wir ließen ihn uns trotzdem begeistert alles erklären, als ob er ein finanzielles Genie wäre und wir begriffsstutzige Provinzlerinnen. Auf diese Weise erwarben wir uns langsam sein Vertrauen, sodass er sich endlich ausreichend entspannte, um über das zu sprechen, worauf es in jedem Unternehmen wirklich ankam: die Menschen.

»Das ist außerordentlich faszinierend, Mr. Bartlett …«, setzte Lady Hardcastle an.

»Hugo, bitte.«

»Danke, mein Lieber. Es ist wirklich sehr erhellend. Ich bin nicht sicher, ob ich es bis in alle Einzelheiten durchdrungen habe, aber Violet versteht es bestimmt. Ein eher … gleichberechtigtes Arrangement wie Ihres könnte zu der Art von Ensemble passen, das ich zusammenzustellen hoffe. Aber dafür braucht man natürlich das richtige Personal, finden Sie nicht? Die richtige Mischung, nicht nur aus Talent, sondern auch aus Temperament.«

»Das brauchen Sie auf jeden Fall. Und auf diesem Gebiet sind die Bartlett Players besonders gesegnet.«

In diesem Moment hörte ich zum ersten Mal den Namen der Truppe und musste in mich hineinlächeln. Kurz fragte ich mich, wie ich mich als Vorsitzende der Armstrong Avengers machen würde, aber der Gedanke, irgendetwas nach mir selbst zu benennen, gefiel mir nicht. Ganz offenbar fehlte mir die Egomanie des Dramatikers.

»Sind Sie also nur zu fünft? Jetzt zu viert, tut mir leid. Ist das denn eine ausreichende Zahl für so ein Unternehmen?«

»Nicht wirklich, nein. Vor Pauls Tod waren wir zu acht, und das funktionierte für die meisten Inszenierungen gut. Wenn wir weitere Schauspieler brauchen, heuern wir sie einfach kurzfristig an, normalerweise aus einem Pool an Leuten, die wir kennen und denen wir vertrauen. Wir machen uns nur selten die Mühe, vorsprechen zu lassen.«

»Acht? Du meine Güte.« Lady Hardcastle war ganz in ihrem Element und gab mit Bravour die übermäßig begeisterte Möchtegern-Theaterdirektorin. »Ich hatte ja keine Ahnung. Wie finden Sie denn Arbeit für alle?«

»Sie sind alle Schauspieler, aber sie haben auch noch weitere Fähigkeiten, und es gibt immer genug zu tun, um sie zu beschäftigen. Für *Die Hedonisten* zum Beispiel ... Haben Sie das gesehen?«

»Ihr Stück? Leider nicht. Wir sind erst am Tag des Unglücks in Bristol eingetroffen, und bis Mittwochmorgen waren alle Vorstellungen, wie Sie richtig gesagt haben, vollständig ausverkauft.«

»Ach, meine liebe Jo, Sie müssen es sich anschauen. Ich lasse für Sie Karten an der Abendkasse zurücklegen – wir halten immer ein paar für besondere Gäste vor. Nur Sie beide, ja? Keine Ehemänner oder männlichen Freunde, die versorgt werden müssen?«

»Ach das wäre wundervoll. Vielen Dank. Und ja, nur wir beide.«

»Erinnerst du mich daran, Georgie?«, bat er. »Du solltest auch noch mal kommen – und diesmal das gesamte Stück anschauen. Du hättest mir außerdem schon beim letzten Mal sagen sollen, dass du kommst. Freundinnen von Helena sollten nicht dafür bezahlen müssen, eins meiner Stücke zu sehen.«

»Du bist zu freundlich, mein Lieber«, erwiderte Lady Bickle, »aber wir waren eine große Gruppe. Wir haben den Geburtstag einer weiteren Freundin gefeiert.«

Sie sah Lady Hardcastle an und zwinkerte erneut. Ich erwog, ihr unterm Tisch gegen das Schienbein zu treten, aber das hätte nur noch mehr Aufmerksamkeit erregt, und es bestand ja weiterhin die Möglichkeit, dass Bartlett zu sehr mit sich selbst beschäftigt war, um das Zwinkern bemerkt zu haben.

»Nun, diesmal setze ich dich auf die Liste. Soll ich auch eine Karte für Ben zurücklegen lassen?«

»Ich bin mir nicht sicher, mein Lieber, ich muss ihn erst fragen. Abends hat er oft zu tun – Komitees und so weiter.«

»Vier Tickets machen gar keine Mühe. Aber wo war ich stehen geblieben? Ach ja. Das Ensemble. Vier Schauspieler auf der Bühne für *Die Hedonisten*. Harris Bridges ist Johnny. Großartiger Kerl. Er ist von Anfang an bei uns gewesen. Hat vorher auch schon viel Erfahrung gesammelt. Er ist unsere feste Bank. Rosalie Harding ist Mona. Sehr gute Schauspielerin und wirklich ziemlich hübsch. Sie war mal mit Bridges verlobt.«

»Verkompliziert das die Dinge nicht?«, fragte Lady Hardcastle. »Wenn Ensemblemitglieder ihre Verlobungen lösen, meine ich.«

»Ach, es ist furchtbar für alle«, erwiderte Bartlett. »Und jetzt auch umso schlimmer für Rosalie. Wissen Sie, sie hat Bridges verlassen und ist dann sofort mit Paul Singleton zusammengekommen.«

»Dem Mordopfer.«

»Genau. Alle vermuten, dass da schon etwas gelaufen ist, während sie noch mit Bridges verlobt war.«

»Ach, du liebe Zeit. Sie glauben doch nicht …?«

»Was soll ich glauben?«

»Na ja, das gibt Bridges doch ein starkes Motiv für den Mord an Singleton.«

»Stimmt wohl, und Sie sind auch nicht die Erste, die auf diesen Gedanken kommt. Inspektor Wyatt ist so ziemlich der gleichen Meinung.«

»Gütiger Himmel«, rief Lady Hardcastle. »Wie schrecklich.«

»Na ja, schon.« Bartlett schien nicht gern an das schmutzige Geschäft mit echten Tragödien erinnert zu werden. Ich gewann den Eindruck, dass er sich viel lieber in die ausgedachten Tragödien des Theaters zurückgezogen hätte. Vielleicht lag es daran, dass er diese leichter kontrollieren konnte – das echte Leben ist schließlich chaotisch und geht auch meist chaotisch zu Ende. Für einen Moment blickte er in die Ferne, dann straffte er sich und fuhr fort: »Pauls Rolle wird ab jetzt von seiner Zweitbesetzung übernommen, Patrick Cowlin. Wir besetzen die Hauptrollen gern nach den Stärken der einzelnen Schauspieler, und Paul war ein besonders begabter Komödiendarsteller, also hat er die Rolle des Bertie bekommen, während Cowlin als Inspizient gearbeitet hat. Ich habe erst darüber nachgedacht, Cowlin die Rolle zu geben, aber Paul wusste genau, wie er jede Zeile zu lesen hatte, um den größtmöglichen Lacher zu erzeugen. Cowlin ist eher jemand für das heroische Fach, aber er wird trotzdem einen wunderbaren Bertie abgeben. Er sieht auch sehr gut aus.«

»Hat er sich darüber geärgert, die Rolle nicht bekommen zu haben?«

»Ach, die ärgern sich immer, aber sie beruhigen sich auch schnell wieder. Sie wissen ja, dass sie irgendwann an die Reihe kommen. Er spielt jetzt also Bertie, Rosalie Harding spielt Mona, und die wunderschöne Sarah Griffin stellt Peggy dar.«

»Aber wer übernimmt denn die Aufgabe des Inspizienten?«, fragte ich, weil die Art praktisches Problem Violet gewiss sehr umtreiben würde.

»Nancy Beaufort ist die weibliche Zweitbesetzung, also übernimmt sie das«, erklärte Mr. Bartlett, ganz offenbar sehr zufrieden damit, dass ich so aufmerksam bei der Sache war.

Lady Hardcastle machte ein großes Gewese darum, die einzelnen Namen noch einmal an den Fingern abzuzählen. »Sie haben acht Leute erwähnt. Aber selbst wenn ich Sie miteinberechne, komme ich nur auf sieben.«

Mr. Bartlett strahlte. »Emrys Thornell ist unser Regisseur«, erläuterte er. »Er ist Nummer acht.«

»Aha«, sagte Lady Hardcastle. »Haben Sie denn kein Interesse an Regie? Um die volle Kontrolle über Ihre künstlerische Vision zu behalten?«

Mr. Bartlett lächelte in seinen Bart hinein. »Emrys vertraue ich mein Werk gern an. Wir arbeiten eng zusammen, aber ich mag das viele Gerede nicht, das die Regiearbeit mit sich bringt. Schauspieler müssen ungemein behutsam behandelt werden, wissen Sie? Regie ist ein fein austariertes Geschäft, bei dem man ihre zerbrechlichen Egos über Wasser halten muss, um ihnen das Selbstvertrauen zu geben, das sie für ihr Spiel brauchen, andererseits aber ihren Größenwahn dämpft, um zu verhindern, dass sie ganz die Kontrolle übernehmen. Das finde ich alles sehr anstrengend. Und dann muss man ständig laut werden. Mein Gott, Jo, das Geschrei. Das könnte ich nicht. Ich könnte das einfach nicht. Ich bin kein Schreihals – ich sitze lieber mit meiner Schreibmaschine in einem friedlichen Eck und erschaffe die Worte, die sie sagen sollen.«

»Diese Schauspieler hören sich wie interessante Menschen an«, sagte ich.

»Das stimmt«, pflichtete Lady Hardcastle mir bei. »Ich nehme nicht an …«

»… dass Sie sie kennenlernen können?«, beendete er den Satz. »Aber natürlich. Ich bin mir sicher, dass sie entzückt darüber wären, sich Ihre Pläne anzuhören. Genau wie ich. Ich weiß, wie delikat diese Dinge sein können, also wollte ich nicht zu viele Fragen stellen, aber wenn Sie mir vielleicht mehr erzählen wollen …«

»Haben Sie morgen vielleicht alle Zeit für ein Lunch? Ich lade natürlich ein. Georgie kennt sicher ein gutes Restaurant. Wir könnten das dann alle gemeinsam diskutieren.«

»Zufällig haben wir Zeit«, erwiderte er. »Eigentlich hätten wir samstags eine Matinee-Vorstellung – wir haben allerdings verabredet, dass wir stattdessen am Montag spielen.«

»Das klingt doch fantastisch«, freute sich Lady Hardcastle. »Kennst du denn irgendein Restaurant, das wir besuchen könnten?«

»Es gibt das Le Quai«, sagte Lady Bickle. »Das ist ein

neues französisches Restaurant in der Stadt mit einem aufregend innovativen jungen Koch. Aus Toulon, wisst ihr? Das Essen dort ist ausgezeichnet, und sie haben einen ganz wundervollen Mittagstisch.«

Beinahe hätte ich laut aufgestöhnt. Warum schlug sie etwas vor, wo man uns kannte? Sie war eine außerordentlich kluge junge Frau, und ich bewunderte sie sehr für ihre Arbeit bei der WSPU, aber im Augenblick entwickelte sie sich rasch zu einer Belastung.

Lady Hardcastle zeigte sich davon jedoch ungerührt und versuchte, ihr einen Grund dafür zu bieten, sich etwas anderes einfallen zu lassen. »Das hört sich ganz entzückend an, meine Liebe. Aber ist da auch genügend Platz für so eine große Gruppe? Ich möchte ja gern so viele der Bartlett Players treffen wie möglich.«

Lady Bickle hatte ihren Fehler hoffentlich erkannt.

»Oh«, sagte sie, »das hatte ich nicht bedacht. Ich frage mal nach. Und falls es nicht geht, fällt mir sicher etwas anderes ein.«

»Bestimmt«, erwiderte Lady Hardcastle. »Also, wer möchte Kuchen? Ich habe wundervolle Dinge über Cranes Cremetorten gehört. Und wir brauchen noch eine Kanne Tee. Kannst du von deinem Platz aus die Kellnerin sehen?«

Nach einer beträchtlichen Menge an Nicken und zaghaftem Winken bemerkte die junge Kellnerin uns schließlich, und Nachschub wurde geordert.

»Gibt es irgendwelche Fallstricke, auf die wir achten sollten?«, fragte Lady Hardcastle und machte sich über eine Cremeschnitte her. »Sie wissen schon, Dinge, die

Sie gern gewusst hätten, bevor Sie angefangen haben? Oder Dinge, die Sie von anderen Theaterdirektoren gehört haben?«

»Es gibt eine Menge Kleinigkeiten, aber wenn Sie erfahrene Schauspieler als Kern Ihrer Truppe finden, sollten die in der Lage sein, Sie die schlimmsten davon umschiffen zu lassen. Was das Theater betrifft, gilt meines Erachtens das Gleiche: Achten Sie auf das richtige Personal. Und stellen Sie sicher, dass alle vertrauenswürdig sind. Das Duke's leidet im Augenblick unter einer Welle von Bagatelldiebstählen. Auch aus unseren Garderoben sind ein paar Sachen verschwunden.«

»Um Himmels willen. Da müssen wir wirklich sehr umsichtig sein.«

Unser Gespräch entfernte sich schließlich vom Ensemble, weil Lady Bickle damit anfing, in Erinnerungen an Mr. Bartletts Schwester Helena zu schwelgen. Lady Hardcastle und ich improvisierten tollkühn Einzelheiten aus unseren eigenen Lebensgeschichten, von denen wir nur hoffen konnten, dass wir uns später noch an sie würden erinnern können.

Um die Mittagszeit füllte sich das Kaffeehaus zusehends, also nutzten wir das als Entschuldigung, Mr. Bartlett nicht weiter von der Arbeit abzuhalten und in unsere Pension zurückzukehren.

Wir bereiteten uns innerlich auf den steilen Anstieg die Christmas Steps hinauf vor, und ich bedauerte kurz, das zusätzliche Stück Kuchen gegessen zu haben, als wir uns wieder hinauf zur Park Row schleppten.

Wir waren gerade erst eine kurze Strecke das steile,

glatte Pflaster hinaufgegangen, als Lady Bickle mir gegen den Arm tippte.

»Schauen Sie, da oben«, sagte sie und deutete mit der anderen Hand.

Ich hob den Blick und sah, wie zwei Frauen uns vorsichtig entgegenkamen. Sie hielten sich aneinander fest und setzten ihre Schritte so bedächtig, als ob sie an der Eiger-Nordwand unterwegs wären. Eine von ihnen erkannte ich aus dem Stück wieder – sie hatte die Mona gespielt, obwohl ich mich schon wieder nicht mehr an ihren richtigen Namen erinnern konnte. Die andere, deutlich jüngere Frau war mir hingegen unbekannt.

Als sie Lady Bickle entdeckten, winkten sie. Die Ablenkung von der ganz offensichtlich hochkomplexen Aufgabe, ein paar Stufen hinabzusteigen und gleichzeitig noch die körperliche Bewegung des Winkens auszuführen, versetzte die jüngere Frau vorübergehend in Panik. Sie klammerte sich noch fester an ihre Begleiterin. Für einen Moment dachte ich wirklich, dass sie hinfallen und ich mich dann selbst in der Verantwortung sehen würde, ihren Sturz zu bremsen.

Diejenige, die die Rolle der Mona so überzeugend gespielt hatte, lächelte Lady Bickle an und hob angesichts des Ungeschicks ihrer Freundin die Augenbrauen. Lady Bickle lachte fröhlich auf.

»Hallo, meine Lieben«, rief sie. »Kommt ihr klar?«

Wir warteten, bis die beiden Frauen zu uns heruntergetrippelt waren.

»Jo«, sagte Lady Bickle und wandte sich an Lady Hardcastle, »Violet, darf ich euch meine neuen Freundinnen vom Theater vorstellen? Miss Rosalie Harding und Miss Nancy Beaufort. Rosie und Nancy, das sind Joanna, Lady Webster-Green, und Miss Violet Goodheart, zwei Freundinnen von der WSPU, die darüber nachdenken, in Bournemouth ein Theater zu eröffnen.«

Es gab eine ausführliche Runde, in der jede jeder versicherte, hocherfreut zu sein, und ich unterdrückte ein Lächeln, als ich sah, wie erleichtert Nancy darüber war, wieder festeren Boden unter den Füßen zu haben.

»Seid ihr unterwegs zu eurem Treffen mit Hugo?«, fragte Rosie. »Er hat erzählt, dass er mit ein paar Freundinnen von dir verabredet ist.«

»Wir haben uns gerade verabschiedet«, erklärte Lady Bickle. »Wir haben allerdings ganz reizend miteinander geplaudert. Wie schade, dass ihr euch uns nicht anschließen konntet.«

»Ich weiß nicht, ob wir viel hätten beitragen können. Wir sind ja nur zwei arme Schauspielerinnen, die herumstolzieren und sich aufregen und so weiter. Obwohl manche von uns ein bisschen aufgeregter sind als andere.« Sie nickte in Richtung Nancy.

»Die Straße ist steil«, verteidigte sich Nancy empört. »Und meine neuen Pumps sind rutschig. Ich wollte mich nicht überschlagen und am unteren Ende als Haufen gebrochener Glieder ankommen. Du solltest dankbar für meine Umsicht sein – denn du müsstest mich dann zurück zu unserer Wohnung tragen.«

»Wohl kaum«, erwiderte Rosalie. »Eher würde ich Eintrittskarten für die Turndarbietung verkaufen.«

»Na ja, es wäre jedenfalls schön gewesen, euch zu sehen, aufgeregt oder nicht«, sagte Lady Bickle. »Jo lädt uns morgen alle zum Lunch ein. Kommt doch bitte auch, ja? Hugo verrät euch die Einzelheiten.«

»Mir kann nicht nachgesagt werden, dass ich jemals eine Essenseinladung ausgeschlagen hätte«, erklärte Rosalie. »Das ist sehr nett von Ihnen, Jo, ich freue mich drauf.«

»Ich auch«, pflichtete Nancy lächelnd bei. »Danke.«

»Und ich freue mich darauf, Sie alle unter weniger abschüssigen Umständen kennenzulernen«, erwiderte Lady Hardcastle. »Viel Glück beim Rest Ihres Abstiegs.«

»Ich weiß nicht, ob ich noch viel weiter gehen kann«, klagte Nancy. »Diese Pflastersteine sind kein bisschen besser als die Stufen. Was ist mit diesem Kaffeehaus da – Crane's. Taugt das was?«

»Es ist sehr hübsch«, entgegnete ich. »Dort haben wir uns gerade mit Hugo Bartlett getroffen. Vielleicht sitzt er noch drin.«

»Ooh, wie entzückend«, rief Rosalie aus. »Hugo spendiert uns immer eine Tasse Tee und ein Gebäck. Komm schon, Nancy, nur noch ein paar rutschige Schritte, dann sind wir im Warmen.«

Darauf folgte wieder eine ausführliche Runde an Verabschiedungen und Händeschütteln, dann ließen wir die beiden Schauspielerinnen weiter in Richtung Crane's trippeln.

Als wir den Rolls erreicht hatten, verabschiedete Lady Bickle sich ebenfalls von uns, und ich setzte mich für die Heimfahrt nach Littleton Cotterell ans Steuer.

Unterwegs besprachen wir den Vorschlag, mit den Schauspielern im Le Quai zu essen.

»Es ist wirklich keine sehr gute Idee, sich an einem Ort für jemand anderen auszugeben, an dem man uns so gut kennt«, sagte Lady Hardcastle. »Ich weiß nicht, was Georgie sich dabei gedacht hat.«

»Sie ist eben nicht dafür gemacht, irgendetwas vorzutäuschen«, vermutete ich. »All das Zwinkern und die Andeutungen – ich hätte sie mehrmals fast unterm Tisch getreten. Und dann hat sie sich plötzlich so vom Anschein mitreißen lassen, dass sie ganz vergessen hat, dass wir eben nicht zwei Gäste sind, denen sie die besten Restaurants von Bristol präsentieren will, also hat sie das Le Quai vorgeschlagen.«

»Wir müssen uns etwas anderes einfallen lassen.«

»Es sei denn ...«

»Es sei denn was, Liebes?«

»Na ja, vielleicht könnten wir die Tatsache, dass man uns im Le Quai kennt, zu unserem Vorteil nutzen. Wenn das Personal auf unserer Seite ist, wird es zu einer Umgebung, die wir leicht kontrollieren können, meinen Sie nicht?«

»Ich mag deine Art zu denken, junge Flo. Ja, tatsächlich. Wenn wir es sorgfältig einfädeln, sind wir dort wahrscheinlich sicherer als irgendwo sonst. Jean-Pierre hilft uns bestimmt gern.«

Sobald wir zu Hause waren, rief Lady Hardcastle im Restaurant an und fragte nach der Verfügbarkeit ihres Nebenraums. Man sagte ihr, dass an dem runden Esstisch bequem zwölf Gedecke Platz finden würden, dass dort also eine Gruppe von zehn Leuten eine sehr komfortable Mahlzeit einnehmen könnte. Also reservierte sie den Raum für zwölf Uhr am Samstag auf den Namen Lady Webster-Green, dann rief sie umgehend noch Lady Bickle an, um sie zu bitten, die Bartlett Players zum gemeinsamen Essen einzuladen. Noch bevor sich an diesem Abend der Vorhang im Duke's hob, rief diese uns zurück und bestätigte die Zusage des gesamten Ensembles.

4

Der Samstagmorgen war nasskalt. Ein Teil von mir hatte das Gefühl, dass das der Preis dafür war, dass ich den großartigen Sommer so sehr genossen hatte. Aber wenn das tatsächlich der Fall war, nahm ein größerer Teil von mir es dem Wetter übel, so penibel aufzurechnen. Flo hat ein paar Wochen warmes Wetter genossen, also muss Flo es jetzt bis Ostern kalt und ungemütlich haben. Das erschien mir nicht wirklich vernünftig.

Obwohl wir erst für die Mittagszeit mit den Schauspielern verabredet waren, gab es eine Menge zu tun, also brachte ich Lady Hardcastle ihr Vorfrühstück kurz nach sieben aufs Zimmer. Ich zündete die Lampe an und klapperte mit dem Tablett. Verärgertes Grummeln drang unter der Bettdecke hervor.

»Guten Morgen«, sagte ich fröhlich. »Kaffee und Toast.«

»Es ist noch nicht mal hell draußen«, entgegnete eine körperlose Stimme, die auch dem Troll gehört haben könnte.

»Sie haben recht, es ist fünf nach sieben. Die Sonne geht erst in vierzehn Minuten auf – das habe ich im Almanach nachgesehen, weil mir klar war, dass Sie sich beschweren würden. Es beginnt allerdings schon zu dämmern, und wir müssen in die Gänge kommen, weil Sie um zehn dieses Haus verlassen wollen.«

»Ich weigere mich, zu glauben, dass ich jemals vorgeschlagen hätte, vor dem Morgengrauen aufzustehen, wenn wir erst um zehn losmüssen.«

»Und doch bin ich hier, ganz wunschgemäß«, entgegnete ich. »Ich habe das Gespräch in Steno mitprotokolliert, falls Sie die Notizen sehen möchten.«

Die Decke wurde abrupt nach unten gezogen, und darunter kam das zweifelnde Gesicht meiner Arbeitgeberin zum Vorschein. »Wirklich?«

»Nein, natürlich nicht. Seien Sie nicht albern. Aber Sie haben mich klar und unmissverständlich angewiesen, Sie vor Viertel nach sieben aufzuwecken, weil Sie noch eine Menge zu tun haben, bevor wir losfahren.«

»Ha!«, entgegnete sie triumphierend. »Erwischt. Es ist erst fünf nach. Ich habe noch zehn Minuten. Hinfort, winzige Dienerin, lass die arme Emily noch eine Weile weiterdösen.«

Ich nahm ihre Armbanduhr vom Nachttisch und machte ein großes Theater darum draufzuschauen. »Jetzt sind es noch neun Minuten. Miss Jones muss sich heute früh um eine persönliche Angelegenheit kümmern, also machen Gwen und ich Frühstück. Es wird pünktlich um halb serviert.«

»Ich komme schon rechtzeitig«, brummte sie.

Also kehrte ich in die Küche zurück, wo Gwen die Würstchen im Auge behielt.

»Geht es ihr gut?«, fragte sie.

»Na klar. Sie ist nicht überglücklich, wach zu sein, aber das wird schon, sobald sie sich erst mal in Bewegung gesetzt hat.«

»Manchmal beneide ich dich um dein Leben, Floss.«

»Du bist nicht die erste Person, die mir das in dieser Woche sagt. Eine unserer Freundinnen hat das im Theater gesagt. Was ist denn so besonders an meinem Leben?«

»Du wirkst immer so glücklich. Du hast eine gute Arbeit, eine Arbeitgeberin, die gleichzeitig deine beste Freundin ist, ein schönes Zuhause. Du hast die Welt gesehen …«

»Ja, das hat sie auch alles gesagt. Ich habe darauf verzichtet anzumerken, dass es überall auf der Welt Leute gab, die mir nach dem Leben getrachtet haben.«

»Du weilst immer noch unter uns, worüber jammerst du also? Dir geht es doch wirklich gut, junge Flossie.«

»Dir aber auch. Du hast Dafydd. Du hast deine Freundinnen. Und nicht zu vergessen hast du auch noch ein hübsches Zuhause.«

»Ach, ich behaupte ja nicht, dass ich nichts habe, aber manchmal … Du weißt mehr über Politik als ich. Was, wenn es Krieg gibt, wie sie behaupten? Dai wird dann …«

»Dai ist jetzt Batteriefeldwebel – er wird sicher hinter der Frontlinie bleiben und sich um seine Leute kümmern.«

»Das hoffe ich. Diese Würstchen sind übrigens fertig. Habt ihr auch Speck?«

»Ich hole welchen. Du kannst so lange Toast rösten.«

Wir beendeten die Frühstücksvorbereitungen und brachten dann alles nach drüben. Als die Uhr in der Eingangshalle halb schlug, tauchte Lady Hardcastle an der Tür zum Frühstückszimmer auf – wie eine Geistererscheinung in ihrem langen Nachthemd und einem schweren Wollschal.

»Sie hätten sich wirklich anziehen können«, tadelte ich sie. »Immerhin haben wir Besuch.«

»Dafür war einfach keine Zeit, Liebes. Du hast ja großen Wert darauf gelegt, dass ich pünktlich um halb hier sein soll. Ich erinnere mich genau daran, dass du mir ernste Konsequenzen für den Fall meines Zuspätkommens angedroht hast.«

»Papperlapapp«, entgegnete ich, »manchmal reden Sie wirklich Unsinn.«

Gwen lächelte und nickte. »Siehst du? Beste Freundinnen.«

»Hmm«, erwiderte ich. »Ich bin mir immer noch ziemlich sicher, dass meine beste Freundin sich anständig anziehen würde, wenn wir Gäste hätten.«

»Dir macht es doch nichts aus, oder, liebe Gwenith? Du gehörst doch zur Familie.«

»Es ist Ihr Haus, Lady Hardcastle, Sie können tun und lassen, was Ihnen gefällt.«

»Da. Siehst du? So, und was war jetzt so wichtig, dass ich darauf bestanden habe, noch vor dem ersten Hahnenschrei aus dem Schlummer gerissen zu werden?«

»Das haben Sie nicht gesagt«, antwortete ich. »Ein Brief? Recherchen?«

»Möglich. Ich stecke mitten in einem etwas eigenartigen Austausch mit Harry bezüglich der Aktivitäten einiger ausländischer Agenten in London ... Hast du meinen Bruder mal kennengelernt, Gwenith? Ich bin mir nicht mehr sicher. Er arbeitet für die Regierung.«

»So wie Sie?«, fragte Gwenith.

»Gewissermaßen, obwohl er mehr hinter einem Schreibtisch sitzt, als sich draußen im Feld die zarten Hände schmutzig zu machen. Offiziell ist er unser Vorgesetzter, aber bevor ich so etwas in der Öffentlichkeit zugeben würde, würde eher die Hölle zufrieren.«

»Und worum geht es gerade?«

»Ach, er macht sich verrückt wegen ein paar seltsamen Anzeigen im Kleinanzeigenteil der *Times*. Er glaubt, dass sie mit einigen Burschen in Verbindung stehen, die seine Abteilung ziemlich ungeschickt im Auge zu behalten versucht hat. Ich bin allerdings nicht sicher, ob ich dafür so früh aufgestanden wäre, er kann warten.«

»Hat es vielleicht mit dem Theatermord zu tun?«, mutmaßte ich.

»Nein, das kann nicht sein. Ich hätte doch nicht gewollt ... Oder doch, jetzt weiß ich's wieder. Die Verbrechenstafel. Ich wollte mir ein paar Notizen auf der Verbrechenstafel machen und alles ordentlich durchdenken, bevor wir in die Stadt fahren. Oh, na Donnerwetter, das hast du gut gemacht.«

Ich sah Gwen schulterzuckend an, und sie lachte.

»Was ist denn eigentlich eine Verbrechenstafel?«, fragte sie.

»Meiner Erfahrung nach kann ich besser denken, wenn ich alle Fäden in einem Fall auf einmal sehen kann, also mache ich mir Notizen auf einer auf eine Staffelei gestellten Schultafel – Zeichnungen, Karten, Verbindungen … Langsam aber sicher wird das Bild immer klarer, bis ich die Lösung erkennen kann.«

»Hört sich clever an.«

»Es ist erstaunlich hilfreich«, warf ich ein. »Und erstaunlich sperrig herumzutragen. Und jedes Mal, wenn ich denke, dass wir sie nun ein für alle Mal auf dem Speicher verstaut haben, muss ich sie wieder nach unten schleppen.«

»Ich helfe dir damit, sobald wir den Frühstückstisch abgeräumt haben«, bot Gwen an.

»Ach, das Aufräumen können wir Edna überlassen«, sagte Lady Hardcastle. »Sie reagiert ziemlich empfindlich, wenn wir ihr zu sehr in die Quere kommen. Ihr beide könnt die Verbrechenstafel für mich holen. Noch Toast, meine Liebe?«

Unter walisischen Flüchen schleppten meine Schwester und ich die Verbrechenstafel hinunter in den Salon. Wir stellten sie neben den Kamin und schworen uns, sie nie mehr dort wegzubewegen. Lady Hardcastle hatte sich angewöhnt, sie nach Belieben von einem Raum in den anderen zu verfrachten, aber wir beschlossen einhellig, dass sie bleiben würde, wo sie war, bis der Fall gelöst wäre.

Ich ließ Gwen mit Edna plaudern und noch mehr Tee kochen, während ich Lady Hardcastle präsentabel machte, dann versammelten wir uns wieder im Salon.

Lady Hardcastle fertigte Skizzen von den vier Schauspielern an, die wir bei der Vorstellung am Dienstagabend gesehen hatten: Harris Bridges, Rosalie Harding, Sarah Griffin und der verstorbene Paul Singleton. Sie fügte den Intendanten Edwin Adlam, den Dramatiker Hugo Bartlett und Nancy Beaufort hinzu, die Zweitbesetzung, die wir vor Crane's kennengelernt hatten.

Wir schilderten Gwen die Ereignisse, und Lady Hardcastle begann am unteren Ende der Tafel eine ihrer Zeitleisten.

»Wer war in der letzten Szene auf der Bühne, bevor der Vorhang gefallen ist?«, fragte sie.

»Soweit ich mich erinnere, alle zusammen«, antwortete ich.

»Das ist also das letzte Mal, dass wir Paul Singleton lebend gesehen haben«, überlegte sie und machte sich eine entsprechende Notiz. »Am Ende der Pause war er tot, also muss sich der Mord irgendwann zwischen dem Ende des ersten und dem Beginn des zweiten Akts zugetragen haben. Das heißt, es war nicht viel Zeit.«

»Die Pause ist lang gewesen, erinnern Sie sich?«

»Sie hat wirklich ewig gedauert, nicht wahr? Eine gute halbe Stunde, denke ich.«

»Es dauert allerdings nur ein paar Sekunden, einen Menschen ins Herz zu stechen.«

»Das ist wohl wahr. Was wissen wir sonst noch?«

Mithilfe der Notizen, die ich mir im Kaffeehaus

gemacht hatte, fügten wir Einzelheiten über das Ensemble hinzu, einschließlich der Spekulation, dass der Schauspieler Harris Bridges bis jetzt das beste Motiv hatte, indem er von seiner Verlobten Rosalie für den verstorbenen Paul Singleton sitzen gelassen worden war.

»Er ist es also gewesen?«, folgerte Gwen ein wenig enttäuscht.

»Möglich«, erwiderte Lady Hardcastle. »Aber ein Motiv allein genügt nicht. Irgendwie muss die Polizei beweisen, dass er an das Messer kommen konnte und zur richtigen Zeit am richtigen Ort gewesen ist.«

»Das sollte doch nicht allzu schwierig sein – sie waren alle zur richtigen Zeit am richtigen Ort. Und jeder kann sich ein Messer besorgen.«

»Du bist unsere Messerexpertin, Flo«, sagte Lady Hardcastle. »Ist dir vielleicht aufgefallen …?«

»Ein Klötendolch mit einem … nennen wir es einen gedrechselten Griff«, antwortete ich.

»Was für ein Dolch?«, fragte Gwen mit einem fröhlichen Kichern.

Ich seufzte. »Die Dinger heißen Klöten- oder Nierendolche. Der Name kommt von den Ausstülpungen unten am Griff, die dafür sorgen sollen, dass die Hand nicht auf die Klinge rutscht. Die Ausstülpungen sehen eben aus wie …«

»Ich kann mir vorstellen, wie sie aussehen«, unterbrach mich Gwen immer noch außerordentlich amüsiert. »Sind diese Waffen selten? Ich hab nie davon gehört.«

»Früher nicht – es gibt sie seit Hunderten von Jahren, und sie sind immer beliebt gewesen. Bei Männern im

Elisabethanischen Zeitalter waren sie besonders beliebt, weil man sie ohne einen sperrigen Handschutz leicht bei sich tragen und verbergen kann, weißt du? Also kann ich mir vorstellen, dass die Waffe eine Requisite für ihre Shakespeare-Inszenierungen war oder für irgendwelche jakobinischen Rachetragödien.«

»Falls das stimmt«, merkte Lady Hardcastle an, »hätte jeder im Theater an den Dolch rankommen können.« Nachdenklich tippte sie mit der Kreide gegen die Tafel. »Könnte das irgendwas mit den Diebstählen zu tun haben?«

»Es gibt Diebstähle?«, fragte Gwen.

»Ein paar Bagatelldiebstähle«, erläuterte ich. »Hugo hat uns davon erzählt. Ich bezweifle, dass das miteinander zusammenhängt.«

Lady Hardcastle machte trotzdem eine Notiz auf der Tafel, dann trat sie einen Schritt zurück und betrachtete das noch spärliche Netz aus Verbindungen. »Es ist zwar nicht viel, aber immerhin ein Anfang.«

Obwohl unser Tisch erst für Mittag reserviert war, parkten wir schon um kurz vor elf auf der St. Nicholas Street und gingen von dort aus zu Fuß zum Le Quai. Es lag in einem lebendigen Teil der Stadt, Gerichtsgebäude und Banken an einer geschäftigen Hauptstraße. Ich liebte Bristol und fragte mich oft, ob wir nicht vielleicht lieber hätten in die Stadt ziehen sollen, statt ans Ende der Welt. Aber dann fielen mir unser modernes Haus, unsere wunderbaren Freunde und die Anblicke und Geräusche – und die Gerüche – des ländlichen Gloucester wieder ein, und ich kam zu dem Schluss, dass wir wahrscheinlich die richtige Wahl getroffen hatten. Trotzdem …

»Denken Sie, dass wir uns etwas in der Stadt mieten sollten?«, fragte ich. »Vielleicht eine kleine Zweitwohnung in Clifton?«

»Wir verbringen hier schon eine ganze Menge Zeit«, stimmte Lady Hardcastle zu. »Aber gibt es in Clifton denn Zweitwohnungen? Soweit ich das sehe, besteht es nur aus prunkvollen Häusern.«

»Ein schönes Stadthaus am Royal York Crescent also?«

»Wir könnten bestimmt mal darüber nachdenken. Aber in letzter Zeit verbringen wir auch viel Zeit in London. Vielleicht sollten wir stattdessen ins Auge fassen, uns dort eine kleine Wohnung zu nehmen. Ich mag diese großen roten Herrenhäuser in der Nähe der Albert Hall ziemlich gern.«

»Warum nicht beides?«

Sie kicherte. »Damit meine Freunde mich eine liederliche Verschwenderin nennen? Wie steht es mit dem Personal? Den Grundsteuern? Den Rechnungen? Das wären hohe Kosten. Aber es wäre schon ganz schön, oder?«

»War nur so ein Gedanke.«

Wir kamen am Le Quai an und bemerkten, dass die Läden zwar offen, aber die Tür noch verschlossen war. Lady Hardcastle klopfte mit dem Griff ihres Regenschirms dagegen und beugte sich dann vor, um durch die Glasscheibe in der Tür zu spähen.

»Dadrin bewegen sich Leute«, sagte sie.

Sie klopfte erneut, und ein verärgertes Gesicht tauchte aus dem Halbdunkel auf. Es gehörte Jean-Pierre.

»Wir 'aben noch bis 'alb geschlossen«, sagte er erbost in einer übertriebenen Variante seines üblicherweise gefälligen französischen Akzents.

Lady Hardcastle grinste und zeigte auf ihr eigenes Gesicht.

»Ah«, sagte er. »Meine alten Freundinnen. Moment.« Er entriegelte die Tür und öffnete. »Guten Morgen, Mylady. Ich habe Sie erst nicht erkannt, aber wir haben leider wirklich noch geschlossen, selbst für unsere besten Freundinnen.«

»Das weiß ich doch, mein Lieber«, entgegnete Lady Hardcastle. »Dürfen wir vielleicht kurz reinkommen? Ich muss Sie um einen Gefallen bitten.«

Er trat beiseite und ließ uns eintreten.

»Die Sache ist nämlich die, mein lieber Wally«, sagte sie verschwörerisch, »wir benötigen Ihre Hilfe für eine kleine … List. Tatsächlich ist es furchtbar wichtig.«

Als er seinen richtigen Namen hörte, zuckte er zusammen, aber es schien den gewünschten Effekt zu haben, und sein Gesicht nahm einen ernsten Ausdruck an.

»Was kann ich für Sie tun?«, fragte er in seinem heimischen Bristoler Zungenschlag. »Geht es um einen Ihrer Fälle?«

»In der Tat. Sie haben doch bestimmt von dem Mord im Theater am Dienstagabend gehört?«

»Habe ich. Einer der Schauspieler ist erstochen worden. Die Leute reden über nichts anderes.«

»Ich habe heute Ihren Nebenraum zum Lunch auf den

Namen Webster-Green reserviert, und das gesamte Theaterensemble kommt ebenfalls.«

»Ich habe mich schon gefragt, wer das ist. Ein Tisch für zehn Personen zum Lunch. Der Koch war hellauf begeistert.«

»Wie schön – ich freue mich auch schon darauf. Selbst wenn das Treffen sonst keine Ergebnisse bringt, wird immerhin die Mahlzeit zweifellos vorzüglich sein.«

Jean-Pierre verbeugte sich bescheiden, als ob er derjenige wäre, der für die Qualität der Speisen verantwortlich wäre.

»Wenn wir dann aber ankommen«, fuhr sie fort, »ist es von größter Wichtigkeit, dass Sie sich nicht anmerken lassen, dass Sie uns kennen. Lady Bickle wird uns ebenfalls begleiten, und die dürfen Sie begrüßen, wie Sie das üblicherweise tun würden, aber Sie haben keine Ahnung, wer Lady Webster-Green und Miss Goodheart sind.« Sie zeigte auf mich, und ich knickste. »Für die Schauspieler sind wir Besucherinnen aus Dorsetshire.«

»Überlassen Sie das mir, Mylady«, erwiderte er und schlüpfte wieder in seine französische Rolle. »Gaston und Madeleine bedienen im Nebenraum, und ich werde dafür sorgen, dass sie Bescheid wissen, dass Sie inkognito hier sind.«

»Vielen Dank, mein Lieber.« Sie steckte ihm ein außergewöhnlich großzügiges Trinkgeld zu. »Machen Sie sich keine allzu großen Gedanken deshalb, aber versuchen Sie bitte, sicherzustellen, dass es keine Ausrutscher gibt, sonst sind wir erledigt.«

Jean-Pierre sah diskret auf das Trinkgeld und strahlte.

Er beugte sich zu uns vor. »Danke … Lady Webster-Green«, sagte er einmal mehr als Wally Dudden. »Und machen Sie sich keine Sorgen. Gordon und Madge wissen genau, wie man sich für jemand anderen ausgibt.« Er zwinkerte uns zu.

»Guter Mann, Jean-Pierre«, sagte Lady Hardcastle. »Das werde ich Ihnen nicht vergessen. Und jetzt lassen wir Sie weiterarbeiten. Bis in einer Stunde.«

»Ich freue mich, Sie und Ihre glamourösen Gäste bei uns begrüßen zu dürfen«, erwiderte er.

»Immer mit der Ruhe, mein Lieber. Es sind nur Schauspieler.«

Mit einem Lächeln und einem Winken verließ Lady Hardcastle das Restaurant.

Ich folgte ihr, und wir gingen zum Rolls Royce zurück.

»Den sollten wir woanders abstellen«, sagte ich, als wir ihn erreichten.

»Warum denn, Liebes? Der ist hier doch vollkommen sicher, oder?«

»Sicher schon, aber auch sehr auffällig. Wie viele Rolls Royce Silver Ghost Roadster gibt es Ihrer Meinung nach in Bristol?«

»Nur diesen einen, hoffe ich doch. Ich habe gern ein einzigartiges Automobil … Oh, jetzt verstehe ich, was du meinst. Die Tarnung als Lady Webster-Green kann ich vergessen, wenn wir in Lady Hardcastles Auto herumtuckern. Wir suchen uns einen angemessen abgelegenen Platz und kommen dann zu Fuß wieder her.«

Kurz vor zwölf kehrten wir ins Le Quai zurück, wo Jean-Pierre uns die Mäntel abnahm und uns dann in den Nebenraum im ersten Stock führte. Er begrüßte uns herzlich und war sehr gewissenhaft darin, Lady Hardcastle mit ihrem Alias anzusprechen, obwohl der Rest unserer Gruppe noch nicht eingetroffen war.

»Das ist ganz bezaubernd, Jean-Pierre, vielen Dank. Bitte bringen Sie unsere Gäste zu uns, sobald sie ankommen.«

»Gewiss, *madame*«, erwiderte er mit einer Verbeugung.

»Ach und haben Sie einen 99er Krug?«

»Den Krug, *madame*? *Non*. Aber wir haben einen Pol Roger desselben Jahrgangs.«

»Wunderbar. Können Sie uns schon mal zwei Flaschen davon bringen, bitte? Und für später noch eine dritte kaltstellen?«

»Natürlich, *madame*. Gaston ist gleich bei Ihnen. Genießen Sie Ihr Essen.«

Dann ließ er uns allein, und wir dachten über die Sitzordnung nach.

»Wir sollten uns nach dort drüben setzen, ans hintere Ende.« Lady Hardcastle zeigte quer über den Tisch. »Wenn wir eine Lücke zwischen uns lassen, passen noch zwei Personen zwischen uns, und eine jeweils auf die andere Seite. Auf diese Weise maximieren wir unseren Kontakt mit ihnen.«

»Guter Plan«, entgegnete ich.

Also umrundeten wir den Tisch und wollten uns gerade hinsetzen und warten, als die Tür aufging, und

Jean-Pierre Lady Bickle und eine Gruppe von elegant, aber nicht teuer gekleideten Schauspielern hereinführte.

»Erlauben Sie, Mylady«, sagte Jean-Pierre dabei. »Ihre Gäste sind da, Lady Webster-Green. Ganz pünktlich.«

»Wir sind stolz darauf, unseren Auftritt immer genau zur richtigen Zeit zu haben«, sagte der Mann, der die Gruppe anführte. Vom Stück her erkannte ich ihn als Harris Bridges. Auch ohne sein Bühnen-Make-up sah er noch genauso gut aus und strahlte große Selbstsicherheit aus.

Lady Bickle schob sich durch die Gruppe an der Tür und übernahm.

»Lady Webster-Green«, sagte sie, »und Miss Goodheart. Vielen herzlichen Dank für die Einladung zum Lunch. Ich denke, ich sollte alle einander vorstellen. Augenblick. Das hier ist Harris Bridges.« Sie zeigte auf den Schauspieler mit dem tadellosen Zeitgefühl.

»Ihre Belohnung dafür, erster in der Reihe zu sein, ist, dass Sie neben mir sitzen dürfen«, entschied Lady Hardcastle und klopfte auf die Sitzfläche des entsprechenden Stuhls.

Bridges musste nicht lange überredet werden und ging schon um den Tisch herum, bevor Lady Hardcastle überhaupt zum zweiten Mal geklopft hatte.

»Dann haben wir Sarah Griffin.«

Auch sie erkannte ich vom Stück her. Sie war die jüngere der beiden Schauspielerinnen, die wir gesehen hatten, und im echten Leben sogar noch schöner als auf der Bühne.

»Wollen Sie sich zwischen Violet und Mr. Bridges setzen, meine Liebe? Das wäre ganz wunderbar.«

»Der Nächste ist Emrys Thornell.«

Ein Mann mit Brille und in einem weinroten Samtjackett lächelte sie über seinem akkurat gestutzten Bart an.

»Setzen Sie sich doch zu Violet, Mr. Thornell«, sagte Lady Hardcastle.

»Und das hier ist Patrick Cowlin.«

Ein weiterer gut aussehender Mann, jünger als Bridges, der ziemlich eindringlich wirkte.

»Und Sie setzen sich hier zu mir«, sagte Lady Hardcastle und klopfte auf den Stuhl zu ihrer Linken.

»Hugo kennt ihr ja bereits«, fuhr Lady Bickle fort. »Und das sind im Moment alle.«

Sie setzte sich zu Patrick Cowlin, und Hugo Bartlett machte es sich neben ihr bequem.

Lady Hardcastle ließ den Blick über den Tisch schweifen. »Zwei Leute scheinen zu fehlen. Wo sind denn Nancy und Rosalie? Sie hatten doch zugesagt, und ich habe mich so darauf gefreut, sie unter weniger gefährlichen Umständen kennenzulernen.«

»Gefährlich?«, fragte Sarah.

»Wir sind ihnen gestern auf den Christmas Steps begegnet«, erklärte Lady Bickle. »Und Nancy war überzeugt davon, dass sie dort gleich stürzen und sich den Hals brechen würde.«

»Nancy kann manchmal so sein. Aber es sieht ihr gar nicht ähnlich, eine Mahlzeit zu verpassen.«

»Bestimmt ist alles in Ordnung«, sagte Lady Bickle. »Sie wohnen doch in derselben Unterkunft, also sind sie wahrscheinlich gemeinsam aufgehalten worden.«

»Ich würde mich nicht wundern, wenn sie sich mit

der Vermieterin streiten«, warf Bridges ein. »Sie ist eine … eindrucksvolle Frau.«

»Sie ist ein absoluter Drache«, sagte Sarah. »Wenn wir Bristol besuchen, weigere ich mich, dort zu wohnen.«

»Dann muss es wohl daran liegen«, sagte Lady Bickle. »Ich glaube zwar nicht, dass sie sich sehr verspäten, aber ich denke, wir sollten schon mal ohne sie anfangen.«

»Natürlich, natürlich«, erwiderte Lady Hardcastle liebenswürdig. »Und sie werden umso willkommener sein, wenn sie dann eintreffen.«

Gaston kam mit zwei Eiskübeln auf Ständern herein. Er stellte sie in eine Ecke des Raumes und präsentierte Lady Hardcastle dann eine der Flaschen.

Sie zog ihre Lesebrille aus der Handtasche, setzte sie auf und machte zu viel Aufhebens um die Inspektion des Etiketts.

»Genau, was der Arzt uns verschrieben hat, Liebes«, sagte sie dann. »Danke.«

Normalerweise hätte sie die Flasche mit einer wegwerfenden Handbewegung akzeptiert, nachdem sie unauffällig einen Blick auf das Etikett geworfen hatte, um sicherzustellen, dass es der bestellte Wein war. Lady Webster-Green war bei diesen Dingen allerdings deutlich pingeliger. Es sei denn, die lässige Nonchalance war nur vorgetäuscht, und dies hier war die echte Emily Charlotte Ariadne Hardcastle, geborene Featherstonhaugh. Ich lächelte in mich hinein und fragte mich, was Violet Goodhearts Schrullen wohl über mich aussagen würden.

Während all das noch vor sich ging, war Madeleine

schon mit einem Tablett Champagnergläser hereingekommen, die sie nun verteilte. Dabei stellte ich mir die Frage, ob sie dafür irgendwelche der anderen Gläser wieder mitnehmen würde, kam aber zu der Einsicht, dass sie wohl stehen bleiben müssten, solange wir noch nicht bestellt hatten. Damit hatte ich recht, und es dauerte nicht lange, bis es auf dem Tisch vor lauter Gläsern nur so glitzerte.

Mit einem geübten Schlenker entfernte Gaston den oberen Teil der Folienumwickelung, nahm den Drahtkäfig ab und ließ leise den Korken knallen. Mit derselben geschmeidigen Leichtigkeit öffnete er auch noch die zweite Flasche und präsentierte Lady Hardcastle dann beide Korken, nachdem er sie wieder in ihre Käfige zurückgelegt hatte. Dann schenkte er allen ein Glas prickelnder Dekadenz ein, bevor er lautlos wieder verschwand.

Lady Hardcastle hob ihr Glas und wollte wahrscheinlich gerade einen Toast ausbringen – oder wenigstens unsere Gäste willkommen heißen –, doch Harris Bridges war schneller. Bevor sie noch den Mund aufmachen konnte, war er bereits aufgestanden. Ich bemerkte ein kurzes, verärgertes Flackern in ihren Augen, bezweifelte aber, dass das sonst noch irgendwem auffiel, denn sie überspielte es sofort mit ihrem gewohnten warmen Lächeln.

»Lady Webster-Green«, sagte Bridges etwas zu laut für den kleinen Raum. »Miss Goodheart. Freunde. Wir haben ein paar schwierige Tage hinter uns, und wir tragen die Last unserer Trauer auf den Schultern, während wir weiterzumachen versuchen, aber ich glaube, dass Paul genau das gewollt hätte. Wir hatten unsere Meinungsverschiedenheiten …«

Der Inspizient Patrick Cowlin stieß ein spöttisches *Pffft* aus, und Sarah Griffin verdrehte die Augen.

»… aber er war ein guter Kerl, und ich glaube, ich spreche für uns alle, wenn ich sage, dass wir ihn furchtbar vermissen werden. Aber wie er selbst immer gesagt hat: *Die Show muss weitergehen.* Heben Sie also bitte Ihre Gläser, meine Damen und Herren. Auf Paul.«

Alle zusammen wiederholten feierlich: »Auf Paul.«

Noch immer stehend wandte sich Bridges daraufhin an Lady Hardcastle zu seiner Linken. »Es tut mir leid, dass das vielleicht ein bisschen zu düster für den Anlass ist, Mylady, aber wir sitzen gerade zum ersten Mal seit dem Ereignis vollständig zusammen …«

»Wir sind aber nicht vollständig«, warf Emrys Thornell abschätzig ein. »Nancy und Rosie verspäten sich, erinnerst du dich?«

Bridges warf einen Blick auf die beiden leeren Stühle. »Oh … na ja … stimmt …«, stammelte er.

Sarah verdrehte erneut die Augen.

»Nun … äh …« Er war ganz offensichtlich nicht darauf gefasst gewesen, für den Toast auf ihren verstorbenen Kollegen ausgebuht zu werden. »Ich wollte mich im Grunde nur bei Ihnen bedanken, Lady Webster-Green – und bei Ihnen, Miss Goodheart –, dass Sie uns zu diesem vorzüglichen Mahl eingeladen haben …«

»Ach, jetzt setz dich schon hin, Bridges, sei so gut«, unterbrach ihn Thornell. »Du machst dich zum Affen.«

Bridges wollte sich schon echauffieren, aber ein kurzer Blick in die Runde verriet ihm, dass die versammelte Tischgesellschaft nicht auf seiner Seite war, also ließ er sich auf seinen Stuhl sinken.

»Danke, mein Lieber«, sagte Lady Hardcastle, als hätte sie die Spannung gar nicht mitbekommen, die im Raum aufgekommen war. »Aber ich habe eher den Eindruck, dass Sie mir einen Gefallen tun. Wie Mr. Bartlett Ihnen vielleicht erzählt hat …«

»Hugo, bitte«, warf Bartlett leise ein.

»Wie Hugo Ihnen vielleicht erzählt hat«, fuhr sie fort, »trage ich mich mit dem Gedanken, mein eigenes Theaterensemble an der Südküste aufzubauen, meine Motive, Sie hierher zu locken, sind also vollkommen eigennützig – wenn auch, so hoffe ich, arglos. Ich würde Sie gern alle ein bisschen besser kennenlernen, um herauszufinden, wie eine Gruppe wie Sie tickt. Sie scheinen alle so gut miteinander auszukommen …«

Ich sah mich in der Runde nach Zeichen des Widerspruchs um … und bemerkte sie allenthalben. Sarah Griffin verdrehte einmal mehr die Augen, Patrick Cowlin stieß noch ein *Pfft* aus, das beinahe von Hugo Bartletts Zungenschnalzen überdeckt wurde; Emrys Thornell sagte leise »Ha!«, und Harris Bridges blickte mit einem Kopfschütteln auf seine Speisekarte hinab. Möglicherweise war er erschüttert über den Preis des *Suprème de Barbue avec Sauce Hollandaise*, aber wahrscheinlicher war, dass auch er Lady Hardcastles Einschätzung ihrer Gruppe für vollkommen falsch hielt.

Lady Hardcastle fiel das alles natürlich ebenfalls auf,

aber Jo Webster-Green war aus einem groberen Holz geschnitzt und fuhr ohne auch nur die kleinste Pause fort: »... und ich wollte einfach nur herausfinden, welche Mischung von Persönlichkeiten ich mich zusammenzustellen bemühen sollte, um eine ideale Truppe zu formen. Sagt man denn *Truppe*? Bitte sagen Sie mir, dass ich mich da nicht vertue.«

»Geht schon«, erwiderte Bridges, »obwohl viele sich lieber als Ensemble bezeichnen. Wissen Sie, als ich 96 am West End den Hamlet gespielt habe ...«

Seine zweifellos faszinierende Anekdote wurde durch die Ankunft Jean-Pierres unterbrochen, der eine vollkommen aufgelöste Nancy Beaufort hereinführte. Ganz offenbar hatte sie geweint.

»Gütiger Gott, Nancy«, rief Bridges. »Ist alles in Ordnung? Was ist denn los?«

»Es geht um Rosie«, antwortete sie. »Sie ist verhaftet worden. Der Inspektor behauptet, sie hat Paul ermordet.«

5

Alle am Mittagstisch Versammelten begannen nun durcheinanderzusprechen. Die meisten brachten Unglauben über den schieren Gedanken zum Ausdruck, dass die liebe Rosie zu so etwas in der Lage sein sollte, aber mir fiel auf, dass Sarah Griffin in diese Beteuerungen nicht einstimmte. Harris Bridges schien sich selbst zum Wortführer der Gruppe ernannt zu haben. Er gab ihnen noch ein paar Augenblicke, damit sie ihrer Fassungslosigkeit Ausdruck verleihen konnten, bevor er versuchte, sie wieder zur Ordnung zu rufen.

»Freunde«, rief er und hielt die Hände hoch. »Freunde, bitte.«

»Das ist einfach nicht möglich«, sagte Nancy. »Paul und sie waren so verliebt. Sie hätte ihn nicht umgebracht.«

»Hätte sie nicht«, stimmte Patrick Cowlin ihr zu. »Nicht Rosie. Dazu ist sie gar nicht in der Lage.«

»Jeder ist dazu in der Lage«, widersprach Sarah. »Ist das nicht die Grundlage fast jeden Theaterstücks, das wir aufführen? Jeder hat irgendeine schreckliche verborgene Seite.«

»Du denkst natürlich schlecht von ihr«, entgegnete Nancy. »Weil sie dir Paul ausgespannt hat.«

»Sie hat ihn mir nicht ausgespannt … Ach, egal. Aber mein Argument steht. Wir wissen nicht, wozu eine Person in der Lage ist, bevor sie es dann tut.«

»Aber Rosie könnte doch niemals …«, wiederholte Nancy. »Sie ist doch einfach … Ich meine, seit Pauls Tod war sie in einem furchtbaren Zustand. Sie …«

»Seit Pauls Ermordung«, korrigierte Sarah. »Lass uns das nicht beschönigen.«

»Na ja, das unterstreicht aber nur meinen Punkt, findest du nicht? Sie war untröstlich darüber, dass ihr die Liebe ihres Lebens so grausam entrissen worden ist.«

»Oder von Schuld darüber geplagt, ihn in einem flüchtigen Moment der Wut erstochen zu haben.«

»Meine Damen, bitte«, versuchte Bridges zu beschwichtigen. »Das bringt doch nichts. Nancy, erzähl uns einfach, was passiert ist.«

»Wir wollten uns gerade zum Aufbruch fertig machen«, berichtete sie. »Ich bin in ihr Zimmer gegangen und wollte mir ihren Schal ausleihen – du weißt schon, den blauen mit den geknoteten Fransen? Sie trägt ihn ja nicht oft, und ich dachte, dass er wunderbar zu diesem Kleid passen würde. Er hat auch den passenden Ton zu meinem neuen Mantel, ich …«

»Du bist also in ihr Zimmer gegangen …«, unterbrach Bridges sie.

»Genau. Und da haben wir dann miteinander geplaudert. Ich wohne ja gern mit ihr zusammen, vor allem hier in Bristol. Es ist so wunderbar, eine Unterstützung zu haben, wenn wir bei Mrs. Rippon wohnen. Sie ist ein solcher Drache, weißt du? Natürlich weißt du das. Ihr anderen weigert euch ja deshalb, bei ihr zu wohnen. Aber …«

»Und was ist dann passiert?«

»Ach, natürlich. Dann haben wir es furchtbar laut an der Haustür klopfen hören, das kräftige, unnachgiebige Hämmern von jemandem, der in einer offiziellen Angelegenheit unterwegs ist.«

Ich machte mir kurz Sorgen, dass es Sarah bei ihrem andauernden Augenrollen schwindelig werden könnte.

Nancy fuhr unterdessen ungerührt fort: »Wir hörten, wie Mrs. Rippon öffnete. Dann Stimmen. Mrs. Rippon war empört. Allerdings bin ich mir nicht sicher, ob sie überhaupt irgendein anderes Gefühl zum Ausdruck bringen kann. Ich glaube, ich habe noch nie gesehen, dass sie irgendetwas gut fand. Die andere Stimme gehörte einem Mann. Wir konnten noch immer nicht verstehen, worum es ging. Nach ungefähr einer Minute hörten wir dann Schritte die Treppe heraufkommen, dann wurde Rosies Tür aufgerissen. Mrs. Rippon protestierte: *Sie können doch nicht einfach so in das Zimmer einer jungen Dame platzen! Was, wenn sie gerade nicht angezogen ist?* Obwohl ich eigentlich glaube, dass sie nur verärgert darüber war, nicht selbst das Hereinplatzen übernehmen zu können. Das hätte ihr nämlich gefallen. Aber in der Tür stand Mrs. Rippon, die wie eine Art böse Aaskrähe im Hintergrund schwebte, um sich über die Reste eines Kadavers herzumachen – sie sieht für mich ja immer wie eine Krähe aus; es liegt an dem schwarzen Schal …«

»In der Tür stand ein Polizist?«, vermutete Bridges. »Ein Polizist stand in Rosies Tür?«

»Genau«, bestätigte Nancy. »Es war Inspektor Wyatt. Und dieser riesige Sergeant aus dem Theater. Erinnert ihr euch an ihn? Ich bin mir nicht sicher, warum er mitkommen musste. Sie können ja unmöglich damit gerechnet haben, dass Rosie handgreiflich werden würde.«

»Was hat er denn gesagt, meine Liebe?«, fragte Lady Hardcastle.

Einen Moment lang entstand eine überraschte Stille, und alle starrten sie an, als ob sie unsere Anwesenheit völlig vergessen hätten. Ich hoffte eigentlich, dass es Bridges stören würde, nicht mehr im Rampenlicht zu stehen, aber wenn das der Fall war, verbarg er es gut.

»Er hat gesagt: *Miss Rosalie Harding, ich verhafte Sie hiermit wegen des Mordes an Paul Singleton am Dienstag, dem siebten November.* Dann hat er etwas über ihr Recht erzählt zu schweigen und darüber, dass Dinge protokolliert würden und gegen sie verwendet werden könnten. Erinnert ihr euch an das Stück, das wir 1909 gespielt haben, wo Pat in der Probe einen Kraftausdruck verwendet hat, als er festgenommen wurde? Die Theaterzensur hätte einen Herzinfarkt bekommen, wenn wir das dringelassen hätten.«

»Hat er denn sonst noch was gesagt?«, hakte Lady Hardcastle nach. »Hat er irgendeinen Grund für die Verhaftung angegeben?«

»Zuerst nicht. Rosie hat angefangen zu weinen und ihm geantwortet: *Aber ich bin es nicht gewesen. Ich habe ihn nicht umgebracht. Ich habe ihn geliebt.* Und

Wyatt hat darauf gesagt: *Die Mordwaffe stammte aus dem Theaterfundus, und Sie hatten Zugang dazu. Außerdem habe ich aus verlässlicher Quelle erfahren, dass Sie damit im Lauf des Tages gesehen worden sind.* Dann hat er ihr die Handschellen angelegt und sie abgeführt. Ich habe versucht, ihr zu folgen, aber der kräftige Sergeant hat mir versichert, dass ich nichts tun könne, und dann waren sie weg. Mrs. Rippon begann loszuschimpfen, dass sie eine Mörderin unter ihrem Dach beherbergt habe, aber ich hab ihr gar nicht zugehört. Ich habe einfach nur meinen Hut aufgesetzt und meinen Mantel angezogen und bin direkt hierhergekommen.«

»Wenn das Messer aus dem Fundus stammte«, wandte Sarah ein, »hatten wir alle Zugang dazu. Wenn das sein einziger Beweis ist, könnte es jede und jeder von uns gewesen sein. Und außerdem …«

»Allerdings ist es im Stück nicht benutzt worden«, merkte Emrys Thornell an. »Man kann sich also schon fragen, warum sie es im Lauf des Tages bei sich getragen hat. Wenn das tatsächlich der Fall war.«

»Und wer könnte wohl diese *verlässliche Quelle* gewesen sein?«, fügte Patrick Cowlin hinzu. »Vielleicht sollte der Inspektor mit dieser Person sprechen, um herauszufinden, warum sie versucht, Rosie so reinzureiten.«

»Sie hat es mir gebracht«, warf Hugo Bartlett ein. »Ich arbeite gerade an einer Komödie über eine Gruppe von Schauspielern, die ein Shakespeare-Stück aufführen. Ich wollte mich noch einmal vergewissern, wie ein elisabethanischer Dolch genau aussieht.«

Wir wurden von Gaston unterbrochen, der uns nachschenkte und unsere Bestellungen aufnehmen wollte. Eigentlich hatte ich erwartet, dass der Schock der Nachricht ihnen den Appetit verdorben oder es ihnen wenigstens schwer gemacht hätte, sich auf die Speisekarte zu konzentrieren, aber sie ratterten alle ohne das leiseste Zögern ihre Bestellung herunter. Sogar die arme, vollkommen aufgelöste Nancy schaffte es, ein heldenhaft großes Essen für sich zu bestellen. Ich kannte so etwas aus meiner Kindheit beim Zirkus, wenn das Publikum erst einmal weg und die Zeiten hart waren – sobald es umsonst etwas zu essen gab, konnte nichts die Darsteller davon abhalten, es herunterzuschlingen, ganz egal, was sonst gerade vor sich ging. Geld war in der Theaterwelt ganz offenbar ebenfalls knapp.

Lady Hardcastle wollte gerade etwas sagen, aber Bridges kam ihr wieder einmal zuvor.

Diesmal verbarg sie ihren Ärger darüber etwas weniger, und ich fragte mich kurz, ob sie Bridges gleich die Leviten lesen würde, aber sie hatte sich rasch wieder im Griff und gestattete ihm fortzufahren. Erneut glaubte ich, dass das niemandem aufgefallen wäre, doch Sarah, für die sein Verhalten nichts Neues sein konnte, zwinkerte mir verschwörerisch zu.

»Was ist denn danach mit dem Messer passiert?«, fragte Bridges.

»Es wurde Paul zwischen die dritte und die vierte Rippe gestoßen«, entgegnete Cowlin trocken.

»Patrick!«, rief Bridges. »Ich muss doch um ein bisschen Pietät bitten.«

»Ich habe es auf dieses Tischchen im Korridor gelegt«, erklärte Bartlett. »Es war nicht das, was ich mir vorgestellt hatte. Und genau wie bei dem Kraftausdruck dachte ich, dass die Zensur ein Problem mit dem lustigen Dialog gehabt hätte, der mir zu einem sogenannten Klötendolch eingefallen wäre.«

»Ich kann mir vorstellen, dass Männer ein Problem mit einem Klötendolch haben würden«, warf Sarah ein.

»Vor allem Paul«, ergänzte Cowlin.

Bridges starrte ihn böse an. »Ich ermahne dich nicht noch einmal, Patrick.«

»Ich bin nicht ganz sicher, ob du das Recht hast, irgendwen zu ermahnen, alter Freund, aber ich entschuldige mich, falls jemand mich für unsensibel halten sollte.«

»Wenn Hugo den Dolch also auf den Tisch im Korridor gelegt hat, hätte jeder ihn sich nehmen können«, folgerte Nancy. »Wyatt hat dann sogar noch weniger Grund dazu, Rosie zu verdächtigen.«

»Hat irgendwer von Ihnen das Messer im Lauf des Tages noch dort liegen sehen?«, fragte Lady Hardcastle schnell, bevor Bridges weiterreden konnte.

»Während des ersten Akts lag es dort«, erklärte Sarah. »Das wollte ich Ihnen gerade sagen, bevor ich so unhöflich unterbrochen worden bin.« Sie warf Thornell einen Blick zu. »Während der Streitszene zwischen Paul und Rosie musste ich, ihr wisst schon wohin, verschwinden. Als ich zurückkam, lag es noch dort.«

»Wir können also davon ausgehen, dass es vor aller Augen auf dem Tisch lag, bis es dann benutzt worden ist«, folgerte Lady Hardcastle. »Interessant.«

»Warum ist das interessant?«, fragte Bridges.

»Nun, es bringt einen zu der Annahme, dass der Mord nicht geplant war. Ein kühl vorausdenkender Mörder würde das Vorhandensein der Mordwaffe nicht dem Zufall überlassen, sondern alles vorher organisieren und nicht darauf hoffen, zum gegebenen Zeitpunkt einfach irgendetwas Geeignetes zu finden; oder er würde eine brauchbare Waffe, sobald er sie einmal gefunden hätte, nicht einfach offen herumliegen lassen, sodass sie von irgendwem weggeräumt werden könnte. Er würde sie irgendwo verstecken, von wo er sie im Moment der Tat leicht wieder hervorholen könnte. Mr. Singleton ist in der Pause auf der Bühne ermordet worden. Wenn der Dolch also während des ersten Akts offen herumlag, können wir davon ausgehen, dass der Mörder ihn im Affekt benutzt hat.«

»Gütiger Himmel«, rief Sarah. »Wie außerordentlich klug. Auf so was wäre ich nie gekommen.«

Lady Hardcastle quittierte das mit einem bescheidenen Achselzucken und einem verlegenen Lächeln, als ob sie sich nicht einmal für ansatzweise klug halten würde und als wäre es wirklich freundlich von Sarah, so etwas zu sagen. Ihre schauspielerischen Fähigkeiten hatten sich seit ihrer missratenen Darbietung als Güldenstern merklich verbessert und waren nun wirklich bemerkenswert – sogar ich ließ mich einen Moment lang hinters Licht führen.

Der erste Gang wurde serviert, sodass das Gespräch kurz stockte, während die Schauspieler sich hungrig über ihr Essen hermachten. Ich warf an Bridges und

Sarah vorbei Lady Hardcastle einen Blick zu, sie erwiderte darauf ein Das-läuft-doch-prächtig-Lächeln, und ich nickte. Wir erfuhren wirklich eine ganze Menge.

Das Mittagessen ging viel zu schnell vorüber, und wir verließen das Le Quai mit zahlreichen unbeantworteten Fragen im Gepäck. Immerhin bekam ich allmählich ein Gefühl dafür, wer die Bartlett Players waren. Nachdem Rosalies Verhaftung gründlich diskutiert worden war, beruhigten sie sich und zeigten höfliches Interesse an unseren Plänen für die Gründung eines Theaters in Bournemouth. Sie hatten eine Menge interessanter Vorschläge, und ich ertappte mich bei der Überlegung, ob ein Theater vielleicht tatsächlich eine gute Idee sein könnte. Vielleicht sollten wir die Geheimdienstarbeit und die vom Verbrechen geschüttelten Straßen von Littleton Cotterell hinter uns lassen und stattdessen ein Theater an der Küste eröffnen. Bei diesem Gedanken musste ich in mich hineinlächeln.

Als das Essen schließlich beendet war, standen wir auf der Straße in der kalten Novemberluft und verabschiedeten uns von den Schauspielern. Sie bedankten sich überschwänglich, und ich versuchte, mich zu erinnern, ob ich jemals zuvor so oft Darling von so vielen Leuten in so kurzer Zeit genannt worden war. Eigentlich hätte das nervtötend sein sollen, aber tatsächlich war es auf seltsame Weise rührend.

Mr. Bartlett fragte uns, ob wir uns das Theater am Abend einmal ansehen wollten. »Ich konnte zwar erst für Ende nächster Woche Karten zurücklegen lassen, aber Sie sind mehr als willkommen, uns am Montag hinter der Bühne zu besuchen und sich anzusehen, wie so eine Vorstellung abläuft, falls Sie das gern möchten.«

»Das würden wir tatsächlich gern mal miterleben«, erwiderte Lady Hardcastle. »Danke.«

»Kommen Sie irgendwann nach sechs einfach zum Bühneneingang. Ich sage Haggarty Bescheid, dass er mit Ihnen rechnen kann. Er legt ein ziemlich ruppiges Verhalten an den Tag, wenn es darum geht, Leute von der Bühne fernzuhalten, aber unter der harten Schale ist er ein guter Kerl.«

»Danke, mein Lieber, das wäre ganz wunderbar. Dann also bis Montag.«

Obwohl es uns gelungen war, gemeinsam ein halbes Dutzend Flaschen vom besten Champagner des Le Quai zu leeren, hatten weder Lady Hardcastle noch ich jeweils mehr als ein Glas getrunken, also sah ich den Schauspielern amüsiert hinterher, wie sie sich torkelnd in Richtung Theater entfernten. Ich hoffte, dass sie entweder rechtzeitig zur Abendvorstellung wieder nüchtern sein oder dass ein leichter Schwips ihren Darbietungen vielleicht etwas zusätzliche Würze verleihen würde.

Auch Lady Bickle hatte sich nicht gerade zurückgehalten. Sie hatte charmant gekichert und während des Essens unerhört offenkundig mit Patrick Cowlin geflirtet und wiegte sich nun leicht im Herbstwind, als wir ihren Theaterfreunden zum Abschied nachwinkten.

»Wie kommst du denn heim, Liebes?«, fragte Lady Hardcastle mitfühlend.

»Ich dachte, Stanley würde mich abholen, aber anscheinend habe ich vergessen, es ihm zu sagen.«

Die Bickles nannten ihren Chauffeur Stanley, obwohl er Alfred hieß – Stanley war der Name ihres ersten Chauffeurs gewesen, und es war zu einem Running Gag in der Familie geworden, diesen Namen für alle Chauffeure zu verwenden. Ich hatte Alfred einmal danach gefragt – oder Fred, wie er bevorzugt genannt wurde –, und er hatte erwidert, dass es ihm ehrlich egal war, wie sie ihn nannten, solange sie es auf eine höfliche Weise taten und ihm rechtzeitig seinen Lohn zahlten.

»Um ehrlich zu sein, mag ich es sogar ganz gern«, sagte er. »So kann ich Arbeit und Privatleben besser voneinander trennen, wenn Sie wissen, was ich meine. Auf der Arbeit bin ich Stanley. Fred bin ich, wenn ich dann nach Hause zu meiner besseren Hälfte komme.«

Ich fand es eigentlich ein bisschen unverschämt, aber ob etwas als Beleidigung wahrgenommen wird, liegt wohl im Ohr des Zuhörers, also ließ ich es dabei bewenden.

»Wir können dich in diesem Zustand nicht einfach nach Hause laufen lassen«, entschied Lady Hardcastle. »Eine von uns kann dich im Rolls heimfahren und dann zurückkommen, um die andere zu holen.«

»Oder Sie beide nehmen das Auto, und ich treffe mich dann oben auf dem Hügel mit Ihnen«, schlug ich vor. »Mir macht ein Spaziergang nichts aus.«

Lady Bickle machte ein verwirrtes Gesicht. »In welchem Zustand bin ich denn?«, fragte sie.

»Du hast einen Schwips, meine Liebe«, erklärte Lady

Hardcastle. »Du bist betrunken, angeheitert, sternhagelvoll. Voll wie eine Haubitze. Du hast ordentlich einen sitzen, bist blau wie ein Veilchen, angeschickert und hast einen im Tee. Kurz gesagt: Du hast ziemlich einen über den Durst getrunken.«

Lady Bickle schwankte ein wenig, als eine Brise an ihrem Mantel rüttelte. »Ich fürchte, da könntest du recht haben, meine Liebe«, sagte sie dann mit einem weiteren Kichern. »Glaubst du, es ist irgendwem aufgefallen?«

»Natürlich nicht«, beruhigte ich sie. »Sie waren ganz bezaubernd. Das sind Sie doch immer.«

»Ach, vielen Dank, meine Liebe. Das ist so süß von Ihnen.«

Lady Hardcastle sah aus, als wollte sie sich einen Scherz erlauben, aber ich warf ihr einen warnenden Blick zu, und sie begnügte sich stattdessen mit einem Grinsen und einem Augenzwinkern.

»Wenn du dir also sicher bist, dass es dir nichts ausmacht, auf Schusters Rappen unterwegs zu sein«, sagte sie dann zu mir, »bringe ich unsere betüdelte Freundin hier sicher nach Hause.«

Ich begleitete sie noch bis zum Rolls Royce, dann machte ich mich quer über den Tramways Centre auf in Richtung Park Street. Ich wich den Straßenbahnen und den Taxis aus und bahnte mir so einen Weg zur Ladenzeile und zum Drawbridge Hotel auf der gegenüberliegenden Straßenseite. Der Spaziergang über die Park Street war lang und steil. Die Geschäfte waren gut besucht, und auf der Straße herrschte viel Verkehr. Ich hielt mich eigentlich für eine Person, die sich ausreichend bewegte. Noch immer folgte ich dem Übungsplan, den mir unser Freund in China beigebracht hatte, und ich fürchtete mich nicht vor einem strammen Marsch, doch als ich schließlich in die Queens Road einbog, schnaufte ich wie ein schlecht gewarteter Heißwasserboiler.

Vor dem WSPU-Laden im Haus Nummer 37 machte ich Pause. In den Schaufenstern hingen wie immer eine Menge Poster, und beim Anblick der Schaufensterpuppe in ihrem weißen Kleid und der grün-weiß-lila »Wahlrecht für Frauen«-Schärpe hinter der Scheibe musste ich lächeln. Kurz überlegte ich, ob ich hineingehen und nachsehen sollte, ob Lizzie Worrel an diesem Tag arbeitete. Nach der Geschichte während der Parlamentswahl im Jahr 1910 waren wir mit ihr in Kontakt geblieben, obwohl wir sie jetzt schon ein paar Monate nicht mehr zu Gesicht bekommen hatten. Es wäre nett gewesen, sich ein wenig mit ihr zu unterhalten, aber ich wollte mich nicht mit Plaudern aufhalten.

Der Rolls parkte auf dem Berkeley Square. Wie üblich hatte Lady Hardcastle überhaupt keine Rücksicht auf irgendwelche Regeln oder andere Menschen, die die Straße nutzen wollten, genommen, aber ich freute mich, dass sie sicher angekommen waren. Ich klingelte an der Tür Berkeley Crescent Nummer 5.

Williams öffnete beinahe umgehend. »Guten Tag, Miss Armstrong. Oder soll ich Sie lieber Miss Goodheart nennen?«

»Sie haben Sie also eingeweiht?«

»Lady Bickle konnte ihre Begeisterung darüber, an

einer solchen List beteiligt zu sein, kaum im Zaum halten«, entgegnete er lächelnd. »Sie warten im Salon auf Sie. Ich bringe gleich auch den Tee.«

Er nahm mir Hut und Mantel ab, dann ging ich zum Salon, klopfte und trat ein.

Lady Hardcastle schlich mit einem Finger an den Lippen auf mich zu. »Mucksmäuschenstill«, flüsterte sie. »Das arme Ding ist eingeschlafen. Erst hat sie noch geplappert und gekichert, im nächsten Moment hat sie dann mächtig gegähnt und ist einfach umgekippt und weggedöst.«

»Ich sage ihrer Zofe Bescheid, dass sie ihr eine Decke bringen soll«, sagte ich.

»Du bist ein Engel.«

»Das bin ich wirklich. Und wo wir jetzt so unerwartet in der Stadt sind und Zeit haben, was halten Sie davon, kurz im Bridewell vorbeizuschauen und nachzusehen, ob Inspektor Sunderland da ist?«

»Gute Idee«, erwiderte Lady Hardcastle. »Wir könnten die neuesten Neuigkeiten austauschen.«

Miss Gossman nähte gerade einen Knopf an Lady Bickles Mantel, und ich erklärte ihr, was passiert war. Sie versicherte mir, dass sie sich um ihre Herrin kümmern werde.

Lady Hardcastle hatte in der Zwischenzeit eine Nachricht geschrieben, die sie auf dem Tisch neben unserer schlafenden Freundin zurückließ.

Dann holten wir unsere Hüte und Mäntel, schlichen auf Zehenspitzen hinaus und kehrten zum Rolls Royce zurück.

Zu meinem Verdruss saß Sergeant Rauschebart am Empfang, als wir im Bridewell ankamen. Wir waren diesem schlecht gelaunten Wächter des Polizeihauptquartiers schon mehr als einmal begegnet und von ihm nie herzlich willkommen geheißen worden. Wie mir jetzt auffiel, hatten wir außerdem nie seinen richtigen Namen erfahren.

Wie immer saß er an einem Schreibtisch hinter dem Empfangstresen und schrieb etwas in ein großes Buch. Das Geräusch von Frauenschuhen auf den Bodenfliesen störte ihn kein bisschen in seiner schnurrbartsaugenden Konzentration.

Lady Hardcastle trat an den Empfang und wartete.

Er fuhr damit fort, emsig in das Buch zu schreiben.

Sie betätigte die Klingel.

Er ignorierte sie.

Sie sah mich an und zog die Augenbrauen hoch. »Hören Sie mal, Sergeant …« Sie sah mich an, damit ich ihr seinen Namen nannte.

Ich zuckte mit den Schultern. Ich hatte keine Ahnung, wie er hieß.

Der Sergeant bequemte sich hingegen endlich aufzusehen. »Lady Hardcastle, nicht wahr?«, sagte er streng. »Ich bin gleich bei Ihnen … Mylady.«

Dann kehrte er an seine Arbeit zurück.

Lady Hardcastle klingelte erneut.

Der Sergeant knallte seinen Stift hin und verbrachte dann einen quälend langen Moment damit, den daraus resultierenden Tintenklecks wegzutupfen, der, wie ich inständig hoffte, die Ordentlichkeit seines Buches ruiniert hatte. Er starrte Lady Hardcastle böse an.

Dann stand er auf, trat an den Tresen und wirkte noch immer außerordentlich verärgert über diese unverschämte Störung. »Ja?«, blaffte er. »Was kann ich für Sie tun?«

»Wären Sie so liebenswürdig«, fragte ihn Lady Hardcastle in ihrer besten Verkörperung einer schrulligen Gesellschaftsdame, »und würden Inspektor Sunderland sagen, dass wir hier sind?«

»Erwartet der Inspektor Sie denn?«

»Nein, ich glaube nicht.«

»Dann bin ich leider gar nicht sicher, ob ich ihn stören sollte. Die Kriminalkommissare sind sehr beschäftigte Männer.«

»Das sind sie sicher«, entgegnete sie lächelnd. »Und sie vollbringen wahre Wunder, um die Straßen dieser wunderbaren Stadt für die Bürger sicher zu halten. Aber wenn Sie uns die Freude machen würden, dieses neue Telefon neben Ihrem Ellbogen zu benutzen, könnten wir herausfinden, ob er vielleicht begeistert über unseren Besuch ist oder es bevorzugt, dass wir uns wieder aus dem Staub machen.«

Ich fragte mich, ob wir bei jedem Besuch im Bridewell nun diese Diskussion über uns ergehen lassen müssten.

Mit größtem Widerwillen hob er den Telefonhörer ab. Dann betätigte er ein paar Knöpfe und wartete.

»Tut mir leid, Sie zu stören, Sir«, sagte er ein paar Sekunden später, »aber hier sind ein paar« – er legte eine demonstrative Pause ein, während er uns von Kopf bis Fuß musterte – »Damen, die Sie gern sprechen würden … Lady Hardcastle und ihre Begleiterin … Ja Sir, ganz recht … Sehr wohl, Sir. Danke.« Er hängte den Hörer wieder ein. »Sie kennen ja den Weg«, sagte er dann mit einer wegwerfenden Handbewegung. Er wartete nicht einmal Lady Hardcastles Dank ab, sondern kehrte umgehend zu seinem frisch befleckten Buch zurück.

Wir machten uns auf in Richtung Treppe.

Inspektor Sunderlands Büro sah ordentlicher aus als bei unserem letzten Besuch. Die schwankenden Stapel aus braunen Aktenordnern und losen Blättern waren verschwunden. Aus der Tasse auf dem ramponierten Schreibtisch dampfte frischer Tee, und von schmutzigen Tassen gab es keine Spur. Ich nickte anerkennend.

Er stand auf und begrüßte uns. »Willkommen, meine Damen. Fühlen Sie sich ganz wie zu Hause.«

Seine Besucherstühle waren ebenfalls uncharakteristischerweise nicht mit irgendwelchem Kram vollgerümpelt, und ich lächelte, als ich mich hinsetzte.

»Manchmal kann ich schon auch Ordnung halten«, sagte er, als er meinen Blick bemerkte.

»Selbstverständlich«, erwiderte ich. »Aber Sie müssen zugeben, dass es ein ziemlicher Unterschied zu unserem letzten Besuch ist.«

»Das war vor fast zwei Jahren. Sie können doch nicht von mir erwarten, dass ich ewig in einem Schweinestall hause.«

»Na ja …«, sagte ich mit einem Seitenblick auf Lady Hardcastle.

»Du machst immer so ein Theater, Liebes«, entgegnete sie. »Ich weiß genau, wo alles in meinem Studio ist.«

»Ich auch. Auf dem Boden.«

»Ach, papperlapapp, du alte Nörglerin. Guten Tag, lieber Inspektor, danke, dass Sie sich Zeit für uns nehmen.«

»Es ist mir wie immer eine Freude, Mylady. Und um ehrlich zu sein, bin ich sehr froh darüber, einen Vorwand für eine Pause zu haben. Möchten Sie vielleicht einen Tee?« Er zeigte auf die große Kanne auf seinem Schreibtisch.

»Für mich nicht, danke, nein«, erwiderte Lady Hardcastle.

»Für mich auch nicht«, schloss ich mich an. »Wir kommen gerade vom Mittagessen im Le Quai.«

»Manche lassen es sich anscheinend gut gehen, hm? So leben wohl die oberen Zehntausend.«

»Wir waren Ihretwegen dort, lieber Inspektor«, erwiderte Lady Hardcastle. »Wir haben uns mit den Theaterleuten getroffen.«

»Ach, dann nehme ich alles zurück. Obwohl ich leider glaube, dass der Hauptkommissar eine Spesenrechnung nicht genehmigen würde.«

»Mit den Kosten werde ich schon fertig, anders als mit den letzten Petits Fours – ich muss zugeben, dass auch ich ziemlich satt bin und mich geschlagen geben musste.«

»Wie waren sie denn?«

»Wirklich köstlich. Der Koch ist ein Magier. Es gab so kleine Mandeldinger, die wirklich sehr appetitlich aussahen, aber ich habe nicht den kleinsten Bissen mehr runtergekriegt.«

»Die Schauspieler, Mylady. Wie waren die Schauspieler?«

Sie schenkte ihm ihr verschmitztestes Lächeln. Natürlich wusste sie, was er gemeint hatte. »Die Schauspieler? Die meisten von ihnen waren ganz in Ordnung, obwohl eine von ihnen fehlte.«

»Krank? Hat sie sich verdrückt?«

»Sie ist verhaftet worden.«

»Von Wyatt?«

»Ja. Anscheinend ist er heute Morgen in Begleitung eines kräftigen Sergeants in Rosalie Hardings Wohnung getrampelt und hat sie ins Kittchen geschleift.«

»Das nenne ich mal schnelle Arbeit«, sagte der Inspektor, obwohl er nicht wirklich beeindruckt wirkte.

»Schnell schon, obwohl ich mich wohl eher für *überhastet* entschieden hätte. Vielleicht stellt sich heraus, dass sie schuldig ist, aber sein einziger Grund für die Verhaftung war, dass sie Zugang zur Mordwaffe hatte und früher am Tag schon damit gesehen worden war.«

»Haben Sie sich mit ihm darüber unterhalten?«

»Nein, eine der anderen Frauen war mit ihr im Zimmer und wollte sich gerade einen Schal von ihr ausleihen. Sie hat alles mitangesehen. Zufällig ist es ein wirklich schöner Schal. Diese Schauspieler haben ja einen exzellenten Geschmack. Wie dem auch sei, als wir beim Lunch mit ihnen gesprochen haben, hat sich herausgestellt, dass sie alle an das Messer hätten gelangen können, ein ordentlicher Verteidiger sollte ihn also zu Hackfleisch verarbeiten.«

Der Inspektor runzelte die Stirn. »Das ist genau, was ich befürchtet habe, als er den Fall übernommen hat.«

»Können Sie da irgendwas ausrichten?«

»Nicht ohne Gegenbeweise. Es gibt schließlich immer noch Regeln und Verfahren, die zu beachten sind. Ich stimme Ihnen zwar zu, dass die Verhaftung wahrscheinlich das Ergebnis der Arbeit eines unfähigen Polizisten ist, der nur nachlässig ermittelt hat, aber wir müssen die Möglichkeit in Betracht ziehen, dass er recht haben könnte, selbst wenn das aus den falschen Gründen passiert ist.«

»Dann machen wir es uns zur Aufgabe, weitere Beweise zu sammeln«, versprach Lady Hardcastle. »Wir sind Montagabend zu einer Besichtigung des Theaters hinter die Kulissen eingeladen, dort sollten wir einen besseren Eindruck davon gewinnen, wie sich die Ereignisse in jener schicksalhaften Nacht abgespielt haben.«

»Danke. Ich weiß Ihre Bemühungen zu schätzen. Sind Sie sicher, dass Sie sich mir nicht doch bei einer Tasse Tee anschließen wollen?«

»Ach, na gut, wenn Sie auch noch eine trinken.«

6

Wieder zu Hause erfuhren wir, dass Gwen Miss Jones überredet hatte, sie bei der Zubereitung des Roastbeefs fürs Abendessen helfen zu lassen. Gwen legte gerade letzte Hand an, als wir zur Tür hereinkamen, und wir setzten uns an den Esstisch, sobald Lady Hardcastle ein paar Flaschen ihres Lieblingsbordeaux aus dem Weinregal geholt hatte.

Das Essen war von einer vorzüglichen Einfachheit. Roastbeef, Bratkartoffeln, cremiger Kohl und Karotten. Die Soße allein war ein kulinarischer Triumph. Ich gratulierte Gwen zu ihren Bemühungen und sagte ihr, dass sie eine fast so gute Köchin wie ich selbst sei. Das brachte mir einen Tritt gegen das Schienbein ein, aber dafür sind Schwestern ja da.

Lady Hardcastle schnitt das Fleisch auf. Wenn Miss Jones es nicht schon in hauchdünne Scheiben geschnitten hatte, säbelten wir normalerweise einfach selbst drauflos. Aber heute hatten wir einen Gast – auch wenn sie zur Familie gehörte –, also säbelte Lady Hardcastle ganz alleine. Tatsächlich konnte sie mit einem Messer erstaunlich gut umgehen und erledigte die Aufgabe ziemlich professionell.

Ungeachtet unserer früheren Beteuerungen, pappsatt zu sein, waren wir auf einmal unerklärlich hungrig und machten uns mit großem Appetit darüber her.

»Reichst du mir bitte den Meerrettich, Floss?«, sagte Gwen, den Mund voller Kartoffeln.

Kopfschüttelnd schob ich ihr die kleine Schale mit frisch geriebenem Meerrettich über den Tisch.

»Wie war denn eigentlich euer Lunch?«, fragte sie und löffelte sich dabei das scharfe Gewürz auf den Teller. »Haben sich die Schauspieler gut benommen?«

»Sie waren eine ziemlich angenehme Gesellschaft«, erwiderte ich. »Wenigstens die, die da waren.«

»Es sind welche nicht aufgetaucht und haben sich das Gratisessen entgehen lassen?«

»Eine von ihnen ist verhaftet worden«, erläuterte Lady Hardcastle. »Und ihre Freundin hat das alles hautnah miterlebt.«

»Es ist also eine der Schauspielerinnen gewesen? Ich kann nicht behaupten, dass mich das überrascht. Ich fand Schauspieler ja schon immer komisch. Welche von ihnen war es denn?«

»Rosalie Harding ist festgenommen worden«, sagte ich. »Aber unter sehr fadenscheiniger Beweislage. Ich bin mir nicht sicher, dass sie es wirklich getan hat.«

»Dann müsst ihr also weiterforschen. Aber der Rest von Ihnen hatte Spaß?«

»Anscheinend schon«, antwortete Lady Hardcastle. »Hugo Bartlett hat uns für Montag hinter die Kulissen des Theaters eingeladen, um uns für das Essen zu danken. Aber was ist mit dir, liebe Gwen? Ich habe ein schlechtes Gewissen, unseren Hausgast vernachlässigt zu haben.«

»Ihren unangekündigten, nicht eingeladenen Hausgast«, präzisierte Gwen. »Machen Sie sich um mich keine Sorgen – ich habe mich gut amüsiert. Die Damen haben mich nach dem Mittagessen mit ins Dorf genommen, und wir hatten viel Spaß im Pig and Bucket.«

»Dog and Duck«, verbesserte ich sie reflexhaft.

Gwen musste lachen.

»Ach, du machst das auch?«, freute sich Lady Hardcastle. »Wie wundervoll. Das ist eins meiner absoluten Lieblingsspiele. Ich weiß gar nicht mehr, wie oft ich schon Namen verballhornt habe, nur um diesen niedlich-frustrierten Ton in ihrer Stimme zu hören, wenn sie mich dann korrigiert.«

»Sie kann einfach nicht anders«, erwiderte Gwen mit schelmischem Grinsen.

»Eines Tages bekommt ihr beide das, was ihr verdient«, sagte ich.

»Ich schlottere vor Angst«, entgegnete Gwen. »Aber jetzt erzählt mir mehr von eurem Lunch. War es gut?«

»Ausgezeichnet, meine Liebe«, antwortete Lady Hardcastle. »Wir haben wirklich sehr viel Glück, dass sich so ein begabter Koch für Bristol statt für London entschieden hat. Außerdem war ich sehr beeindruckt von der schieren Menge an Essen, die unsere Theatergäste verdrücken konnten.«

»Ganz zu schweigen vom Champagner«, ergänzte ich.

»Trinken können sie, nicht wahr?«, sagte Gwen.

»Sie würden bestimmt sogar Dais Kollegen bei der Armee unter den Tisch trinken.«

»Allerdings könnten wohl weder Soldaten noch Schauspieler den Dorfbewohnern unten im Cat and Bagpipes in dieser Beziehung das Wasser reichen.«

Ich seufzte, sagte aber nichts. Gwen grinste.

»Die Knechte können auf jeden Fall auch trinken«, fügte sie noch hinzu.

»Sie sind ziemlich durstig«, bestätigte Lady Hardcastle. »Es freut mich aber, dass du so einen schönen Nachmittag verbracht hast. Hat dein Aussehen denn großes Aufsehen erregt?«

»Meine Ähnlichkeit mit der kleinen Flossie haben sie gar nicht bemerkt. Daisy hat natürlich eins und eins zusammengezählt – sie fand es lustig –, aber alle anderen haben mich einfach nur für sie gehalten. Schließlich war ich ja auch mit ihren Freundinnen unterwegs.«

»Ich würde Edna und Dan nicht gerade als meine Freundinnen bezeichnen«, warf ich ein.

»Nein, aber Blodwen Jones ist doch schon eine Freundin. *Duw*, die hat vielleicht ein paar Geschichten erzählt!«

»Hat sie bestimmt. Manche von ihnen entsprechen sogar der Wahrheit – mit ihr, Daisy und Cissy Slocomb habe ich schon ein paar … Abenteuer erlebt.«

»So wie sie hier im Haus mit dir spricht, würde man nie annehmen, dass sie zu eurer kleinen Bande gehört.«

»Hier ist sie ja auch bei der Arbeit«, erklärte ich.

»Stimmt wohl. Es hat allerdings Spaß gemacht – die

Leute in eurem Dorf sind wirklich ganz famos. Ach, und Daisy möchte sich mit euch beiden unterhalten.«

»Oje«, sagte Lady Hardcastle. »Was haben wir jetzt schon wieder ausgefressen?«

Gwen lachte. »Das müssten Sie eigentlich besser wissen als ich. Aber sie braucht nur bei irgendwas Ihre Hilfe.«

»Ich frage mich, was das sein könnte. Wir müssen sie heute Abend mal fragen.«

Als wir an diesem Abend gegen acht Uhr im Dog and Duck eintrafen, herrschte dort eine lebhafte Atmosphäre. Am Samstag war immer etwas los, da alle das Ende einer weiteren Arbeitswoche feierten.

Gwen und ich überließen Lady Hardcastle die Aufgabe, einen Tisch zu besetzen, und gingen zum Tresen.

Daisy hatte wie üblich alle Hände voll zu tun.

»Guten Abend, die Damen«, begrüßte sie uns freundlich, als wir schließlich ihre Aufmerksamkeit erregen konnten. »Ui, sieh mal an, es gibt ja zwei von euch.« Sie lachte. »Heute Abend könnte ich zwei von mir gut gebrauchen, das kann ich euch sagen. Was wollt ihr trinken?«

»Zwei Brandys, bitte, Daisy«, antwortete ich. »Wir müssen die Kälte draußen halten. Und …?« Ich sah Gwen an.

»Ein Glas Portwein.«

Daisy zog eine Augenbraue hoch. »Ich habe mich schon gefragt, wer an eurem Tisch das heute Nachmittag getrunken hat.«

»In unserer Familie sind alle ein bisschen vornehm«, erklärte ich.

»Ich muss mal nachsehen, ob wir noch welchen haben«, sagte Daisy.

»Ich kann ihn doch nicht ganz ausgetrunken haben«, staunte Gwen. »Ich hatte nur zwei Gläser. Oder drei. Höchstens fünf. Vielleicht hab ich ihn doch ausgetrunken.«

»Nein, das meine ich nicht. Bei uns« – sie lehnte sich zu uns herüber – »bei uns hat es ein paar Diebstähle gegeben. Irgendwer klaut uns den Alkohol. Ich wollte mich mit dir und Lady Hardcastle darüber unterhalten und fragen, ob ihr vielleicht irgendwas unternehmen könnt.«

»Da muss ich Ihre Durchlaucht mal fragen«, erwiderte ich. »Aber ich bin mir sicher, dass uns etwas einfällt.«

»Joe würde euch auch bezahlen. *Biete ihnen ihren üblichen Preis an*, hat er gesagt. Was ist denn euer üblicher Preis?«

Ich runzelte die Stirn. »Ich weiß nicht, ob wir für unsere Detektivarbeit jemals bezahlt worden sind. Anscheinend machen wir das nur aus Pflichtbewusstsein.«

»Na, wenn ihr es irgendwie als eure Pflicht betrachten könntet, unseren Dieb zu fangen, wäre Joe euch auf jeden Fall ewig dankbar. Gratisgetränke für den Rest eures Lebens, schätze ich.«

»Das könnte er möglicherweise bereuen«, erwiderte ich. »Immerhin sind *wir* es, vergiss das nicht. Aber wir helfen gern, wenn wir können. Wenn du Zeit für eine Pause hast, komm zu uns rüber und erzähl uns alles.«

»In Ordnung. Jetzt hol ich euch erst mal eure Getränke.«

Sie hatte noch genug Portwein für ein gut eingeschenktes Glas für Gwen, und wir machten uns mit unseren Gläsern wieder auf und hielten nach Lady Hardcastle Ausschau.

Sie hatte sich im Nebenraum an den Tisch beim Fenster gesetzt. Der Nebenraum war bei den Ortsansässigen nicht sehr beliebt und wurde eigentlich nur von ein paar Damen aus dem Dorf genutzt. Wir saßen dort in Gesellschaft der Haushälterin des Vikars, Mrs. Grove, sowie einer Bauersfrau, an deren Namen ich mich nie erinnern konnte. Sie nickten uns leicht erstaunt zu und widmeten sich dann wieder ihrem Tratsch.

»Ach, da sind die Armstrong-Mädchen ja endlich«, rief Lady Hardcastle, als wir uns zu ihr setzten. »Wie geht es Daisy? Habt ihr herausgefunden, was sie von uns will?«

Ich stellte Lady Hardcastle ihren Brandy hin. »Es hat wohl eine Myriade von Diebstählen gegeben«, erklärte ich dann. »Hochprozentiger Alkohol wird von einer oder mehreren unbekannten Personen aus dem Lokal entwendet, und Old Joe würde dem verständlicherweise gern ein Ende bereiten. Er lässt fragen, ob wir ihm helfen könnten. Er hat uns Gold und Edelsteine, Gewürze und feine Seidenstoffe angeboten, Schätze, die die fürstlichsten Träume übersteigen, selbst die Hälfte seines Königreichs, wenn wir unser Talent dafür einsetzen könnten, die Schuldigen dingfest zu machen.«

»Hat er das wirklich?«, fragte Lady Hardcastle.

»Na ja, nicht in genau diesen Worten. Er hat uns allerdings unseren üblichen Preis versprochen, und ich würde sagen, unser derzeitig üblicher Preis ist mindestens das plus ein Viertelpfund Minzbonbons und eine Portion Bratkartoffeln. Daisy kommt später her, erzählt uns die Einzelheiten und macht uns ein Angebot.«

»Wir helfen doch allein für die aufrichtige Anerkennung eines dankbaren Kneipenwirts.«

»Das dachte ich mir schon.«

»Es ist unsere Pflicht.«

»Das habe ich auch gesagt.«

»Dann sind wir uns ja einig.«

»Kann ich behilflich sein?«, fragte Gwen nach einem großen Schluck Portwein.

»Aber natürlich«, entgegnete Lady Hardcastle. »Je mehr wir sind, desto besser. Hast du einen Plan?«

»Noch nicht, aber mir fällt schon was ein. Nur eins noch: Was ist eine Myriade?«

»Eine große Anzahl«, antworteten Lady Hardcastle und ich gemeinsam.

»Warum sagst du das dann nicht einfach?«

»Guter Punkt«, räumte ich ein. »Es gibt vielleicht eine Myriade Stechmücken, aber ansonsten kommt es nur zu einer Myriade von Diebstählen und Einbrüchen. Sie haben ja keine Myriade Geburtstagsgeschenke bekommen.«

»Obwohl das tatsächlich eine Myriade waren. Ich bin wirklich eine sehr glückliche Frau.«

»Ach, habe ich Ihren Geburtstag verpasst?«, fragte Gwen.

»Er war am Dienstag«, sagte ich. »Den siebten.«

»Dann alles Gute nachträglich.« Sie hob ihr Glas.

»Danke, meine Liebe. Du bist wirklich sehr nett. Aber ich weiß nicht. Vielleicht gibt es nur unangenehme Dinge in Myriaden.«

»Vielleicht«, räumte ich ein. Dann blickte ich auf und sah Daisy aus dem Schankraum zu uns kommen. »Wo wir gerade von unangenehmen Dingen sprechen …«

»Du hältst jetzt mal den Mund«, sagte Daisy. »Darf ich mich zu euch setzen?«

Sie setzte sich, ohne eine Antwort abzuwarten.

»Was machst du denn hier drüben?«, fragte ich. »Ich dachte, du hättest alle Hände voll zu tun. Wir haben eigentlich erst kurz vor Zapfenstreich mit dir gerechnet.«

»Joe hat gesagt, ich kann sofort Pause machen, weil ich ja in einer offiziellen Pubangelegenheit unterwegs bin.«

»Aha«, erwiderte Lady Hardcastle. »Es geht also um die Diebstähle. Flo hat sie erwähnt, kannte aber nicht viele Einzelheiten. Kannst du uns mehr darüber erzählen?«

»Um ehrlich zu sein, wissen wir nur sehr wenig. Einmal pro Woche – normalerweise am Donnerstag – geht irgendwer in den Keller und klaut irgendeine Flasche aus dem Regal unten an der Treppe. Wir haben uns bemüht, die Tür im Auge zu behalten, aber sie ist hinten auf dem Weg zu den Toiletten, also kann man sie von der Bar aus nicht sehen. Außerdem herrscht da ein ständiges Kommen und Gehen, sodass wir nicht sicher sein können, ob jemand einfach nur aufs Klo muss oder den Alkohol klaut. Man müsste davor Wache stehen – das würde den Dieb wohl abhalten –, aber irgendwann muss man dann eben doch auch mal weg und etwas anderes tun. Und dann schlägt er zu. Wir haben schon bei ein paar der vertrauenswürdigeren Stammgäste nachgefragt, aber denen ist auch nichts aufgefallen. Der Dieb schreitet immer zur Tat, wenn besonders viel los ist, wisst ihr, also fällt niemandem irgendetwas Ungewöhnliches auf.«

»Sie könnten auch alle unter einer Decke stecken«, merkte Gwen an.

»Schon möglich – daran haben wir auch schon gedacht –, aber es ist doch schwer, so was geheim zu halten, oder? Je mehr Menschen Bescheid wissen, desto wahrscheinlicher ist es, dass irgendwer die Katze aus dem Sack lässt.«

»Du bist weise, Daisy, sehr weise«, sagte Lady Hardcastle. »Das solltest du bei Gelegenheit mal meinem Bruder Harry erklären. In seiner Abteilung schwirren so viele wilde Annahmen über Verschwörungen herum, über Geheimpläne und Intrigen der Feinde unseres Landes, aber er kann uns einfach nicht überzeugend darlegen, wie die Trottel, die die Regierungen der Welt bilden, sich einerseits solche ausgeklügelten Pläne ausdenken und trotzdem nicht in der Lage sein sollten, ihre eigene Bevölkerung mit Nahrung und Wohnungen zu versorgen. Wenn man dem noch deine Gedanken über die unausweichlichen Schwierigkeiten hinzufügt, ein Geheimnis zu wahren, über das eine große Anzahl von Menschen Bescheid wissen, können wir die meisten seiner Hirngespinste entkräften, ohne überhaupt unsere Hüte aufzusetzen und auf der Suche nach nicht existenten Komplotten über die Straßen Europas berühmtester Städte zu stapfen.«

»Ich weiß nicht so recht«, erwiderte Daisy. »Mr. Featherstonhaugh wirkt immer so intelligent. Er muss doch mehr wissen als Leute wie ich.«

»Der Schein kann trügen, meine Liebe. Ich gebe widerstrebend zu, dass mein geliebter Bruder ein sehr fähiger Bursche ist – wir haben ihm unser Leben mehr als einmal anvertraut –, aber lass dich von seiner demonstrativen Selbstsicherheit nicht beeindrucken. Demonstrative Selbstsicherheit hatte er neben Latein und Griechisch in der Schule, und das vordringliche Ziel aller drei Fächer ist es, ihn und seine Leute viel klüger erscheinen zu lassen, als sie tatsächlich sind.«

»Habt ihr schon mal probiert, euch im Keller zu verstecken?«, fragte ich, da ich gern wieder zur Sache kommen wollte.

»Letzte Woche, ja. Doch da hat die Person dann abgewartet, bis ich mal kurz wohin musste, und bis ich zurück war, war schon wieder eine Flasche Scotch verschwunden.«

»Aber diesmal muss doch irgendjemand den Dieb gesehen haben«, warf Gwen ein.

»Joe hätte eigentlich aufpassen sollen, aber er ist abgelenkt worden. Wie immer hat sonst niemand irgendwas gesehen, aber wie immer war auch wieder viel los, also sind ständig irgendwelche Leute nach hinten gelaufen oder von dort wiedergekommen. Wir …«

Da wurde sie von Joes zahnlosem Ruf aus dem Schankraum unterbrochen: »Daisy!«

»Die Pflicht ruft«, erklärte sie.

»Überlass ruhig uns das Problem«, sagte Lady Hardcastle. »Wir denken gründlich darüber nach und lassen uns dann eine Methode einfallen, deinen Spirituosendieb zu schnappen.«

Daisy kehrte wieder an die Arbeit zurück, und wir fuhren mit unserer wichtigen Aufgabe fort, die Welt in Ordnung zu bringen.

Kurz nach zehn waren wir zu Hause, die Probleme der Welt waren noch immer ungelöst, und wir hatten auch noch keinen Plan, wie wir den geisterhaften Schnapsdieb aus dem *Dog and Duck* fangen sollten. Allerdings hatten wir ziemlich gute Laune und waren noch nicht bereit zum Schlafengehen. Also kochte ich Kakao, und wir gingen in den Salon, wo Lady Hardcastle sich ans Klavier setzte.

»Habt ihr irgendwelche Wünsche?«, fragte sie und spielte ein paar protzige Arpeggios.

»Spielen Sie etwas Fröhliches«, antwortete Gwen.

»Dein Wunsch ist mir Befehl.«

Während Lady Hardcastle spielte, betrachteten Gwen und ich die Verbrechenstafel.

»Ihr seid einer Lösung noch nicht näher gekommen, oder?«, fragte Gwen. »Ich meine, ihr wisst jetzt ein paar Details mehr über diese Truppe, aber immer noch nicht, wer es getan hat.«

»Wie immer kommst du gleich zur Sache«, entgegnete ich. »Nein, wir sind einer Lösung noch nicht näher gekommen. Aber eigentlich ist das nicht ganz richtig. Immerhin bekommen wir allmählich einen Eindruck davon, wer die einzelnen Leute sind. Jetzt ist es allerdings erst einmal vordringlich, Rosalie aus dem Gefängnis freizukriegen. Beim Lunch konnten wir nichts darüber verlautbaren lassen, weil Jo und Violet ja keine Amateurschnüfflerinnen sind, aber ich denke, das hat jetzt erst mal Priorität.«

»Ganz deiner Meinung, Liebes«, stimmte Lady Hardcastle vom Klavier aus zu.

»Und wie wollt ihr das anstellen?«, fragte Gwen. »Ach, ihr könntet ihr ja beim Ausbruch helfen.«

»Könnten wir tatsächlich«, erwiderte ich. »Das haben wir früher schon gemacht ...«

»Ach komm, habt ihr nicht.«

»Du kennst doch alle unsere Geschichten und weißt, dass es stimmt.«

»Aber doch nicht in England.«

»Ah, jetzt verstehe ich, was du meinst. Nein, in England haben wir die Polizei lieber auf unserer Seite. Was wir jetzt tun müssen, ist, Rosalies Alibi zu finden.«

»Und wie wollt ihr das anstellen?«

»Ich weiß es noch nicht. Was denken Sie, Mylady? Wie wollen wir es anstellen?«

»Wir müssen die Leute bitten, uns noch mal zu berichten, wie der Abend abgelaufen ist«, erwiderte Lady Hardcastle.

»Werden die sich denn nicht wundern, warum ihr plötzlich so neugierig seid?«, fragte Gwen. »Ich meine, angeblich wollt ihr doch ein neues Theater aufbauen, in Bognor …«

»Bournemouth«, verbesserte ich reflexartig.

Lady Hardcastle lachte.

»Ein neues Theater in *Bournemouth*, also«, fuhr Gwen mit diesem speziellen Ha-Ha-gewonnen-Lächeln fort, für das ich sie am liebsten umgebracht hätte. »Also wirkt es doch ein bisschen seltsam, wenn ihr plötzlich anfangt, sie über den Mord an ihrem Freund auszufragen.«

»Da hast du nicht ganz unrecht«, räumte ich ein.

Lady Hardcastle hörte auf zu spielen. »Wir müssen einen von ihnen einweihen.«

»Vielleicht diese Sarah, von der ihr erzählt habt?«, fragte Gwen.

»Sie wäre meine erste Wahl«, bestätigte Lady Hardcastle. »Ich glaube, wir können darauf vertrauen, dass sie den Mund hält. Ihr Verhältnis zum Rest der Gruppe ist mehr als nur ein bisschen zynisch.«

»Das stimmt wohl«, pflichtete ich ihr bei. »Haben Sie bemerkt, wie sie jedes Mal mit den Augen gerollt hat, wenn dieser wichtigtuerische Dummkopf Bridges den Mund aufgemacht hat?«

Gwen musterte die Verbrechenstafel. »Allerdings hat sie ein Motiv für den Mord an Singleton«, gab sie zu bedenken. »Seht ihr? Er hat sie für Rosalie sitzen lassen.«

»Das ist wahr«, räumte ich ein, »aber sie schien sich eher darüber zu ärgern, dass Nancy davon ausging, Rosalie hätte ihr Paul ausgespannt, gerade als ob das nicht die ganze Geschichte wäre. Außerdem schien seine Untreue sie nicht übermäßig aufzuregen, sondern sie war einfach nur genervt über die Reaktionen der anderen auf diesen Umstand. Es gibt allerdings noch ein weiteres Problem.«

»Ach ja?«, fragte Lady Hardcastle.

»Ja, erinnern Sie sich denn nicht? Als Nancy behauptet hat, Rosalie sei unschuldig, war Sarah davon gar nicht überzeugt.«

»Nur insofern sie davon ausging, dass jeder Mensch zu einem Mord fähig ist.«

»Wenn sie also Rosalie ein Alibi verschaffen könnte, hätte sie in diesem Moment doch den Mund aufgemacht.«

»Oh, aber während des gereizten Schlagabtauschs mit ihr hat Nancy immerhin einen Volltreffer gelandet. Sie hat gesagt, dass Sarah es offensichtlich auf Rosalie abgesehen habe. Ganz egal, wer wen wem ausgespannt hat oder unter genau welchen Umständen das passiert ist, könnte Sarah auf jeden Fall ein bisschen Schadenfreude darüber empfinden, dass ihre Rivalin ein paar Tage im Kittchen schmoren muss. Ich bezweifle allerdings, dass sie eine unschuldige Frau hängen sehen will, ganz egal, was vorher passiert ist. Möglicherweise *vergisst* sie einfach vorübergehend etwas, was Rosalie entlasten könnte. Wenn wir ihr gestatten, ihre Geschichte noch einmal zu erzählen, erinnert sie sich vielleicht wieder.«

»Gut möglich«, sagte ich.

»Wir können vorsichtig sein«, fuhr Lady Hardcastle fort. »Aber irgendwann müssen wir irgendwen ins Vertrauen ziehen, und sie ist im Augenblick unsere geeignetste Verbündete.«

»Was ist mit dem Schriftsteller?«, fragte Gwen. »Er hat euch immerhin ins Theater eingeladen – offensichtlich mag er euch. Und eure Freundin Georgie lobt ihn doch über den grünen Klee.«

»Bei ihm bin ich mir nicht sicher«, entgegnete Lady Hardcastle. »Ich kann noch nicht genau sagen, warum, aber dieser Mann hat etwas nicht ganz Ehrliches an sich.«

»Da muss ich zustimmen«, sekundierte ich. »Er ist zwar charmant und angenehm im Umgang, aber er hat irgendetwas zu verbergen, und ich bin mir ebenfalls nicht sicher, ob ich ihm traue.«

»Ihr könnt das besser einschätzen«, räumte Gwen ein. »Ich habe die Leute schließlich nicht kennengelernt.«

»Das Ganze könnte uns zwar um die Ohren fliegen«, sagte Lady Hardcastle, »aber ich glaube, wir sollten es mit Sarah versuchen. Allerdings müssen wir noch nicht zwingend unsere wahren Identitäten enthüllen …«

»Das würde so gut wie sicher alles ruinieren«, stimmte ich zu.

»Aber wir könnten sagen, dass wir über Rosalies Verhaftung beunruhigt sind und bei ihrer Freilassung helfen möchten, vielleicht erzählt sie uns dann ein bisschen mehr.«

»Wir können es jedenfalls probieren.«

»Das ist doch alles sehr aufregend«, sagte Gwen. »Kann ich dabei denn irgendwie behilflich sein? Ich habe eine ziemlich gute Menschenkenntnis – ich könnte mitkommen und diese Schauspieler mal genau unter die Lupe nehmen.«

»Ich muss zugeben, dass ich mich schon gefragt habe, wie wir dich in die Sache einbinden können«, sagte Lady Hardcastle. »Das Problem ist und bleibt unser Fortbewegungsmittel: Wir haben eben nur einen Zweisitzer und müssen damit drei von uns in die Stadt bekommen.«

»Es sei denn …«, setzte ich an.

»Es sei denn was, Liebes?«

»Na ja, wenn Sie sich ein paar Stunden lang alleine beschäftigen können, könnten Gwen und ich ohne Sie in die Stadt fahren. Ich könnte ihr die Sehenswürdigkeiten zeigen und bei der Gelegenheit könnten wir vielleicht noch unangemeldet im Theater vorbeischauen.«

»Ach, na also, was für eine großartige Idee. Aber natürlich, das müsst ihr unbedingt machen. Wäre das nicht ein Spaß, liebe Gwenith?«

»Ich weiß nicht«, erwiderte Gwen skeptisch. »Ist sie denn eine sichere Fahrerin?«

»Stell es dir so vor«, antwortete Lady Hardcastle, »es wird kein bisschen gefährlich sein, aber möglicherweise kämt ihr zu Fuß schneller ans Ziel.«

Am nächsten Morgen standen Gwen und ich ziemlich früh auf und fuhren ohne größere Zwischenfälle in die Stadt. Da Sonntag war, hatten die Geschäfte geschlossen, und es war kaum jemand unterwegs, aber es war schön, etwas mit meiner Schwester zu unternehmen. Wir sahen uns so selten, und es fühlte sich gut an, mit ihr in dem schnurrenden Rolls Royce zu sitzen und ihr die Stadt zu zeigen.

Oder wenigstens es zu versuchen. Als ich ihr nämlich das Krankenhaus, dann das Prince's Theatre, den WSPU-Laden, Lady Bickles Haus, das Museum und die Kunstgalerie gezeigt hatte, fiel mir auf, dass ich eigentlich gar nicht so viel über Bristol wusste. Ich fand mich einigermaßen leicht zurecht, aber wirklich *kennen* tat ich die Stadt nicht. Ich hätte ihr sagen können, wo man ein ordentliches Paar Schuhe oder ein leckeres Eis kaufen kann, aber über ihre Geschichte und das Leben der ortsansässigen Menschen wusste ich nur vage Bescheid.

Ich fuhr mit ihr in die Downs, und wir machten kurz auf der Circular Road halt, um die Aussicht auf die Schlucht des Avon zu bewundern. Dann fuhr ich die Ladies Mile entlang, aber nur, um meine Schwester darauf hinzuweisen, dass sie eigentlich bloß eine Viertelmeile lang war. Wir hielten am Observatorium und genossen den Blick auf die Ägyptischen Türme und den eleganten Bogen von Brunels wunderbarer Hängebrücke.

»Das ist wirklich beeindruckend, Donnerwetter«, staunte Gwen im Akzent der Valleys, was mich sofort wieder in unsere Kindheit zurückversetzte. »Der alte Isambard wusste wirklich, wie man eine Brücke baut. Und außerdem, was für ein Name. Wer nennt seinen Sohn denn heute noch Isambard? Kannst du dir das vorstellen? *Ich hab den kleinen Isambard gerade für ein Nickerchen hingelegt.* Und da läge er dann mit einem kleinen Zylinder, würde an einer Zigarre nuckeln und mit einem zufriedenen Lächeln auf dem Gesichtchen vor sich hindösen.«

»Aber stell dir nur vor, was er mit seinen Bauklötzen anstellen könnte«, gab ich zu bedenken.

»Wenn so ein Zusammenhang zum eigenen Namen funktionieren würde, müsstest du allerdings eine berühmte Krankenschwester sein, und ich wäre Schneiderin wie Tante Gwenith.«

»Und tatsächlich bin ich Kammerzofe und Fremdenführerin.«

»Das eine besser als das andere«, merkte Gwen an.

»Ich weiß«, seufzte ich. »Tut mir leid. Wir hätten das machen sollen, wenn die Geschäfte offen haben.«

»Kennst du irgendwelche guten Teestuben? Dann könnten wir wenigstens ein bisschen im Warmen sitzen.«

»Im Dorf gibt es ein Crane's«, sagte ich und zeigte grob in die Richtung von Clifton.

»Im Dorf?«

»Frag nicht. Clifton liegt mitten in der Stadt, aber die Leute nennen es immer noch Dorf. An den Christmas Steps ist auch eine Filiale.«

»Das hört sich doch festlicher an.«

»Und charmanter«, erwiderte ich. »Sie liegt in einem älteren Teil der Stadt. Also los – Kaffee und Kuchen bei Crane's.«

Wie immer parkte ich auf der Park Row, von dort gingen wir zu Fuß zum Kaffeehaus. Wir wurden an einem Zweiertisch platziert, wo Gwen, die nichts von meinen Vorlieben wusste, sich auf den Platz der Tür gegenüber setzte. Wenn ich mit Lady Hardcastle unterwegs war, saß ich praktisch nie mit dem Rücken zum Ausgang, und es fühlte sich ziemlich merkwürdig an, ins schummrige Innere des Cafés zu schauen, statt auf Gefahren zu achten, die von draußen zu uns hereinkommen konnten. Aber hier drohte wirklich keine Gefahr, also beließ ich es dabei.

Uns wurde eine Kanne mit Cranes ausgezeichnetem Kaffee gebracht, dazu eine Auswahl an Kuchen. Es kam mir so vor, als hätte ich die letzten Tage über nichts anderes getan, als Kuchen zu essen. Es gab allerdings schlimmere Zeitvertreibe, entschied ich und machte mich darüber her.

Wenn Plaudern eine Turniersportart wäre, wäre Gwen Britische Meisterin darin gewesen. Wir hatten uns schon immer gut miteinander unterhalten können, und ich genoss ihre Gesellschaft. Wir befanden uns gerade tief in einem Gespräch über die Vorzüge, in einem Haus zu wohnen, das ans Stromnetz angeschlossen war – ihr Haus in Woolwich war nämlich »elektrifiziert« –, als ich hinter mir vertraute Stimmen hörte. Ich brauchte einen Moment, um zu begreifen, dass einige der Theaterschauspieler hereingekommen waren.

»... nicht misstrauisch wird?«, fragte Nancy Beaufort.

»Weswegen denn«, entgegnete Harris Bridges. »Wir sind drei Kollegen, die sich am Sonntagmorgen zum Kaffee treffen. Daran ist doch nichts verdächtig.«

»Ihr habt beide recht«, sagte Patrick Cowlin. »Aber wir müssen uns darüber erst Gedanken machen, wenn uns jemand zusammen sieht. Und sind wir doch mal ehrlich: Es ist elf Uhr morgens an einem Sonntag. Alle liegen doch bestimmt noch in den Federn.«

»Jemand zu Hause, Floss?«, fragte Gwen, die nun schon ein paar Sekunden auf eine Entgegnung auf ihre letzte Bemerkung über die Lebensdauer elektrischer Glühbirnen gewartet hatte.

»Entschuldige«, sagte ich. Dann beugte ich mich vor und flüsterte: »Die Leute hinter uns gehören zu der Schauspieltruppe.«

Bevor ich sie noch daran hindern konnte, reckte sie den Hals, um an mir vorbei einen besseren Blick auf sie werfen zu können.

»Oh«, sagte Cowlin. »Guten Morgen, Miss Goodheart. Wie schön, Sie hier zu sehen. Noch mal vielen Dank für das Essen gestern, es war wirklich wunderbar. War es nicht wunderbar?«

Die anderen beiden stimmten eifrig zu.

Kurz machte ich mir Sorgen, wie Gwen reagieren würde, aber ich hätte sie nicht unterschätzen dürfen. Schließlich war sie eine Armstrong.

»Ich verstehe die Verwechslung«, entgegnete sie mit einem Lächeln und ahmte täuschend ähnlich meinen Tonfall nach. »Aber ich bin leider nicht Violet, sondern ihre Schwester, Mrs. Iris Foster.«

Sie zögerte nicht mal eine Sekunde, bevor sie diesen falschen Namen nannte. Ich fragte mich allerdings, warum sie sich die Mühe machte, schließlich kannten sie sie ja sowieso nicht, aber es war trotzdem beeindruckend, es mitzuerleben. Ich unterstützte sie also, indem ich mich umdrehte und die Schauspieler ebenfalls lächelnd begrüßte.

»Gütiger Himmel«, sagte Cowlin. »Wie …« Ich hatte

den Eindruck, dass er nach einem anderen Ausdruck als »wunderbar« suchte. Schließlich entschied er sich für: »... außergewöhnlich«, aber dabei zuckte er zusammen. »Oh, ich wollte damit nicht sagen ...«, fügte er eilig hinzu. »Ich meine nicht, dass schöne Zwillinge selten sind ... Ich wollte nur ...«

»Ach, hör schon auf zu plappern, Patrick«, unterbrach ihn Bridges. »Guten Morgen, Miss Goodheart. Mrs. Foster. Möchten Sie sich vielleicht zu uns setzen? Ich bin sicher, dass es niemandem etwas ausmacht, wenn wir die Tische zusammenschieben.«

»Wir wollen Sie aber nicht stören«, erwiderte ich.

»Unsinn. Unsere Angelegenheiten können warten. Es wäre doch viel netter, den Morgen mit unseren neuen Freundinnen zu verbringen.«

»Na dann, lassen Sie uns mal sehen, was wir tun können.«

Nach einigem Schaben und Rücken, bei dem wir die tadelnden Blicke der Kellnerinnen ignorierten, gelang es uns, die beiden Tische zusammenzuschieben und uns um sie zu verteilen. Harris Bridges ergriff wieder das Wort, wie ich es nicht anders erwartet hatte.

»Wir haben Miss Goodheart gestern erst kennengelernt«, begann er.

»Violet, bitte«, sagte ich mit einem, wie ich hoffte, gewinnenden Lächeln.

»Violet«, verbesserte er sich. »Ein hübscher Name. Aber Ihre Schwester ...«

»Iris«, sagte Gwen.

»Iris, ja. Was für eine duftend-blumige Paarung. Iris

kennt uns noch nicht, also darf ich die Vorstellung übernehmen? Ich bin Harris Bridges, ein bescheidener Darsteller. Diese bezaubernde junge Dame ist Nancy Beaufort, die schon bald ein Star sein wird. Und unser gut aussehender Begleiter schließlich gehört ebenfalls zu unserem Ensemble, der außerordentlich talentierte Patrick Cowlin.«

Während wir Höflichkeiten austauschten, versuchte ich, mir einen zweiten Eindruck von den Schauspielern zu verschaffen. Harris Bridges war genau derselbe, den wir gestern beim Mittagessen kennengelernt hatten: selbstsicher bis zur Rüpelhaftigkeit und nur halb so geistreich und interessant, wie er glaubte. Nancy hatte ich für ein plapperndes Dummchen gehalten, aber einen Tag nach der traumatischen Erfahrung, bei der Verhaftung ihrer Freundin zusehen zu müssen, wirkte sie heute ruhiger und bedächtiger. Cowlin war mir beim Essen ein wenig unterkühlt vorgekommen, weil er Witze über das Erdolchen gemacht und unermüdlich seine Genervtheit über Bridges' Aufgeblasenheit zum Ausdruck gebracht hatte, aber in diesem kleineren Kreis wirkte auch er – wenigstens auf den ersten Blick – wie die Art Mensch, mit der man gern ein bisschen Zeit verbrachte. Mein Leben hatte in der Vergangenheit schon oft von solchen schnellen Einschätzungen abgehangen, und ich hatte nicht immer richtig gelegen, aber normalerweise täuschte ich mich auch nicht vollkommen.

»Violet hat mir von ihrem Lunch gestern erzählt und wie aufregend es gewesen ist, richtige Schauspieler aus Fleisch und Blut kennenzulernen«, sagte Gwen. »Spielen Sie alle in Ihrem aktuellen Stück mit?«

»Ich jetzt schon«, erwiderte Cowlin. »Ich habe Pauls Rolle übernommen, nachdem … na ja … Sie wissen schon … Aber ursprünglich war ich nichts weiter als der Inspizient.«

»Das ist doch immer noch eine wichtige Aufgabe …«, warf ich ein.

»Oh, ja, sehr«, unterbrach Bridges. »Ohne Inspizient oder unsere Zweitbesetzungen wären wir aufgeschmissen. Nancy hier ist nämlich unsere Zweitbesetzung für die Frauenrollen.«

Nancy wurde, so schien es, die Last abgenommen, selbst zu antworten.

»Ach ja«, sagte Cowlin. »Zweitbesetzungen. Lebenswichtige Arbeit.«

Er klang ironisch. Er war anscheinend kein Mann, den der Gedanke beeindruckte, die anderen hinter der Bühne herumzuscheuchen und ihren Text auswendig zu lernen, während sie dann die ganze Bewunderung und sämtlichen Applaus einheimsten.

»Aber wenn ich unser Gespräch mit Hugo Bartlett richtig verstanden habe«, sagte ich, »hatten Sie doch auch schon Gelegenheit, Hauptrollen in anderen Stücken zu übernehmen. Stimmt das denn nicht?«

»Doch, vollkommen«, bestätigte Cowlin. »Es gibt ja immer Gelegenheiten. Manche bekommen davon einfach mehr als andere.«

»Na, na, Patrick«, entgegnete Bridges, »wir wollen doch nicht unsere persönlichen Kränkungen vor unseren neuen Freundinnen ausbreiten. Darüber können wir uns später unterhalten.«

Nancy sah Gwen lächelnd an. »Wohnen Sie denn in Bristol, Mrs. Foster?«, fragte sie.

»Nein, zurzeit lebe ich in London. Mein Mann ist beim Militär.«

»Ach, bei der Armee. Wie aufregend. Und es ist auch eine richtige Arbeit. Manchmal habe ich den Eindruck, dass, was wir tun, mehr als nur ein bisschen belanglos ist. Wir sind ja nicht gerade nützlich, oder?«

»Glauben Sie das wirklich?«, fragte ich. »Ich stelle mir gern vor, wie die Welt ohne eine bestimmte Berufsgruppe aussehen und was für einen Unterschied ihre Abwesenheit machen würde. Bei Ärzten, Krankenschwestern und Lehrern ist das einfach – das Leben würde dann ziemlich schnell sehr schlimm werden. Straßenkehrer, Müllmänner, Dienstpersonal, Straßenbahnfahrer – ohne sie würden wir alle sehr viel unangenehmere Leben führen. Bauarbeiter? Klempner? Zimmermänner? Ein furchtbarer Verlust. Wie ist es mit Börsenhändlern? Würden wir die vermissen? Unternehmen hätten es vielleicht ein bisschen schwerer an Investitionskapital zu kommen, aber sie würden es schon hinkriegen. Den meisten von uns würde ihre Abwesenheit überhaupt nicht auffallen. Aber wie wäre das Leben ohne Schauspieler, Sänger, Schriftsteller oder Musiker? Es gäbe weder Bücher noch Theaterstücke noch Lieder. Kein Varieté. Keinen Tanz. Weder Symphonien noch Concerti. Keine Witze. Keine Gedichte. Halten Sie sich immer noch für nutzlos?«

Nancy lächelte und nickte nun eifrig, bekam aber keine Gelegenheit zu einer Antwort.

»Donnerwetter«, ergriff nämlich Bridges wieder das Wort. »Sie sind eine ziemlich gute Anwältin unserer Kunst. Sie sollten uns zu unseren Gehaltsverhandlungen begleiten. Ich würde mich mit Ihnen und Ihrer Geschäftspartnerin gern in ein paar Tagen unterhalten. Ich denke, wir haben einige Gemeinsamkeiten.«

Nancy seufzte. Cowlin schüttelte den Kopf. Ganz offenbar war er an Bridges gewöhnt, ärgerte sich aber trotzdem über ihn.

»Haben Sie sich unser Stück denn schon angesehen?«, fragte Bridges.

»Hugo versucht, uns für Ende der Woche Karten zu besorgen«, erklärte ich, »aber für morgen Abend hat er uns hinter die Bühne eingeladen.«

»Dann halte ich nach Ihnen Ausschau. Vielleicht kann ich Sie ein bisschen herumführen.«

»Das wäre ganz reizend. Ich hoffe nur, dass wir nicht im Weg sind.«

»Überhaupt nicht. Es ist immer schön, Besuch zu haben.«

Zwei Kellnerinnen kamen mit unseren Bestellungen an den Tisch, bedienten uns mit übertriebener Höflichkeit und machten zugleich klar, dass wir alle möglichen Regeln und Gepflogenheiten verletzt hatten, indem wir es gewagt hatten, unsere Sitzordnung eigenmächtig zu verändern. Üblicherweise wäre es mir furchtbar peinlich gewesen, die Regeln gebrochen zu haben, aber Violet Goodheart scherte sich deutlich weniger um solche Dinge als Flossie Armstrong, und ich freute mich eigentlich ziemlich darüber, die Dinge auf so unterhaltsame Weise durcheinandergebracht zu haben. Obwohl die Regelwidrigkeit vollkommen banal war, bereitete mir der Ärger der Kellnerinnen außerordentlichen Genuss.

Als sie wieder fort waren, hatte sich die Stimmung am Tisch gelockert, und wir kamen auf alltäglichere Themen zu sprechen.

Als ich dann beide Rechnungen übernahm, war eine Stunde vergangen, und Gwen und ich verabschiedeten uns.

Nachdem wir uns kurz darüber verständigt hatten, wie wir am besten zur Park Row zurückkamen, beschlossen wir, dass wir jetzt wirklich alles an Reizen ausgekostet hatten, was die Stadt an einem Sonntag zu bieten hatte, und machten uns auf den Rückweg ins Dorf.

Zu Hause angekommen, trafen wir Lady Hardcastle im Salon an, Gesicht, Haar und ihr Arbeitsoverall über und über mit etwas bedeckt, was wie Gipsstaub aussah.

»Sie sind anscheinend beschäftigt gewesen«, bemerkte ich.

»Es hat einen Unfall mit einem Sack Gipsmörtel gegeben«, erklärte sie. »Die Sauerei in der Orangerie habe ich beseitigt, aber …« Sie deutete auf ihren geweißelten Zustand.

»Steht Ihnen gut«, sagte ich. »Brauchen Sie Hilfe?«

»Würde es dir viel ausmachen, meine Liebe? Ich fürchte, dass ich sonst einiges übersehe und am Ende eine Gipsmaske aufhabe.«

Während wir oben waren, machte Gwen sich in der

Küche zu schaffen, und als Lady Hardcastle dann wieder sauber und vorzeigbar war, wartete im Esszimmer ein leichtes Mittagessen auf uns.

»Danke, meine liebe Gwenith«, sagte Lady Hardcastle. »Obwohl du das wirklich nicht ständig tun musst. Ich handle mir noch einen furchtbaren Ruf ein, wenn die Leute herausfinden, dass ich meine Hausgäste zum Küchendienst verdonnere.«

»Das ist doch das Mindeste«, erwiderte Gwen. »Ein paar Sachen auf ein paar Teller zu legen, ist ja nicht gerade Sklavenarbeit. Außerdem hat Blodwen den Großteil der Arbeit erledigt, bevor sie gegangen ist.«

»Die gute Miss Jones«, sagte Lady Hardcastle. »Was für ein Glück, dass wir sie gefunden haben. Sie könnte ihre eigene Küche in einem Grandhotel in London leiten, weißt du? Auch mit Monsieur Wieheißternoch unten im Le Quai könnte sie es locker aufnehmen, wenn sie nur an sich glauben und es versuchen würde. Ich habe ihr schon angeboten, ihr eine Anschubfinanzierung zu geben, aber sie will nichts davon hören.«

»Sie muss sich doch um ihre Mutter kümmern«, gab ich zu bedenken.

»Um ihre Mutter muss sich nicht mehr gekümmert werden als um mich, sie mag es einfach nur, dass Blodwen bei ihr ist.«

»Sitze ich deshalb hier fest?«

»Weil ich dich gern um mich habe? Aber natürlich, Liebes.«

»Ich habe mich schon gefragt. Aber Sie machen sich etwas vor, wenn Sie glauben, dass Sie sich um sich selbst kümmern können. Es wäre wirklich ein Akt der Grausamkeit, Sie sich selbst zu überlassen.«

»Ich fürchte, da hast du recht. Wer sonst würde mir schon an einem Sonntagnachmittag Gips aus den Haaren waschen?«

»Eben.«

»Wie dem auch sei, vielen Dank, Gwenith. Das sieht köstlich aus.«

»Gern geschehen«, erwiderte Gwen.

»Und wie ist euer Abenteuer heute Morgen denn verlaufen? Habt ihr viel von der Stadt gesehen?«

»Es war sehr schön«, antwortete Gwen. »Bristol gefällt mir ziemlich gut.«

»Aber wie schade, dass du ausgerechnet da warst, als alle Geschäfte geschlossen hatten. Wir müssen später in der Woche noch mal mit dir hinfahren.«

»So oft Sie wollen. Und dann können wir auch wieder zu Crane's gehen. Das war auch ein großer Spaß.«

»Ach, ja, ich habe mich schon gefragt, ob ihr nicht irgendwo einen Kaffee trinkt.«

»Wir sind dort übrigens ein paar von den Schauspielern begegnet«, sagte ich.

»Ach? Wem denn?«

Während wir uns Pastete und Salzkartoffeln auftaten, berichtete ich kurz von unserem Treffen.

»Wie spannend«, sagte Lady Hardcastle. »Ich frage mich, was sie vorhaben.«

»Jedenfalls irgendetwas, von dem sie nicht wollen, dass die anderen es mitbekommen.«

»Gibt es da ein Mordmotiv?«

»Schon möglich, obwohl ich im Moment keins erkennen kann.«

»Patrick Cowlin ist nicht glücklich mit seiner Rolle als Zweitbesetzung«, warf Gwen ein. »Ich glaube auf jeden Fall, dass er Singleton deshalb den Tod gewünscht haben könnte.«

»Wir haben tatsächlich schon erlebt, dass Menschen aus banaleren Gründen umgebracht worden sind«, überlegte Lady Hardcastle.

»Wenn wir fertig gegessen haben, schreibe ich es auf die Verbrechenstafel«, sagte Gwen mit einem stolzen Grinsen.

»Wenn sie so weitermacht, brauche ich dich vielleicht gar nicht mehr, meine liebe Flo.«

»Ist schon in Ordnung«, entgegnete ich. »Ich wollte sowieso ein Theater in Bournemouth eröffnen.«

7

Lady Hardcastle, Gwen und ich machten am Montagmorgen einen langen Spaziergang ins Dorf. Unterwegs versuchten Lady Hardcastle und ich uns etwas einfallen zu lassen, um Gwen zu unserem Theaterbesuch in die Stadt mitnehmen zu können, aber zu unserer Überraschung lehnte sie ab.

»Eigentlich hätte ich große Lust, ehrlich, aber ich habe Daisy und Blodwen versprochen, heute Abend mit ihnen in den Pub zu gehen.«

»Du kannst einfach absagen«, sagte ich. »Ich versetze die beiden oft, wenn mir etwas dazwischenkommt.«

»Und bild dir ja nicht ein, dass ihnen das nicht aufgefallen ist«, schalt sie mich. »Eine der Armstrong-Schwestern muss doch ihr Wort halten, und die werde ich sein. Bestimmt gibt es noch weitere Gelegenheiten, sich das Theater anzuschauen.«

»Oh«, erwiderte ich am Boden zerstört darüber, dass ich meine Freundinnen beleidigt haben könnte. »Haben Sie irgendwas zu dir gesagt?«

»Natürlich nicht, du Dummkopf. Sie sind zu stolz auf

dich und deine Heldentaten, um dir irgendwas übel zu nehmen, aber ich wäre trotzdem gern das Familienmitglied, das sie nicht im Stich lässt.«

Und so kam es, dass Lady Hardcastle und ich uns am frühen Nachmittag allein aufmachten, um die freundliche Einladung des Ensembles der *Hedonisten* hinter die Bühne anzunehmen.

Wir stellten den Rolls Royce vor dem Bridewell ab und gingen dann zu Fuß zur High Street. Sogar in der Kälte eines Novembernachmittags herrschte hier reges Treiben. Menschen jeden Alters füllten die Straßen und deckten sich sowohl mit dem Grundbedarf für ihr tägliches Leben als auch mit den Freuden überflüssigen Flitterkrams ein.

Wir verbrachten einen angenehmen Moment in der Papeterie, wo wir unsere Vorräte an Schreibpapier, Notizbüchern, Tinte und Bleistiften auffüllten. Danach verwandten wir ein paar lustige Minuten darauf, uns Geschichten über die möglichen zukünftigen Besitzer der Hemden und Blusen auszudenken, die im Schaufenster des Schneiders präsentiert wurden. Von den Blusen gefiel mir keine, aber kurze Zeit später war ich versucht, mir ein paar elegante *Schuhe für feuchtes Wetter* bei George Hunt auf der Clare Street zu kaufen. Nach einigen Ähms und Aahs entschied ich dann aber, dass sechs Schilling und neun Pence eine unnötige Ausgabe waren. Meine Schuhe taten es noch.

Um sechs Uhr hatten wir die Möglichkeiten der High Street und ihrer Umgebung erschöpft und gingen zurück über den Tramways Centre und weiter zur Frogmore Street. Dort fanden wir die Gasse, die zum Bühneneingang führte, und meldeten uns bei Haggarty an, dem Pförtner.

»Sie müssen Lady Webster-Green und Miss Goodheart sein«, begrüßte er uns. »Mr. Bartlett hat Sie angekündigt. Ich sage ihm Bescheid, dass Sie hier sind.«

Er sprach kurz über das Haustelefon, und nur eine Minute später holte Hugo Bartlett uns persönlich ab.

»Guten Abend, meine Damen«, sagte er mit einem Lächeln. »Wie nett, dass Sie gekommen sind.«

»Wie nett, dass Sie uns eingeladen haben, mein Lieber«, entgegnete Lady Hardcastle. »Wir werden uns größte Mühe geben, nicht im Weg zu sein, aber wir freuen uns schon schrecklich darauf, so viel wie möglich zu sehen.«

»Sie sind überhaupt nicht im Weg – bewegen Sie sich bitte ganz frei, Mylady. Ich muss mich leider anderweitig um dringende Angelegenheiten kümmern, aber ich habe Ihren Besuch mit Adlam abgestimmt – er gehört zu den entspannteren Theaterintendanten dieser Welt. Er sagt allen Bescheid, dass Sie überall freien Zutritt haben. Der Gedanke, dass jemand ein Theater von Grund auf neu aufbauen will, gefällt ihm ziemlich gut.«

»Oh, wie nett von ihm. Danke, dass Sie das möglich gemacht haben.«

»Keine Ursache.«

Lady Hardcastle neigte den Kopf. »Wie geht es denn den anderen?«, fragte sie.

Bartlett sah sie verwirrt an. »Wie meinen Sie das?«

»Nach dem Mord und Rosalies Verhaftung. Wie kommen Sie alle damit klar?«

»Oh. Ach so. Nun, Sie wissen schon …«

»Sie müssen doch alle furchtbar mitgenommen sein.«

»Das sind wir natürlich. Aber andererseits … Na ja, die Show muss eben weitergehen.«

»Das muss sie wohl. Aber wir wollen Sie nicht von Ihren dringenden Angelegenheiten abhalten. Sind Sie sich wirklich sicher, dass wir niemanden stören?«

»Ganz sicher, Mylady. Sehen Sie sich nach Herzenslust um. Aber versuchen Sie bitte auch, wenigstens einen Teil des Stücks mitanzuschauen – ich bin ungewöhnlich stolz darauf.«

»Das lassen wir uns auf keinen Fall entgehen«, erwiderte ich.

»Bestimmt nicht«, bekräftigte Lady Hardcastle. »Ich bin sicher, dass Ihr Stolz vollkommen gerechtfertigt ist.«

»Danke, danke. Also zeige ich Ihnen jetzt den Weg zur Bühne und überlasse Sie dann sich selbst. Hier entlang.«

Er ging schnellen Schrittes voran. An den Wänden des Korridors hingen vergilbte Plakate, Werbung für dreißig Jahre Theater und Varieté. Es tat mir leid, *Professor Fitzherberts wunderbare dressierte Hunde* verpasst zu haben, und war mir sicher, dass *Die fliegenden Gebrüder Fortini* in den Siebzigern eine Spielzeit lang an unserem Zirkus gastiert hatten. *Die unvergleichlichen Andersons* wären vielleicht auch ein billiges Ticket wert gewesen, aber ich war überhaupt nicht traurig darüber, niemals eine Vorstellung von Mr. Adolphus Bedlingtons von der Kritik gefeiertem Melodram *Die enttäuschende Ehefrau* gesehen zu haben.

Wir gingen an sehr vielen Garderoben, am Aufenthaltsraum sowie an dem Tischchen im Korridor vorbei, auf dem an jenem schicksalhaften Tag der Dolch gelegen hatte. Irgendwann führte uns Bartlett dann drei Holzstufen hinauf und durch eine Tür, auf der groß *BÜHNE* stand. Meine Kindheit im Zirkus sollte mir eigentlich alle Illusionen über die glitzernde Welt der Unterhaltung geraubt haben, außerdem waren wir im Laufe unserer Arbeit bereits in mehr als einem Theater hinter der Bühne gewesen. Trotzdem fühlte ich immer noch ein aufgeregtes Kribbeln, als wir von der Seitenbühne auf die Bühne selbst schauten.

Alles war für den ersten Akt von *Die Hedonisten* vorbereitet, und ich erinnerte mich kurz an die heitere Freude von Dienstagabend. Die Lichter, die energiegeladenen jungen Darsteller, die Kostüme, das Gelächter. Wenn der blöde Arthur Jones nicht gewesen wäre, wäre ich vielleicht auch Schauspielerin geworden. Dann hätte ich nun vor einem Publikum auf die Bühne treten und es in meinen Bann schlagen können, indem ich … Aber wen wollte ich eigentlich spielen? Ich sah mich nicht in der Rolle der Angebeteten. Vielleicht die fröhliche beste Freundin? Die böse Schurkin? Ach, aber was, wenn Gwen sich mir angeschlossen hätte? Als schauspielernde Zwillinge hätten wir ein Vermögen verdienen können. Dramatiker wären doch hellauf begeistert vom komischen Potenzial zweier Darstellerinnen, die genau gleich aussahen. Zumindest hätten wir dieses Shakespearestück mit den Zwillingen ein wenig überzeugender gestalten können.

Lady Hardcastle tippte mich auf die Schulter. »Bist du noch ganz bei der Sache, meine liebe Violet?«, fragte sie.

»Entschuldige … Jo«, erwiderte ich. »Ich habe taggeträumt.«

»Das geht den Menschen hier oft so«, merkte Bartlett an. »Ich kann Ihnen gar nicht sagen, wie viele Zivilisten ich auf der Seitenbühne in ihre Fantasien über die eigene Berühmtheit vertieft habe stehen sehen.«

Es war mir ein bisschen peinlich, mich so durchsichtig verhalten zu haben, aber ich lächelte ihn entschuldigend an.

Er erwiderte den Blick nachsichtig und sagte: »Also dann, meine Damen, jetzt muss ich wieder an die Arbeit. Außerdem bin ich mir ohnehin sicher, dass Sie ohne mich mehr Spaß haben. Dieses Haus ist ein ziemlich typisches Beispiel für die Theater im ganzen Land, also sollten Sie sich einige Ideen für den Umbau Ihres eigenen Gebäudes holen können. Sie haben hier überall freien Zugang, und wenn irgendwer etwas anderes behauptet, schicken Sie ihn einfach zu mir.«

»Danke, lieber Hugo«, erwiderte Lady Hardcastle. »Sind die Schauspieler denn tabu? Möchten sie vor der Vorstellung lieber in Ruhe gelassen werden?«

Bartlett lachte. »Wir spielen ja nicht Ibsen. Sie ziehen sich eine Abendgarderobe an, um lebenslustige junge Leute zu spielen, die zu einer Party unterwegs sind, sie bereiten sich nicht auf einen erschöpfenden Abend voller intensivem Drama vor. Einige von ihnen müssen eigentlich auch gar keine Rolle spielen.«

»Bestimmt sind Sie nur bescheiden«, erwiderte Lady Hardcastle. »Und ein bisschen unhöflich zu Ihrem Ensemble. Ich wette, dass Ihrem Werk eine Dimension emotionaler Raffinesse innewohnt, die einiges an Können voraussetzt.«

»Sie schmeicheln mir, Jo, aber ich schreibe nur Witze. Ganz ehrlich.«

Und mit einem letzten fröhlichen Winken zog er sich anmutig zurück.

»Was denkst du?«, fragte Lady Hardcastle, als die Tür sich hinter ihm geschlossen hatte und wir wieder allein waren. »Sollen wir uns im Gebäude umsehen oder uns mit den Schauspielern unterhalten?«

»Ich würde gern zuerst mal ein Gefühl dafür bekommen, was an jenem Abend überhaupt passiert ist.«

»Ein großartiger Vorschlag. Wie sollen wir vorgehen?«

»Wir arbeiten uns von dem Zeitpunkt aus zum Mord zurück, als die Leiche entdeckt worden ist«, schlug ich vor. Ich trat auf die Bühne hinaus und zeigte grob auf den Punkt im vorderen Bereich der Bühne, wo die Leiche gelegen hatte, als der Vorhang sich zum zweiten Akt hob. »Singleton lag, glaube ich, dort.«

Lady Hardcastle zog den Mantel aus und legte ihn an die entsprechende Stelle. »Kannst du ihn von der Seitenbühne aus sehen?«, fragte sie dann.

Ich trat hinter einen der schwarzen Vorhänge, die die wartenden Schauspieler vom Blick der Zuschauer abschirmten.

»Nein«, entgegnete ich. »Ich kann nur geradeaus über die Bühne sehen. Das erklärt also die Überraschung von

Rosie, Sarah und Bridges, als sie auf die Bühne gekommen sind.«

»Gehen wir davon aus, dass Singleton seinen Auftritt erst später hatte?«

Ich trat zu ihr auf die Bühne. »Nein, erinnern Sie sich nicht? Bridge kommt mit den beiden Frauen auf die Bühne und sagt etwas zu Singleton. Ich vermute, dass Singleton normalerweise allein und vor den anderen auf die Bühne gekommen ist und dass diese einfach angenommen haben, dass er wie üblich dort sein würde. Es ist allerdings seltsam, dass Cowlin das nicht überprüft hat, bevor er den Vorhang aufzog.«

»Wie ist Singleton also dort hingekommen?«, fragte Lady Hardcastle. »Er hat die Bühne am Ende des ersten Aktes gemeinsam mit den anderen verlassen, und sie ... haben dann was getan? Sind in ihre Garderoben gegangen? In den Aufenthaltsraum?«

»Das müssen wir herausfinden«, erwiderte ich und machte mir einen Vermerk in Violets Notizbuch.

»Die Bühnenarbeiter haben alles für den zweiten Akt vorbereitet. Möbelstücke sind verschoben worden, die Kulissen wurden heruntergelassen« – sie zeigte nach oben auf die hohe Decke, von der die Kulissen mit dem Bühnenbild darauf an Seilen herabhingen – »und die Bühne wurde außerdem mit Requisiten von ...?« – ich sah mich um – »... dort drüben bestückt«, sagte ich dann und deutete in die entsprechende Richtung. »Der Tisch mit den Requisiten steht an dieser Wand dort.«

»Sehr gut. Sie haben also alles für den zweiten Akt fertig gemacht.«

»Dafür haben sie etwa zehn Minuten gebraucht«, sagte ich. »Höchstens eine Viertelstunde.«

»Wie kannst du dir da so sicher sein?«

»Ich bin mir nicht wirklich sicher, aber das Knallen und Krachen hat ungefähr nach dieser Zeit aufgehört.«

»Sie sind also ziemlich laut?«

»Ungewöhnlich laut. Es gab einiges an hörbarer Aktivität, während Sie alle draußen von den langen Schlangen demoralisiert wurden. Die Sunderlands sind zurückgekommen. Es hat noch einmal kurz geknallt – ich habe ihnen gesagt, dass wahrscheinlich irgendwer ein Bühnengewicht fallen gelassen hat –, dann war alles friedlich.«

»Was bedeutet, dass die Bühne eine Viertelstunde lang leer war.«

»Genau. Ausreichend Zeit, um … was genau zu tun, glauben Sie? Ihn auf die Bühne zu locken und umzubringen?«

»Ich bin mir nicht sicher«, erwiderte sie nachdenklich. »Ich kann mich nicht von dem Gedanken lösen, dass der Mord nicht geplant war. Sarah hat erzählt, dass sie den Dolch noch während des ersten Akts auf dem Tischchen im Korridor hat liegen sehen, und ich bleibe bei meiner Einschätzung, dass ein Mörder mit einem Plan die Verfügbarkeit einer Waffe nicht dem Zufall überlassen würde.«

»Es sei denn, die Person hatte einen bruchstückhaften Plan, und die leichte Verfügbarkeit des Dolches gab ihr die Möglichkeit, ihn auf der Stelle in die Tat umzusetzen.«

»Geplant und doch improvisiert, meinst du? Das ist wohl nicht auszuschließen. Ein vorgefertigter Plan, der einfach nur auf eine Gelegenheit wartete, in die Tat umgesetzt zu werden.«

»Der Mörder könnte den Dolch zu Beginn der Pause eingesteckt und sein Vorhaben dann in die Tat umgesetzt haben. Das hätte funktioniert. Er lädt Singleton unter irgendeinem Vorwand ein, mit auf die Bühne zu kommen, ersticht ihn und verschwindet, bevor sich der Vorhang hebt.«

»So stelle ich es mir jedenfalls im Moment vor, ja. Das wäre machbar, oder?«

»Allerdings riskant«, gab ich zu bedenken. »Die Bühne ist ein frei zugänglicher Ort. Die Arbeiter waren vielleicht fort, aber Cowlin als Inspizient hätte jederzeit zurückkehren können, um nachzusehen, ob auch wirklich alles bereit ist.«

»Was Cowlin zu einem Verdächtigen macht, nicht wahr? Niemandem wäre aufgefallen, wenn er sich hier herumgetrieben hätte, und er könnte sich auf der Seitenbühne positioniert haben, um glaubwürdig behaupten zu können, dass er die Leiche nicht gesehen habe, bevor die Schauspieler die Bühne betraten.«

»Wenn er wusste, dass Singleton tot war und auf der Bühne lag, würde das auch erklären, warum er nicht überprüft hat, wo er war. Ich setze ihn auf die Liste«, sagte ich und machte mir einen entsprechenden Vermerk.

Auf einmal entstand Bewegung im Zuschauerraum. Eine der Seitentüren öffnete sich, und eine Gestalt eilte über den Gang in Richtung der Ausgänge am Ende des Parketts zu. Die Bühne war zwar von Arbeitsleuchten erhellt, aber der Zuschauerraum lag vollständig in Schatten und Dunkelheit, also konnte ich nur erkennen, dass es sich wahrscheinlich um eine Frau handelte. Sie bewegte sich schnell und war verschwunden, bevor ich noch irgendwelche Einzelheiten ausmachen konnte.

»Haben Sie das gesehen?«

»Die geisterhafte Frau im Gang?«, erwiderte Lady Hardcastle. »Ja. Ich frage mich, wo sie herkam.«

»Von der Toilette?«, vermutete ich.

»Du meinst, sie hat da seit Samstagabend festgesessen?«

»Na schön, Lady Neunmalklug. Von hinter der Bühne?«

»Möglich. Aber wer um alles in der Welt könnte es gewesen sein?«

»Sie hat sich nicht wie eine der jungen Darstellerinnen bewegt. Sarah?«

»Möglich, aber wohin war sie so eilig unterwegs?«

Bevor mir dazu noch etwas einfiel, hörten wir die Tür zur Bühne hinter uns aufgehen. Wir drehten uns gemeinsam um und erblickten Sarah Griffin, die uns überrascht ansah.

»Hallo zusammen«, sagte sie. »Sind Sie auf Ihrer Besichtigungstour?«

»Hallo, meine Liebe, wie schön, Sie zu sehen«, begrüßte Lady Hardcastle sie mit einem Blick, der mir mitteilte: *Sie war es also nicht.* »Gewissermaßen, ja. Hugo hat uns reingelassen und uns hierhergeführt, dann hat er gesagt: *Ich bin sicher, dass Sie ohne mich mehr Spaß haben*, und hat uns unserem Schicksal überlassen.«

Sarah musste lachen. »Das hört sich ganz nach Hugo an. Ein funktionstüchtiges Hirn, aber irgendwie fehlt ihm die soziale Kompetenz. Wie kommen Sie zurecht?«

»Wir haben uns gerade gründlich die Bühne angesehen«, erklärte ich. »Dann, dachten wir, sollten wir vielleicht den Rest des Gebäudes besichtigen, um ein Gefühl dafür zu bekommen, wie diese Häuser angelegt sind. Das Anwesen, das wir im Sinn haben, ist mehr eine Halle als ein Theater, aber wie wir schon beim Lunch erklärt haben, haben wir die Gelegenheit zu einigen Umbauten. Wir könnten es zu einem zweckmäßigeren Theater machen, wenn wir eine bessere Idee davon hätten, was Schauspieler erwarten. An Ausstattung und so weiter.«

»Um ehrlich zu sein, hoffen wir nur, dass wir ein sauberes Zimmer haben, in dem wir uns umziehen können, und eine Toilette, die auch funktioniert. Hätten Sie gern eine Führerin?«

»Haben Sie denn genug Zeit, meine Liebe?«, fragte Lady Hardcastle.

Sarah zeigte auf ihre Kleidung. »Ich bin schon fertig angezogen für den ersten Akt. Geschminkt und alles. Ich bin gern frühzeitig fertig.«

»Dann wäre es großartig, wenn Sie uns herumführen könnten. Danke.«

Sarah zeigte auf Lady Hardcastles Mantel. »Gehört der Ihnen?«

»Ach ja«, antwortete Lady Hardcastle. »Ich wollte

mich fühlen, als ob ich auf der Bühne stehe und nicht einfach nur zu Besuch bin. Albern, ich weiß.«

»Überhaupt nicht. Nur weil wir Paul da gefunden haben, das ist alles. Den Mantel dort liegen zu sehen, war seltsam, es hat die Erinnerungen zurückgebracht.«

»Ach, oje«, erwiderte Lady Hardcastle. »Das tut mir furchtbar leid. Ich hatte ja keine Ahnung. Lassen Sie ihn mich aufheben. Ich wollte nicht respektlos erscheinen.«

»Natürlich nicht, seien Sie nicht albern. Woher hätten Sie das denn wissen sollen?«

Lady Hardcastle holte ihren Mantel. »Wie auch immer, es tut mir entsetzlich leid.«

»Nicht der Rede wert«, antwortete Sarah. »Und jetzt kommen Sie mit, ich zeige Ihnen alles, bevor sich der Vorhang hebt.«

Sarah bemühte sich, uns eine etwas detailliertere Führung hinter der Bühne zu geben, aber bevor sie uns noch die Lagerräume und das gesamte Untergeschoss zeigen konnte, wurde sie zu einer Besprechung in den Aufenthaltsraum gerufen.

Wir hatten uns das Stück von der Seitenbühne aus angesehen, und der zweite Akt erwies sich als genauso lustig wie der erste. Die Tragödie von Paul Singletons Tod und der Schock über Rosie Hardings Verhaftung dämpfte nicht den Überschwang der Darstellungen, und die komische Pointe am Ende des Stücks sorgte für donnernden Applaus.

Wir wollten uns gerade verabschieden, als ein aschfahler Bühnenarbeiter mit uns zusammenstieß.

»Na, hör mal, alter Freund«, sagte Bridges, »immer mit der Ruhe. Sonst rennst du noch jemanden um.«

»Tut mir leid, Mr. Bridges«, antwortete der junge Mann. »Aber ich muss zu Mr. Adlams Telefon. Es ist sehr dringend.«

»Oje. Was ist denn passiert?«

»Es geht um Davey Browning. Er ist umgebracht worden.«

Sämtliche Gespräche um uns herum verstummten schlagartig.

»Umgebracht?«, fragte Sarah. »Sind Sie sicher?«

»Wie meinen Sie das, Miss Griffin? Er ist jedenfalls tot. Ich erkenne einen Toten, wenn ich ihn sehe.«

»Nein, ich meine, könnte er nicht einen Herzinfarkt oder so was gehabt haben? War es vielleicht ein Unfall?«

»Nicht, falls er sich nicht selbst aus Versehen mit einem Meißel in den Rücken gestochen hat«, antwortete der junge Mann, dessen ursprüngliches Entsetzen allmählich der Verärgerung darüber Platz machte, dass seine Einschätzung der Lage infrage gestellt wurde.

»Wo haben Sie ihn denn gefunden?«, fragte Lady Hardcastle.

Der junge Mann sah sie verwirrt an. Ganz offenbar hatte er keinen Schimmer, wer sie war, aber Kleidung, Akzent und die Tatsache, dass sie hinter der Bühne mit den Schauspielern zusammenstand, bedeutete unmissverständlich, dass sie jedes Recht hatte, ihm Fragen zu stellen.

»Er liegt in der Werkstatt, Ma'am. In der Ecke. Ich wollte gerade das Licht ausschalten und abschließen, als ich ihn dort habe liegen sehen. Schrecklich ist das gewesen.«

»Hat er sich lange dort aufgehalten?«

»Keine Ahnung, Ma'am. Um ehrlich zu sein, hab ich ihn den ganzen Abend nicht zu Gesicht bekommen. Heute Abend waren wir ausnahmsweise mal zu viele, also dachte er wohl, er nutzt die Gelegenheit, um sich zu drücken. Davey hat sich manchmal davongeschlichen, um der harten Arbeit aus dem Weg zu gehen.«

»Wer hat denn sonst noch Zutritt zur Werkstatt?«

»Alle, Ma'am. Jeder kann jederzeit reingehen.«

»Aber sonst hat ihn niemand gesehen?«

»Ich schätze, das hätten sie gesagt, oder?«

»Das schätze ich auch«, erwiderte sie freundlich.

»Aber er ist in der Ecke versteckt worden, wo die Regale mit den ganzen Schrauben und dem Zeug sind. Ich hab ihn nur entdeckt, weil ich eine Runde durch den Raum gedreht hab, bevor ich abgeschlossen habe.«

Lady Hardcastle lächelte. »Danke, mein Lieber. Dann sollten Sie jetzt besser die Polizei anrufen. Inspektor Wyatt befasst sich mit dem anderen Mord – ich denke, er wird Bescheid wissen wollen.«

Der junge Bühnenarbeiter salutierte und eilte weg. Daraufhin brach im Korridor die Hölle los, als ängstliche Stimmen miteinander in ihrer Forderung nach Antworten und Beruhigung wetteiferten.

Lady Hardcastle klopfte auf meinen Handrücken unseren privaten Code für *Komm mit*, und wir entfernten uns unauffällig von der Gruppe. In ihrer Panik und Not wandten sie sich aneinander und sperrten alle nicht zu ihrer Gruppe Gehörigen aus, sodass wir uns unbemerkt und still durch die Korridore zur Werkstatt davonstehlen konnten.

Die Tür war nicht abgeschlossen, also schlüpften wir hinein und sahen uns um. Es handelte sich um einen großen, luftigen Raum. Die hoch in der Außenwand eingelassenen Fenster und die Dachluken sorgten tagsüber gewiss für mehr als ausreichend Licht, außerdem hingen noch sechs elektrische Lampen von der Decke herab. Bretter, Dielen und Latten in unterschiedlichen Größen waren ordentlich an den Wänden aufgestapelt. Der Boden war gefegt. Die Werkbänke waren ordentlich, und die Werkzeuge, die wir sehen konnten, waren alle tadellos gepflegt.

In der Ecke lag, verdeckt von weiteren Regalen, die Leiche eines der Bühnenarbeiter.

Er lag mit dem Gesicht nach unten, und ein dünner Meißel oder vielleicht auch ein Schraubenzieher steckte ihm bis zum Schaft links zwischen den oberen Rippen. Auch am Hinterkopf hatte er eine hässliche Wunde.

»Ich denke, Simeon wird keine Schwierigkeiten damit haben, die Todesursache festzustellen«, sagte Lady Hardcastle. »Wenn dieser … Stimmen wir mit dem jungen Burschen überein und denken, es ist ein Meißel?«

»Es könnte schon auch ein Schraubenzieher sein.«

»Möglich. Wie auch immer, wenn er die Brustschlagader durchstoßen hat oder sogar lang genug ist, das Herz zu erreichen, muss er in wenigen Minute ausgeblutet sein.«

»Man benötigt viel Kraft, um etwas so tief in den Körper eines ausgewachsenen Mannes zu rammen«, merkte ich an.

Lady Hardcastle zeigte auf etwas, das nicht weit von der Leiche entfernt auf dem Boden lag.

»Oder einen blutbefleckten Hammer«, erwiderte sie. »Der Blutmenge von dieser Kopfwunde nach zu urteilen, wage ich mal die These, dass der Mörder ihm erst mit dem Hammer eins übergezogen und ihm dann den Rest gegeben hat, indem er ihm den Meißel ins Herz stieß.«

»Die Person wollte wirklich sichergehen, dass er tot ist.«

»Ohne jeden Zweifel. Siehst du sonst noch etwas, was von Interesse sein könnte?«

Ich blickte mich rasch noch einmal um. Die penible Ordnung, die hier in der Werkstatt herrschte, arbeitete sowohl für als auch gegen uns. Zwar gab es leider keine Fußspuren, aber die Ordnung bedeutete eben auch, dass es ein Kinderspiel wäre, irgendetwas zu entdecken, was nicht an seinem Platz war. Doch alle Materialien waren fein säuberlich in ihren jeweiligen Regalen aufgestapelt, alle Schubladen waren geschlossen, und alle Behältnisse standen ordentlich aufgereiht da.

»Gar nichts«, sagte ich also. »Es gibt keine Anzeichen für einen Kampf und keinen Hinweis auf irgendein Motiv.«

»Einverstanden«, erwiderte Lady Hardcastle. »Aber nur, um auf der sicheren Seite zu sein …« Sie kniete sich hin und sah rasch die Taschen des Toten durch, wobei sie darauf achtete, die Dinge nicht zu sehr in Unordnung zu bringen. »Tabak, eine Pfeife, Streichhölzer«, zählte sie die Gegenstände auf, die sie vorfand.

»Ein Stück Bindfaden, ein Taschenmesser, ein Busfahrschein … Hier ist nichts, aber …«

»Aber was?«

»Aber ich bin nicht die Erste, die die Taschen des Toten durchstöbert hat. So wie er da auf seiner Jacke liegt … Ich würde sagen, dass irgendwer schon das getan hat, was ich gerade wiederholt habe, und ihn dann wieder hingelegt hat. Ich lasse ihn genau so liegen, wie ich ihn vorgefunden habe, für den unwahrscheinlichen Fall, dass Wyatt weiß, was er tut, und es selbst bemerkt.«

»Guter Gedanke. Und wo wir gerade von Wyatt sprechen …«

»Ganz recht. Wir sollten verschwinden, bevor er hier auftaucht. Ich bin nicht in der Stimmung, seine dummen Fragen darüber zu beantworten, was wir hier drin zu suchen haben.«

»Und auch nicht, auf den Verdacht hin, dass wir den Mord selbst begangen haben könnten, einen Abend im Gefängnis zu verbringen«, stimmte ich ihr zu.

»Ganz recht. Lass uns zu den anderen zurückgehen.«

Wyatts Verhör war tatsächlich genauso dumm und oberflächlich, wie wir befürchtet hatten. Von den Schauspielern gab es einiges an Gejammer und Zähneknirschen, aber aus ihren Antworten lernten wir nichts weiter über den Mord, als dass niemand irgendetwas darüber wusste, er aber alle entsetzlich mitnahm. Alle außer Hugo Bartlett wurden vernommen, doch niemand wies auf seine Abwesenheit hin, und in dem ganzen Durcheinander versäumte auch ich, es zu erwähnen.

Weder Wyatt noch der uniformierte Sergeant, der ihn begleitete, hatten uns nach unserer Adresse gefragt, nachdem wir kurz zu Protokoll gegeben hatten, nichts gesehen zu haben, obwohl sie uns sehr wohl baten, sich bei ihnen zu melden, falls uns später noch irgendetwas einfallen sollte.

Wir verabschiedeten uns, traten nach draußen in die beißend frostige Nachtluft und legten dann zu Fuß die kurze Strecke zum Bridewell zurück, vor dem wir am Nachmittag den Rolls Royce geparkt hatten. Das Wetter war den Tag über bedeckt gewesen, sodass die Temperatur erträglich, wenn auch nicht mild gewesen war, aber jetzt war sie stark gefallen, und ich fragte mich, ob mein Mantel und mein Schal für den Nachhauseweg ausreichen würden, auch wenn das Dach des Wagens fest montiert war.

Obwohl noch immer Menschen unterwegs waren, lagen die Straßen ruhig da. Der Kastanienverkäufer machte sich gerade ans Zusammenräumen, und ich überredete Lady Hardcastle kurz anzuhalten, damit ich noch zwei Tüten kaufen konnte, bevor er alles verstaut hatte.

Während der Mann zwei großzügige Portionen frisch gerösteter Kastanien in braune Papiertüten schaufelte, machte ich viel Aufhebens um seinen niedlichen Hund. Dann sagte ich dem Mann, er solle das Wechselgeld behalten, und er wünschte uns beiden alles Gute.

»Ich hab schon neulich abends gesehen, dass du ein Auge auf die geworfen hast«, sagte Lady Hardcastle, als sie die glühend heiße Tüte in der behandschuhten Hand hielt. »Immerhin haben sie meine erfrorenen Finger wieder zum Leben erweckt.«

»Sie wissen doch, wie sehr ich geröstete Kastanien mag. Erinnern Sie sich noch an den zauberhaften kleinen Kerl auf der Shaftesbury Avenue?«

»Den mit der Ziehharmonika?«

»Genau den. Der war ziemlich in Sie verschossen.«

»Und wer könnte ihm das verdenken? Immerhin haben meine Bemühungen, deine Gelüste auf Kastanien zu befriedigen, ihm Bier und Tabak bezahlt, wobei noch genug für die Miete und eine tägliche Portion Pastete und Kartoffelbrei übrig blieb. Natürlich war er auch verliebt, aber ich befürchte, dass er vor allem hinter meinem Geld her war.«

Ich war zu beschäftigt damit, vorsichtig meine erste, viel zu heiße Kastanie zu knabbern, um das weiter zu kommentieren.

Wir erreichten den Rolls Royce.

»Ich sollte fahren«, sagte sie. »Dann kannst du so lange aufessen.«

»Sie sind zu freundlich«, antwortete ich, als wir einstiegen.

Sie drückte auf den Anlasser, und der Motor sprang für einen kurzen Moment an, bevor er hustend verröchelte. Sie versuchte es erneut. Diesmal hörten wir nur noch das Husten.

»Mist«, sagte Lady Hardcastle. »Es ist entweder Fishys Anlasser oder etwas Rolls-Royciges. Wärst du so lieb und würdest versuchen, ihn für mich mit der Kurbel anzuwerfen, bitte?«

Ich reichte ihr meine Tüte Kastanien und stieg aus.

Der Rolls Royce war nach Lady Hardcastles Angaben gebaut und mit einem elektrischen Anlasser ausgestattet worden, den ihr Rennsport-Freund Lord Riddlethorpe entworfen hatte – oder Fishy, wie ihn seine Freunde nannten. Kurz hatten wir auch einen Prototyp aus seiner eigenen Produktion gefahren, aber der war auf spektakuläre Weise auf der Gloucester Road explodiert, also hatte er ihr als Entschädigung den Anlasser für den Rolls Royce, den sie daraufhin als Ersatz gekauft hatte, geschenkt.

Ich hatte deshalb eigentlich gehofft, dass die Zeiten, da ich den Motor in Handarbeit ankurbeln musste, vorbei wären, aber jetzt stand ich hier in der Eiseskälte vor dem Polizeirevier und versuchte, ein sorgfältig entwickeltes Wunder der modernen Technik zum Anspringen zu überreden.

Ohne Erfolg.

»Oje«, sagte Lady Hardcastle aus der Kabine. »Das sieht nicht so gut aus, oder?«

»Wahrscheinlich ist es etwas, was wir reparieren könnten, wenn es nicht so dunkel und kalt wäre.«

»Und wenn wir Werkzeug dabeihätten«, stimmte sie zu. »Das ist jetzt aber wirklich sehr ärgerlich. Wie spät ist es?«

»Sie haben doch eine Armbanduhr«, erwiderte ich und setzte mich wieder neben sie.

Sie blickte darauf. »Ach, großartig, erst halb zwölf.«

»Warum ist das großartig?«

»Georgie ist sicher noch auf. Sie lässt uns bestimmt bei sich übernachten.«

»Das ist ein bisschen dreist, oder?«

»Unsinn – sie wird sich freuen.«

»Vielleicht. Wir könnten aber auch ein Taxi nach Hause nehmen.«

»Einen Versuch ist es wert, aber ich glaube immer noch, dass Georgie unsere beste Option ist.«

»Sollten wir sie nicht erst anrufen?«

»Um diese Uhrzeit? Wer geht denn um halb zwölf ans Telefon und erwartet irgendetwas anderes als die allerschlimmsten Nachrichten? Nein, es ist viel besser, wenn wir wie zwei Obdachlose, die sich verzweifelt nach einem Bett sehnen, einfach vor ihrer Tür aufkreuzen. Und wo sollten wir überhaupt zu dieser späten Stunde noch ein Telefon hernehmen?«

Ich nickte in Richtung der Eingangstür des Polizeihauptquartiers.

»Gütiger Himmel«, lachte sie. »Kannst du dir vorstellen, das auch nur zu versuchen? Wir gehören ja nicht gerade zu ihren Lieblingsmenschen.«

Das musste ich wohl oder übel eingestehen.

»Vor dem Grand oder am Tramways Centre stehen bestimmt Taxis«, sagte ich.

»Na, dann zeigen wir uns von unserer besten Seite«, sagte sie. »Und wenn sie uns nicht heimfahren wollen, können sie uns wenigstens den Berg rauf zu Georgie kutschieren.«

Ausnahmslos alle Taxifahrer, die wir vom Grand Hotel bis zum Büro des Beförderungsunternehmens am Tramways Centre fragten, weigerten sich, uns um diese Uhrzeit noch bis nach Littleton Cotterell zu fahren. Das

Äußerste, was wir erreichten, war, dass sie uns hügelaufwärts bis zum Haus der Bickles brachten.

Das Taxi ließ uns am unteren Ende der Treppe hinaus, die zum Berkeley Crescent hinaufführte, und wir warteten ab, bis es wieder gefahren war, bevor wir an die Haustür Nummer 5 traten. Lady Hardcastle zuckte vor schlechtem Gewissen zusammen, als die Klingel losschrillte. Ich fand, es war eine nette Geste, so verlegen dreinzuschauen, selbst wenn niemand es sehen konnte.

Es dauerte eine Weile, aber irgendwann hörten wir Schritte in der Eingangshalle, dann das Geräusch von Riegeln, die beseitegeschoben, und von einem Schlüssel, der gedreht wurde. Schließlich öffnete sich die Tür, und Sir Benjamin blickte stirnrunzelnd auf uns herab.

Das Stirnrunzeln verwandelte sich allerdings in ein Lächeln, als ihm klar wurde, wer hier so spät vor seiner Tür stand.

»Emily«, sagte er lachend. »Ich hätte mir denken können, dass du das bist. Kommt doch rein.« Er trat beiseite. »Was um alles in der Welt …?«

»Guten Abend, mein lieber Ben«, erwiderte Lady Hardcastle. »Wir sind leider gestrandet. Der Rolls wollte einfach nicht anspringen, und keins der Taxis in der Stadt hat sich dazu bereit erklärt, uns nach Hause zu fahren.«

»Wir haben ihnen sogar den doppelten Fahrpreis angeboten, um ihnen auch den Rückweg zu bezahlen, aber sie sind stur geblieben«, fügte ich hinzu.

Lady Bickle erschien nun ebenfalls in der Halle und

schaffte es irgendwie, sogar noch besser als sonst auszusehen. Es mussten wohl gute Gene sein. Oder dieses exquisite Abendkleid.

»Emily«, sagte sie. »Flo. Dachte ich mir doch, dass ich eure Stimmen gehört habe. Was um alles in der Welt ...?«

»Autoprobleme«, erklärte Sir Benjamin. »Die Armen sitzen hier fest.«

»Dann müsst ihr reinkommen und euch aufwärmen«, forderte Lady Bickle uns auf.

»Danke, meine Liebe«, entgegnete Lady Hardcastle.

Lady Bickle sah ihren Mann an. »Na los, Ben. Steh nicht nur rum. Nimm ihnen die Hüte und Mäntel ab.«

»Ah, ja«, antwortete Sir Benjamin. »Natürlich.«

Wir wurden in den Salon geführt, wo im Kamin gastfreundlich ein Feuer knisterte.

»Macht es euch bequem«, sagte Lady Bickle. »Habt ihr schon gegessen?«

»Nicht seit dem Lunch«, entgegnete Lady Hardcastle.

»Ich habe ein paar Kastanien«, sagte ich und hielt die Tüte hoch.

»Oh, na, die sehen aber ziemlich verlockend aus«, sagte Lady Bickle. »Darf ich?«

»Bedienen Sie sich.«

»Gern. Danke. Ben, Lieber, würdest du unten in der Küche nachsehen, ob du noch irgendwas Essbares zusammenstellen kannst? Ein leichtes Abendessen für unsere Gäste erscheint mir angemessen.«

Mit einem Lächeln und einer spöttischen Verbeugung verließ uns Sir Benjamin.

»Also gut«, sagte Lady Bickle. »Natürlich bleibt ihr über Nacht, und wir kümmern uns dann morgen früh um euren Wagen. Die Dienerschaft ist schon im Bett, aber ich bin sicher, dass wir es selbst hinkriegen, einzuheizen und die Gästezimmer für die Nacht herzurichten.«

»Du bist wirklich sehr freundlich, meine Liebe«, sagte Lady Hardcastle. »Danke.«

»Ja«, schloss ich mich an. »Vielen Dank.«

Annahmen und Vorurteile sind etwas Furchtbares, aber ich muss zugeben, dass Lady Bickles Schönheit und ihr lebhafter Charakter stets dazu führten, dass ich ihren Scharfsinn unterschätzte. Auf den ersten Blick wirkte sie wie eine flatterhafte Dame der besseren Gesellschaft, aber sie stand niemandem in meinem Bekanntenkreis an Klugheit und Sinn fürs Praktische nach.

Im Moment interessierte sich Lady Hardcastle allerdings für prosaischere Themen. »Wie ist es denn deinem Kopf am Samstag noch ergangen, Liebes?«

»Meinem Kopf? Was war denn mit meinem …? Oh, ach so. Natürlich.« Sie musste lachen. »Von Champagner bekomme ich nie Kopfweh. Ich muss kichern und werde müde, aber wenn ich aufwache, bin ich ausgeruht und zu allem bereit.«

»Du Glückspilz.«

»Ich habe in so vielen Hinsichten Glück. Doch nun genug von mir und dem Champagner. Was ist mit euch? Wie ist es im Theater gelaufen?«

Lady Hardcastle und ich berichteten daraufhin im Wechsel von den Ereignissen des Abends, den wir hinter der Bühne mit den Bartlett Players verbracht hatten. Wir fingen mit der Führung durch Sarah Griffin an und schlossen mit der Leiche des Bühnenarbeiters.

»Noch ein Mord?«, rief Lady Bickle, als wir fertig waren. »Wie absolut schrecklich. Geht es euch gut? Aber natürlich – ihr seid an so was ja gewöhnt. Aber die anderen müssen doch vollkommen außer sich sein.«

»Sie wirken überzeugend entsetzt«, erwiderte ich.

»Überzeugend? Glauben Sie denn, dass die Schauspieler nur so taten, als ob?«

»Ich wette, wenigstens auf einen von ihnen trifft das zu – einer von ihnen hat den Mord begangen.«

»Das ist furchtbar. Und so schwer zu glauben. Ich kenne sie ja noch nicht allzu lange, aber ich tue mich schwer mit dem Gedanken, dass einer von ihnen ein Mörder sein soll.«

»Das ist jetzt allerdings die vernünftigste Annahme«, schaltete Lady Hardcastle sich ein. »Irgendwer in diesem Theater hat zwei Mitglieder des Ensembles und der Crew der *Hedonisten* getötet.«

»Wie schrecklich. Ihr müsst den Schuldigen schnappen. Schnappen und seiner gerechten Strafe zuführen.«

»Gib uns Zeit, meine Liebe«, entgegnete Lady Hardcastle. »Wir sind immer noch dabei, uns einen Überblick zu verschaffen.«

»Und wir haben jetzt tatsächlich eine Freundin, die Teil der Gruppe ist«, fügte ich hinzu.

»Das habt ihr wohl«, bestätigte Lady Bickle. »Ich mag Sarah Griffin. Sie lässt sich von niemandem etwas bieten.«

In diesem Moment kam Sir Benjamin mit einem Tablett herein, auf das er einen großen Teller mit ungleichmäßig dicken Sandwiches und vier schiefen Kuchenstücken, einen Krug Wasser und eine Brandykaraffe gestellt hatte. Eigentlich hätte ich ja erwartet, dass einer der berühmtesten Chirurgen Englands besser mit einem Messer umgehen könnte, aber ganz offenbar waren Kuchen und Brot größere Herausforderungen als menschliches Fleisch.

»Wer lässt sich nichts bieten?«, fragte er und stellte seine Last auf einem niedrigen Tisch ab. »Eine eurer Freundinnen von der WSPU? Ich kann mir nicht vorstellen, dass sich irgendeine von denen irgendetwas bieten lässt.«

»Sarah Griffin«, erklärte Lady Bickle.

Sir Benjamin zuckte verständnislos mit den Schultern.

»Ach, Ben, du könntest wenigstens so tun, als ob du zuhören würdest. Sie ist eine der Schauspielerinnen aus Hugos Stück.«

»Die junge, die so ein bisschen gewöhnlich aussieht? Mit den dunklen Haaren?«

»Nein, die Blonde. Ungefähr so alt wie ich. Sehr schön.«

»Nicht so schön wie du, mein Engel.«

»Na ja, offensichtlich nicht. Weißt du jetzt, wen wir meinen?«

»Ja. Und nein, die würde sich nichts gefallen lassen.«

»Eben.«

»Teller, Besteck und Gläser sind schon unterwegs.

Und hätten die Damen lieber Tee oder Kaffee?«, fragte Sir Benjamin.

»Kaffee, bitte«, sagten wir alle gemeinsam.

»Es dauert nur eine Sekunde.«

Und damit verschwand er wieder.

»Es ist gut, jemanden auf seiner Seite zu haben«, sprach Lady Hardcastle weiter, als ob es die Unterbrechung nicht gegeben hätte. »Dein Freund Hugo ist schon ein netter Kerl, aber er ist immer so geschäftsmäßig. Wir brauchen eine richtige Alliierte, und ich glaube, dass wir eine gefunden haben.«

»Das sollte die Dinge um einiges erleichtern«, stimmte ich zu. »Ich würde mir gern auch noch den Rest des Theaters zeigen lassen. Meines Erachtens zeigt sie uns eher das, was wir sehen müssen, als Bartlett. Er würde uns nur die glamourösen Details zeigen und uns Geschichten über die Historie des Gebäudes und die großartigen Schauspieler erzählen wollen, die dort aufgetreten sind.«

Lady Bickle lachte auf. »Das klingt schon sehr nach Hugo, ja.«

»Er ist nicht lange bei uns geblieben«, warf ich ein. »Er hatte irgendwelche dringenden Angelegenheiten zu erledigen, also hat er uns uns selbst überlassen.«

»Das hört sich auch nach ihm an. Wahrscheinlich war es nur ein Vorwand. Ich habe immer das Gefühl, dass es eine Grenze für die Zeit gibt, die er bereit ist, mit anderen Menschen zu verbringen. Eine Zeit lang ist er schon freundlich und charmant, aber dann hat er irgendwann genug und muss ganz plötzlich woandershin.«

»So geht es uns doch allen manchmal«, erwiderte ich.

»Stimmt wohl«, räumte sie ein. »Seine Schwester ist allerdings sehr lustig. Wild und ungestüm. Hat es faustdick hinter den Ohren und dabei so viel Humor. Es ist schon seltsam, dass ihr Bruder so … so …«

»Mir fällt es auch schwer, ein Adjektiv für ihn zu finden«, warf Lady Hardcastle ein. »Unser Hugo ist schwer zu greifen.«

»Nicht wahr?«, pflichtete Lady Bickle ihr bei. »Er ist ganz bezaubernd und nett, aber es will mir einfach nicht gelingen, auch nur einen winzigen Blick auf den wahren Hugo zu werfen. Er lässt einfach nichts raus.«

»So sind die Engländer eben«, merkte ich an. »Aber wir sollten uns auch nicht so weit aus dem Fenster lehnen. Wir haben schließlich unsere Karriere darauf aufgebaut, nichts rauszulassen.«

»Das ist wohl wahr«, entgegnete Lady Bickle. »Verratet ihr Sarah denn, was ihr wirklich vorhabt?«

»Das habe ich mich auch schon gefragt«, antwortete Lady Hardcastle.

»Vielleicht ist sie eine größere Hilfe, wenn sie Bescheid weiß, vor allem jetzt, wo es einen zweiten Mord gegeben hat.«

»Vielleicht. Was meinst du, Flo? Sollten wir?«

»Ich habe es schon in Erwägung gezogen«, erwiderte ich. »Aber es ist ein großes Risiko. Selbst wenn sie nicht sofort dichtmacht, weil sie sich darüber ärgert, dass wir sie hinters Licht geführt haben, können wir uns nicht sicher sein, dass sie es nicht den anderen erzählt.«

»Da muss ich dir zustimmen«, entgegnete Lady Hardcastle. »Ich denke, es lohnt sich, noch eine Weile Jo und Violet zu bleiben.«

»Hört sich vernünftig an«, stimmte Lady Bickle zu. »Was haltet ihr von den anderen?«

»Harris Bridges ist einfach nur schrecklich«, antwortete Lady Hardcastle wie aus der Pistole geschossen.

Lady Bickle musste lachen. »Oje, das ist er wirklich, oder?«, entgegnete sie. »Er wäre ein furchtbarer Tyrann, wenn sie ihn damit durchkommen ließen. Ich glaube, Nancy fürchtet sich vor ihm.«

»Sie ist ein süßes, kleines Ding, nicht wahr? Ich muss zugeben, dass ich mir mehr als einmal das Lachen verkneifen musste, als sie neulich die Geschichte von Rosalies Verhaftung erzählt hat. So ernst und so leicht abzulenken. Sie ist zum Schießen.«

»Dann kann sie es nicht gewesen sein«, folgerte Lady Bickle.

»Warum denn nicht?«, fragte ich. »Süße, kleine Dinger haben bekanntlich auch schon Morde begangen. Außerdem sind sie alle gute Schauspieler, also ist sie hinter der Fassade vielleicht gar nicht so niedlich.«

»Wahrscheinlicher ist aber, dass es jemand offen Schreckliches wie Bridges ist, denken Sie nicht?«

»Doch«, räumte ich ein. »Aber Sie sollten nicht so schnell jemanden aus dem Kreis der Verdächtigen ausschließen, nur weil die Person ein süßes, kleines Ding ist. Ich bin auch ganz bezaubernd, aber ich könnte Sie mit einer schnellen Bewegung meines anmutigen Handgelenks töten.«

»Könnte sie«, bestätigte Lady Hardcastle. »Ich hab

das schon miterlebt. Aber lasst uns Nancy trotzdem für den Moment zurückstellen. Außerdem bin ich geneigt, Rosalie zunächst nicht zu den Verdächtigen zu zählen. Das ist zwar vollkommen kindisch von mir, aber ich weigere mich einfach, zu glauben, dass dieser Wyatt recht haben könnte.«

»Es gab jedenfalls keinen Grund, sie bei diesem Stand der Dinge festzunehmen«, stimmte ich zu. »Aber wir können sie nicht von der Liste der Verdächtigen streichen, nur weil Sie gegen ihn eingestellt sind.«

»Das ist wahr. Aber wir sollten versuchen, sie freizubekommen, bis es richtige Beweise gegen sie gibt.«

»Wer noch?«, fragte Lady Bickle, die von der ganzen Sache noch ein bisschen mehr fasziniert zu sein schien als wir. »Was ist mit Sarah?«

»Sie ist direkt, aber ziemlich lustig«, antwortete Lady Hardcastle. »Ich glaube, sie ist die Art von Person, die man dabeihaben will, wenn man etwas erleben möchte.«

»Sehe ich auch so«, entgegnete Lady Bickle. »Patrick Cowlin?«

»Wer war das gleich noch?«

»Der Inspizient und die Zweitbesetzung«, half ich aus. »Er hat heute Abend Bertie gespielt.«

»Eindringlich«, sagte Lady Hardcastle. »Gut aussehend. Hat seine Rolle gut gespielt. Hat auf jeden Fall von Singletons Ableben profitiert – so hat er eine Hauptrolle in dem Stück bekommen.«

»Sie sehen alle ziemlich gut aus«, merkte Lady Bickle an. »Außer der süßen, kleinen Nancy. Die sieht eher gewöhnlich aus. Ach, hört euch nur an, wie gemein ich daherrede. Erst neulich habe ich mich über die Schülerzeitung empört, die Helena Bartletts Aussehen statt ihrer Darstellung beurteilt hat. Drei von zehn Punkten, Georgina – du musst dir mehr Mühe geben.«

Lady Hardcastle und ich lachten.

»Ich bezweifle, dass es viele Menschen gibt, die noch nie auf Äußerlichkeiten reingefallen sind«, beruhigte Lady Hardcastle sie. »Und Nancy sieht schließlich wirklich eher durchschnittlich aus, obwohl sie genau das auf seltsame Weise attraktiv macht. Sie hat … das gewisse Etwas. Wer ist noch übrig? Der Bursche von der Regie?«

»Emrys Thornell«, half ich aus.

»Von dem haben wir heute Abend nicht viel gesehen, aber beim Lunch fand ich ihn ziemlich arrogant.«

»Er hat etwas Herablassendes an sich«, stimmte Lady Bickle zu. »Aber vielleicht braucht man das als Theaterregisseur.«

»Wahrscheinlich hast du recht, meine Liebe«, räumte Lady Hardcastle ein.

»Und was sagt ihr zu diesem neuen Mord an dem Bühnenarbeiter?«

»Ich habe versucht, auszutüfteln, wie das mit allem anderen zusammenhängt. Paul Singleton ist fast schon öffentlich erdolcht worden. Der Mörder wollte, dass seine Leiche schnell gefunden wird. Sein Tod sollte ausgestellt werden. Aber der arme Bühnenarbeiter …«

»Davey Browning«, erinnerte ich sie.

»Ja, der arme Davey Browning ist heimlich getötet worden, seine Leiche wurde versteckt, der Mörder hat möglicherweise gehofft, dass er erst heute Morgen gefunden würde. Es fühlt sich nicht unbedingt wie die Tat ein und derselben Person an.«

»Es sei denn«, gab ich zu bedenken, »dass der erste Mord der mit dem starken Motiv war – Eifersucht, Leidenschaft, Rache, etwas in der Art. Das war der Mord, mit dem der Täter ein deutliches Zeichen setzen wollte: *Diese Person verdiente zu sterben, weil sie mir so etwas Schlimmes angetan hat.* Der zweite Mord war hingegen eventuell nur eine Aufräumarbeit. Wenn Davey Browning etwas gesehen hat, was nicht für seine Augen bestimmt war, war der Mord an ihm vielleicht nur ein Mittel, um ihn zum Schweigen zu bringen. Je länger es gedauert hätte, bis man ihn gefunden hätte, desto stärker wäre die Spur verblasst. Wir haben doch schon festgestellt, dass es nur drei mögliche Mordmotive gibt: Leidenschaft, Habgier oder den Wunsch, ein anderes Verbrechen zu vertuschen. Mir erscheint es durchaus möglich, dass eine Person aus zwei dieser Motive tötet: Paul aus Leidenschaft und Davey, um den ersten Mord zu vertuschen.«

»Da hast du natürlich recht«, stimmte Lady Hardcastle zu. »Wenn wir es so betrachten, suchen wir nach einem leidenschaftlichen, einfallsreichen, praktischen und außerordentlich skrupellosen Mörder. Das ist wirklich gar keine angenehme Kombination.«

»Und wenn wir davon ausgehen, dass dieselbe Person für beide Morde verantwortlich ist, kann es definitiv nicht Rosalie gewesen sein.«

»Nein, es sei denn, sie hat einen Komplizen.«

»Vergessen Sie aber nicht Occams Brotmesser«, gab ich zu bedenken.

»Rasiermesser«, verbesserte Lady Hardcastle mich rasch. »Ach, du Biest. Gut gemacht.«

»Danke. Aber die einfachere Lösung ist tatsächlich, dass der Schuldige allein arbeitet.«

»Das stimmt, so ist es.«

»Aber wer von ihnen würde so etwas tun?«, fragte Lady Bickle.

»Ja, wer?«, schloss Lady Hardcastle sich an. »Alibis werden eine Schlüsselrolle spielen, glaube ich, doch das hilft uns bei dem Mord von heute Abend nicht weiter – alle hinter der Bühne hatten ausreichend Gelegenheit, Davey zu töten.«

»Alle außer Hugo Bartlett«, merkte ich an. »Er war verschwunden, um sich um seine dringenden Angelegenheiten zu kümmern.«

»Vielleicht war Davey Browning die dringende Angelegenheit.«

Das war ein beunruhigender Gedanke, und wir grübelten kurz schweigend darüber nach.

»Nehmt euch doch von den Sandwiches«, sagte Lady Bickle schließlich und brach damit den Bann. »Gott weiß, warum Ben so lange braucht.«

Also langten wir hungrig zu, und die Brote schmeckten ungeachtet ihres wenig appetitlichen Äußeren tatsächlich ganz vorzüglich. Sir Benjamin stieß eine Viertelstunde später zu uns und erzählte uns eine weitschweifige Geschichte von einer Maus, der Katze, die sie durch die Küche gejagt hatte, dem Kaffeetablett, das auf dem Boden landete, als er über die Katze gestolpert war, den Handfeger und die Kehrschaufel, mit denen er die Scherben zusammengekehrt hatte, sowie die Kraftausdrücke, die die ganze Szene begleitet hatten.

Als wir schließlich alle zu Bett gingen, war es schon nach ein Uhr morgens.

8

Trotz des hochgelobten Rolls-Royce-Kundenservice konnte uns niemand helfen, als Lady Hardcastle gleich am Dienstagmorgen dort anrief. Die Person, die ihren Anruf widerwillig entgegennahm, teilte ihr mit, dass sich im Lauf des Tages jemand bei ihr zu Hause melden würde, doch im Augenblick stand der Silver Ghost fahruntüchtig vor der Wache. Lady Hardcastle tätigte einen weiteren Anruf, diesmal ließ sie sich mit dem örtlichen Polizeirevier verbinden, hinterließ Inspektor Sunderland eine Nachricht, damit er den Rolls für uns im Auge behalten würde. Die Person, mit der sie sprach, war sich nicht sicher, wann genau er ins Büro kommen würde und ob überhaupt, aber immerhin gab es nun einen Vermerk im Buch des diensthabenden Sergeants am Empfang, dass das Fahrzeug dort nicht einfach nur zurückgelassen worden war.

»Der bezaubernde Sergeant hat mir versichert, dass sie sich darum kümmern werden«, verkündete Lady Hardcastle, als sie auflegte. »Es ist allerdings nicht so, dass ihn irgendwer klauen könnte – er springt ja nicht an.«

Die Bickles boten uns großzügigerweise an, dass Stanley uns in ihrem eigenen Rolls Royce heimfahren könnte, und so waren wir um zehn Uhr wieder zu Hause. Gwen saß in der Küche und plauderte, als wir hereinkamen, mit Edna und Miss Jones. Sie waren alle erleichtert, uns zu sehen.

»Wir haben schon befürchtet, dass irgendwas Schlimmes passiert ist«, sagte Edna.

»Ach, Edna«, tadelte Miss Jones sie. »Du machst immer so ein Theater. Sie sind doch oft über Nacht weg.«

»Und ich bin deshalb auch oft beunruhigt«, entgegnete Edna. »Ich mache mir eben Sorgen.«

»Tut mir leid, dass wir Ihnen solchen Kummer bereitet haben«, entschuldigte sich Lady Hardcastle. »Der Rolls ist kaputtgegangen, wissen Sie? Also mussten wir die Gastfreundschaft von Freunden in Anspruch nehmen.«

»Ich dachte, Rolls Royce gehen nicht kaputt. Na ja, Ende gut, alles gut – jetzt sind Sie ja wohlbehalten wieder zu Hause.«

»Sind wir, meine Liebe, danke. Aber lassen Sie sich von uns nicht stören.«

»Sie stören doch nicht«, sagte Gwen. »Wir haben nur gerade überlegt, was ich heute unternehmen könnte. Die Damen haben natürlich Arbeit zu erledigen, aber ich ...«

»Wir müssen etwas zu deiner Unterhaltung finden, liebe Gwenith. Wir sind mal wieder nachlässige Gastgeberinnen gewesen.«

»Ja, tut mir leid, Gwen«, sagte ich.

»Seid nicht albern«, erwiderte Gwen.

»Albern oder nicht, wir werden uns bemühen, das wiedergutzumachen, sobald ich im Bad war und mich umgezogen habe«, versprach Lady Hardcastle. »Ich bin ja schon lange aus dem Alter raus, in dem es exotisch wirkt, wenn man in den Kleidern vom vergangenen Abend nach Hause schleicht.«

»Zusammen mit dem Milchmann ankommen, immer noch mit einer halb leeren Champagnerflasche in der Hand?«, fragte Gwen.

»Ach, wäre man doch nur noch mal jung und abenteuerlustig«, erwiderte Lady Hardcastle seufzend. »Gib mir eine halbe Stunde, dann planen wir für dich einen Tag voller Aufregung und Wunder.«

Lady Hardcastle und ich ließen Gwen und die Hausangestellten weiterplaudern. Während wir uns etwas Frisches anzogen.

Kurz vor zwölf erhielt Lady Hardcastle einen Anruf von der Rolls-Royce-Werkstatt in Bristol.

»Hardcastle … Ja, das stimmt … Nein, es ist der umgebaute Silver Ghost Sportwagen mit dem elektrischen Anlasser … Nein, ich weiß, dass der nicht von Ihnen ist – ein Freund von mir hat ihn entworfen, Lord Riddlethorpe … Ja, der Rennwagenkonstrukteur … Er ist sehr praktisch, ja, aber die praktische Natur ist ein bisschen von der Weigerung des Motors anzuspringen unterlaufen worden, ganz egal, was wir unternommen haben … Nein, ich habe keinen Chauffeur – meine Kammerzofe und ich wechseln uns beim Fahren ab. Wir haben diese Diskussion schon einmal geführt, erinnern Sie sich nicht? … Sehr modern, ja, aber unsere moderne Einstellung schließt nicht die Fähigkeit mit ein, mitten in der Nacht Reparaturen am Straßenrand durchzuführen … Ich dachte mir schon, dass Sie das noch einmal dazu provozieren würde, mir vorzuschlagen, dass wir einen anstellen sollten, ja, aber ich weiß nicht, was ein Chauffeur anderes hätte tun sollen, als ein Taxi zu rufen, und dazu waren wir absolut selbst in der Lage, auch wenn es uns nichts gebracht hat … Niemand wollte uns um diese Uhrzeit noch bis nach Littleton Cotterell rausfahren … Nein, das hat uns auch nicht sehr beeindruckt … Ja, bitte, obwohl Ihr Mitarbeiter ihn in der Stadt abholen und zur Werkstatt abschleppen müsste. Wir waren gezwungen, den Wagen in der Bridewell Street stehen zu lassen, vor dem Polizeihauptquartier … Ein sehr sicherer Ort, um ihn dort zu parken, ja – man bildet sich ja gern ein, dass er von dort niemals gestohlen würde … Ach ja? Ach, wie wunderbar. Wir dachten eigentlich, dass wir ohne Auto auskommen müssten, bis unseres repariert wäre … Wir sind heute Nachmittag zu Hause, ja … Großartig, wir freuen uns auf ihn. Schönen Tag noch.« Sie hängte den Hörer wieder auf die Gabel. »Sie leihen uns ein Auto, bis Marley wieder heil ist«, erklärte sie dann.

»Was denn für eins?«

»Das habe ich nicht gefragt. Solange es vier Räder, einen Motor und ein Dach hat, um die Kälte draußen zu halten, ist mir das aber auch ziemlich egal.«

»Schon erstaunlich, wie rasch wir von unserem Automobil abhängig geworden sind«, merkte ich an. »Vor drei Jahren haben wir unsere Nachbarn noch angeschnorrt, uns irgendwohin mitzunehmen, oder gehofft, dass der Kutscher vom Bahnhof gerade im Pub sitzen würde. Und schauen Sie uns nur jetzt an.«

»Dezidiert moderne, mobile Frauen. Obwohl – wie Georgie zweifellos anmerken würde, wenn sie hier wäre – ohne Wahlrecht.«

»Frauenwahlrecht!«, rief ich aus und schüttelte die Faust.

»Ich hätte nicht die leiseste Idee, wem ich meine Stimme geben sollte«, warf Gwen ein, die gerade mit einer Kanne Tee aus der Küche kam. »Aber es wäre schon nett, darüber nachdenken zu müssen.«

»Sehr nett, auf jeden Fall«, bekräftigte Lady Hardcastle. »Na so was, ist der Tee etwa für uns? Der kommt gerade recht.«

»Ist er. Edna dachte sich, Sie hätten vielleicht gern eine Kanne.«

»Edna liegt bei diesen Dingen so oft richtig.«

Dann zogen wir uns in den Salon zurück und schlürften unseren Tee.

Gleich nach dem Essen klingelte es an der Tür. Ich öffnete und sah einen uniformierten Chauffeur davorstehen.

»Guten Tag, Madam. Bin ich hier richtig bei der Hardcastle-Residenz?«

»Sind Sie.«

»Ich komme von der Firma Rolls Royce, Mylady. Ich habe Ihnen Ihr Ersatzfahrzeug gebracht.«

Er deutete auf den Weg, wo nicht nur ein, sondern

zwei Rolls Royce Silver Ghost standen. Überrascht zog ich die Augenbrauen hoch.

»Das ging aber schnell«, sagte ich.

»Unser Ziel ist es, die Kundschaft zufriedenzustellen, Mylady. Der hintere gehört für die Dauer der Reparatur Ihnen, während den anderen mein Kollege fährt, der mich zur Werkstatt mit zurücknimmt.«

»Aha«, erwiderte ich, »ich bin aber nicht …«

Lady Hardcastle tauchte hinter mir auf. »Ist das dein neues Auto, Liebes?«, fragte sie.

»Ein vorübergehender Ersatz, Madam«, erklärte der Fahrer stolz.

»Na, also, der ist doch absolut göttlich. Du musst mit mir, sobald dieser nette Mann wieder fort ist, sofort eine Spritztour machen.«

»Das muss ich«, erwiderte ich und tat mein Bestes, nicht missbilligend mit der Zunge zu schnalzen. »Muss ich irgendwo unterschreiben?«

»Bitte, Mylady«, antwortete der Fahrer und zog einige zusammengefaltete Papiere aus der Manteltasche. »Unterschreiben Sie bitte hier … und hier.«

Er reichte mir einen Stift. Ich hatte noch nie ein besonderes künstlerisches Talent gehabt, aber ihre Unterschrift konnte ich mit solcher Genauigkeit nachahmen, dass sogar sie selbst oft unsicher war, welche von uns beiden unterzeichnet hatte. Ich gab sowohl den Stift als auch die unterschriebenen Papiere wieder zurück.

»Das ist Ihr Exemplar«, sagte er und reichte mir eins der Blätter. »Soll ich Ihrem Chauffeur vielleicht das Fahrzeug zeigen, Mylady?«

»Das schaffen wir schon, danke, mein Lieber«, erwiderte ich. Es machte ziemlichen Spaß, Lady Hardcastle zu sein.

»Ganz recht, Mylady. Sie wissen ja, wie Sie uns erreichen, falls es irgendwelche Probleme gibt. Schönen Tag noch.«

Er tippte sich gegen die Schirmmütze und wandte sich zum Gehen.

»Auch Ihnen noch einen schönen Tag, mein Lieber«, rief ich ihm hinterher. »Und fahren Sie vorsichtig, ja?«

Er winkte mir vom Tor aus noch einmal zu, und innerhalb weniger Augenblicke waren er und sein Kollege verschwunden.

»Du gibst eine gute Version von mir ab, Liebes«, lobte Lady Hardcastle, als wir dem Rolls Royce hinterhersahen, wie er den Weg hinunterfuhr. »Aber ich glaube nicht, dass ich so oft mein Lieber sage.«

Ich entgegnete nichts.

»Sollen wir uns unser Ersatzfahrzeug anschauen?«, fragte sie.

Gemeinsam gingen wir den Gartenpfad hinunter, und ich bedauerte umgehend, meinen Mantel nicht mitgenommen zu haben. Das Tor quietschte, und ich nahm mir einmal mehr vor, es entweder zu ölen oder unserem Gärtner Jed aufzutragen, es nachhaltiger zu reparieren.

Der grau-schwarze Silver Ghost war dann eher enttäuschend. Der vordere Teil war vertraut, während es dem hinteren Teil an der schnittigen Rennwagen-Silhouette von Lady Hardcastles Sportwagen mangelte. Es war einfach nur ein gewöhnliches Auto. Ein teurer

Luxuswagen, gewiss, aber einfach ein weiterer der vielen, die sich schon jetzt auf den Straßen der britischen Städte drängten.

Lady Hardcastle stieg sofort ein und überprüfte die Steuerelemente, obwohl sie, wie mir auffiel, identisch mit denen unseres eigenen Wagens waren. Nichtsdestoweniger tat sie sehr energisch so, als ob sie ihn Probe fahren würde, und ich vermutete, dass nur ein letzter Rest von Reife und Selbstachtung sie davon abhielt, *Tut! Tut!* zu rufen.

»Das passt doch wunderbar«, sagte sie, stieg wieder aus und grinste noch immer. »Und mit den Extrasitzen können wir beide Gwenith die Freuden von Bristol zeigen, während sie tatsächlich noch geöffnet haben.«

»Das ist mir auch in den Sinn gekommen«, erwiderte ich. »Schlussendlich ist es ein erstaunlich passender Zufall, dass Marley ausgerechnet jetzt kaputtgegangen ist.«

»Daisy wird dazu bestimmt eine andere Meinung haben.«

»Ach ja? Warum denn?«

»Sie glaubt an das Schicksal und all dieses drollige Zeug, nicht wahr? Sie wird uns erzählen, dass alles aus einem Grund geschieht.«

Ich musste lachen. »Das wird sie bestimmt. Und es wird wahrscheinlich alles ihrer Großtante Dolly geschuldet sein, die über sie und ihre Freunde wacht.«

»Dann müssen wir ihrer Tante Dolly wohl ein Geschenk kaufen, weil sie uns mit so einem nützlichen Auto ausgestattet hat. Ob Geister wohl Champagner mögen, was meinst du?«

»Wahrscheinlich sind sie eher scharf auf Spirituosen.«

Lady Hardcastle seufzte und schüttelte traurig den Kopf. »Das war eher ein Witz auf Harrys Niveau, meine Liebe. Ich habe eigentlich mehr von dir erwartet.«

»Ich betrachte das als angemessene Strafe. Aber sollen wir vielleicht wieder reingehen? Ich friere.«

Gwen saß mit einer Tasse Tee und der Zeitung im Salon.

»Gibt es irgendwas Interessantes?«, fragte ich.

Gwen senkte die Zeitung. »Eine Frau ist in Bristol fast ohne Geld und ohne Ausweisdokument aufgetaucht und hat behauptet, ihr Gedächtnis verloren zu haben. Wie sich herausgestellt hat, war sie aus Swindon und wurde dort von der Polizei wegen *Vorspiegelung falscher Tatsachen* gesucht, was auch immer das bedeutet.«

»Ich bin nicht ganz sicher, was es im kriminalistischen Sinn bedeutet«, erklärte Lady Hardcastle. »Aber wenn es zu weit ausgelegt würde, säßen wir längst im Kittchen – ich habe nämlich den Großteil meines Lebens unter Vorspiegelung falscher Tatsachen verbracht.«

»Gedächtnisverlust erscheint mir allerdings ein ziemlich verzweifelter Versuch zu sein, sich diesbezüglich rauszureden«, überlegte Gwen. »Glauben Sie, dass das überhaupt funktionieren könnte? Haben Sie schon mal jemanden getroffen, der unter Gedächtnisverlust gelitten hat?«

»Daran kann ich mich leider nicht erinnern, meine Liebe.«

Gwen und ich wechselten einfach nur einen Blick.

»Ach, kommt schon«, beschwerte sich Lady Hardcastle.

»Der war viel besser als der mit den Geistern, die am liebsten Spirituosen mögen.«

»Uns ist übrigens gerade ein Ersatzfahrzeug geliefert worden«, erklärte ich Gwen und überhörte den Einwand. »Wie würde dir eine Spritztour in die Stadt gefallen?«

»Das wäre ganz wundervoll. Jetzt gleich?«

»Sobald du willst, meine Liebe«, erwiderte Lady Hardcastle. »Und warum nutzen wir die Gelegenheit nicht, um beim Theater vorbeizufahren und nachzusehen, ob wir noch mal zufällig Sarah Griffin über den Weg laufen können? Wir könnten versuchen, sie als Hilfskraft anzuheuern, und du könntest dann mit eigenen Augen sehen, wovon wir die ganze Zeit gesprochen haben.«

Gwen trank ihren Tee mit einem großen Schluck aus, stand auf, faltete die Zeitung zusammen und legte sie ordentlich auf den kleinen Tisch. »Gebt mir nur fünf Minuten, mich herauszuputzen und meinen Hut aufzusetzen, dann können wir sofort losfahren, ich kann es kaum erwarten.«

Lady Hardcastle ernannte sich selbst zur Fremdenführerin und setzte sich mit Gwen auf den Rücksitz, während ich den Rolls Royce über die Gloucester Road Richtung Stadt lenkte. Sie zeigte Gwen die Sehenswürdigkeiten, sobald wir an ihnen vorbeikamen, obwohl die meisten davon mit irgendeiner Art von Missgeschick zusammenhingen.

»Da haben wir einen Kohlenhändler mit Fishys Auto erschreckt. Und da ist uns ein paar Monate später der Motor explodiert.«

»Explodiert?«, staunte Gwen.

»Ja, es war ein ziemliches Spektakel. Die Hecke scheint sich wieder erholt zu haben, aber du kannst noch immer ein kleines Loch an der Stelle erkennen, wo wir in sie hineingerast sind. Und da ist die Bristol Aviation and Aeronautics Company, wo wir Abenteuer mit Flugzeugen und Fallschirmen erlebt haben. Na so was, Flo, wir haben uns ja gar keine Dunnock gekauft, oder? Darüber sollten wir noch mal nachdenken.«

»Haben wir nicht«, bestätigte ich vom Fahrersitz aus. »Es könnte allerdings Spaß machen.«

»Ich nehme an, die Dunnock ist das Flugzeug, mit dem Flossie geflogen ist«, warf Gwen ein. »Davon hat sie mir erzählt.«

»Genau«, bestätigte Lady Hardcastle. »Es ist so ziemlich das hübscheste Flugzeug, das du je zu Gesicht bekommen hast.«

»Es hat da aber auch keine besonders harte Konkurrenz – ich habe noch nicht viele Flugzeuge gesehen.«

»Nun, die Dunnock ist wirklich hübsch, und ich denke immer noch darüber nach, eine zu kaufen.«

»Sie müssen mir versprechen, dass Sie mich mal darin mitnehmen, wenn Sie es tatsächlich tun.«

»Aber natürlich, Liebes – wir holen dich im Woolwich Common ab und fliegen mit dir über London.«

Haggarty las in einem zerfledderten Exemplar der *Komödie der Irrungen*. Als wir uns näherten, blickte er auf und lachte, als er Gwen und mich sah.

»Na, da tritt mich doch ein ... Sehen Sie mal, was ich gerade lese.« Er hielt sein Buch hoch.

»Was für ein Zufall, mein Lieber«, erwiderte Lady Hardcastle. Im Lauf der Jahre war sie schon einige Male zusammen mit mir und Gwen aus gewesen, aber sie fand die Reaktion der Leute auf uns Zwillinge noch immer amüsant. »Wir haben uns gefragt, ob Miss Griffin schon im Theater ist.«

Er konsultierte seinen Kalender. »Ja, Mylady, sie ist um ... zwei Uhr gekommen.«

»Denken Sie, dass wir vielleicht zu ihr könnten?«

»Ich wüsste nicht, warum nicht. Mr. Adlam hat schließlich gesagt, dass Sie sich im gesamten Haus frei bewegen dürfen. Kennen Sie den Weg zu ihrer Garderobe?«

»Ja, vielen Dank, Mr. Haggarty – den hat sie uns bei unserem letzten Besuch gezeigt.«

»Dann dürfen Sie einfach reingehen, Mylady. Ach, wenn ich nur noch kurz den Namen Ihrer Schwester erfahren dürfte, Miss Goodheart ...?«

»Mrs. Foster. Iris Foster«, erinnerte Gwen sich ohne zu zögern an ihr Pseudonym.

»Mrs. ... Iris ... Foster ...«, wiederholte er und schrieb den Namen ordentlich in sein Buch. »Willkommen im Duke's.«

Dann gingen wir durch das Labyrinth der Gänge zu Sarahs Garderobe. Die Farbe blätterte an manchen Stellen von den Wänden ab, und an der Decke gab es Risse, aber die Böden waren tadellos gefegt, und die Löscheimer waren mit sauberem Sand gefüllt. Das Theater war ein bisschen in die Jahre gekommen, wurde von der Belegschaft aber sehr geliebt.

Lady Hardcastle klopfte an Sarah Griffins Tür.

»Es ist offen«, drang eine Stimme von drinnen heraus.

Wir traten ein.

Sarah lag auf einer Chaiselongue und las ein Skript.

»Ah«, rief sie, als sie aufsah. »Endlich ein paar freundliche Gesichter. Jo ... und eine ganze Menge Violets. Wie nett, euch alle zu sehen.«

»Guten Tag, meine Liebe«, erwiderte Lady Hardcastle. »Ich hoffe, wir stören nicht.«

»Überhaupt nicht, überhaupt nicht. Ich habe nur versucht, meinen Text für unser nächstes Stück auswendig zu lernen, aber die gestrigen Ereignisse spuken mir noch immer im Kopf herum, also sind Sie eine willkommene Ablenkung. Kommen Sie rein und machen Sie es sich bequem.«

»Das ist sehr nett von Ihnen.«

Wir quetschten uns zusammen auf ein stark gepolstertes Sofa auf der anderen Seite des Zimmers. Dieses war fast so unordentlich wie Lady Hardcastles Studio, überall lagen Kleider herum, und der Boden war mit Haufen aus Krimskrams übersät, außerdem mit weiteren Kleidungsstücken. An den Wänden hingen Plakate, und brandneues elektrisches Licht erhellte den großen Spiegel am Schminktisch. Auf dem Tisch selbst lagen Tuben mit Theaterschminke und Make-up, außerdem stand dort eine angeschlagene, halbvolle Tasse mit Tee, auf dessen Oberfläche sich grauer Schaum abgesetzt hatte.

Sarah bemerkte meinen Blick. »Sorry, meine Liebe.

Die steht schon seit gestern Abend hier. Es gibt einfach kein anständiges Personal, wissen Sie?« Sie gestikulierte im kleinen Raum umher. »Hier ist es immerhin wärmer als in meiner Wohnung, also komme ich gern her, um zu lesen und mich zu entspannen. Aber ich kann ein bisschen nachlässig werden, wenn es darum geht, meine Teetassen wegzuräumen, Entschuldigung.«

Ich lächelte und schwieg.

»Aber jetzt schießen Sie mal los«, fuhr sie fort. »Wie kommt es, dass wir mit geheimnisvoll sich vervielfältigenden Violets gesegnet sind?«

»Ich heiße Iris«, erklärte Gwen. Sie hatte ihren Akzent verändert und klang jetzt sogar noch mehr wie ich. Es war einigermaßen verstörend. »Ganz zufällig bin ich zur selben Zeit in Bristol wie meine Schwester. Neulich haben wir ein paar der anderen Schauspieler getroffen, und ich habe mein Interesse fürs Theater bekundet, also hat sie mir angeboten, ich soll mitkommen und es mir mit eigenen Augen anschauen. Ich hoffe, das macht Ihnen nichts aus.«

»Es ist sogar ganz bezaubernd, meine Liebe. Es freut mich sehr, Ihre Bekanntschaft zu machen. Wen haben Sie denn kennengelernt?«

»Nancy, Patrick und Harris«, warf ich ein. »Bei Crane's.«

»Wie wundervoll. Hören Sie, ich muss mich wirklich für meine Reaktion auf Sie entschuldigen. Ich vermute, dass es für Sie inzwischen furchtbar nervtötend ist, dass Leute über Sie reden wie über eine Zirkusattraktion, aber ich finde Zwillinge einfach ganz faszinierend.«

»Machen Sie sich keine Gedanken«, erwiderte Gwen. »Wir sind daran gewöhnt.«

»Das beruhigt mich. Aber ich verspreche, dass ich es damit nicht übertreiben werde. Stattdessen möchte ich gern wissen ... Was machen Sie denn so? Interessieren Sie sich auch dafür, ein Theater zu leiten?«

»Nein, das ist Vis Leidenschaft. Ich mache eigentlich gar nichts – das überlasse ich meinem Mann. Er ist beim Militär.«

»Ach, ich liebe Armeeoffiziere, die sehen immer so gut aus.«

Dai war kein unattraktiver Mann, aber mit seinen untersetzten knapp eins siebzig kommentierten die Leute eher seinen Charakter als sein Aussehen, und man hätte ihn wohl eher als verlässlich denn als gut aussehend beschrieben. Gwen zeigte sich davon jedoch vollkommen ungerührt.

»Sie haben ja keine Ahnung, meine Liebe«, entgegnete sie. »Die Leute schauen ihm ständig hinterher.«

»Sie Glückliche. Aber was ist nur mit meinen Manieren? Hätten Sie gern eine Tasse Tee?«

»Wenn es nicht zu viele Umstände macht«, erwiderte Lady Hardcastle.

»Überhaupt nicht. Außerdem habe ich so die Gelegenheit, die schmutzige Tasse wegzuräumen. Wir können alle so tun, als ob sie gar nicht hier gewesen wäre, und mein guter Ruf ist wiederhergestellt.«

Sie stand auf und machte sich an einem kleinen Waschbecken in der Ecke zu schaffen, befüllte einen Kessel und spülte die Teetasse aus. Dann setzte sie den

Kessel auf einem Gaskocher neben dem Waschbecken auf und zündete diesen mit einem Streichholz an, bevor sie ihre Aufmerksamkeit der Teekanne zuwandte. Unterdessen plauderte sie mit uns.

»Man muss wirklich darauf achten, dass die Garderoben heute mit so vielen modernen Gerätschaften ausgestattet sind wie möglich«, erklärte sie. »Das macht für die Darsteller einen großen Unterschied, wissen Sie? Ein paar heimelige Bequemlichkeiten helfen uns dabei, uns auf unsere Arbeit zu konzentrieren, statt die ganze Zeit daran zu denken, wie sehr wir frieren, ob wir Durst haben oder wie unwohl wir uns fühlen.«

»Guter Hinweis«, erwiderte Lady Hardcastle. »Ich kann mir vorstellen, dass es bei Ihrer Arbeit wichtig ist, die Ablenkungen so gering wie möglich zu halten. Was natürlich eine interessante Frage aufwirft: Wie geht es Ihnen allen denn mit den Morden und Rosalies Verhaftung? Es kann für Sie doch nicht leicht sein, weiter Ihre Arbeit zu machen.«

»Es ist gar nicht leicht. Wir verhalten uns alle wie echte Engländer und reden einfach nicht darüber, aber wir sind aufgewühlt.«

»Erinnere ich das korrekt, hat irgendjemand letzte Woche beim Lunch erzählt, dass Sie und Mr. Singleton ein Paar waren?«

»Für kurze Zeit, ja, aber das ist schon eine ganze Weile her. Er war mit Rosalie verlobt, als er … na ja, Sie wissen schon.«

»Ja. Das würde jedoch den Kommentar erklären. Hat Nancy nicht gesagt, dass Sie schlecht von Rosalie denken?«

»Das haben die meisten vermutet, ja. Paul hat mich für Rosalie sitzen lassen, also muss ich ihn oder sie hassen – wahrscheinlich beide. Aber so ist es nicht gewesen. Unsere Beziehung ist zu Ende gegangen, und ihre hat begonnen. Ich war keinem von beiden deshalb dauerhaft böse. Solche Dinge passieren eben – vor allem in unserer Welt. Wir haben es mit überschwänglichen Gefühlen zu tun, die Leute verlieben sich die ganze Zeit und verlieren dann wieder das Interesse aneinander.«

»Sie hassen Rosalie also nicht?«, hakte ich nach.

»Großer Gott, nein. Um ehrlich zu sein, mag ich sie sogar ganz gern.«

»Wenn wir also versuchen würden, sie freizubekommen, würden Sie uns dabei helfen?«

»Sie freizubekommen? Aus dem Gefängnis? Wie denn?«

»Georgie Bickle kennt jemanden bei der Polizei – einen anderen Inspektor –, und der hält wohl nicht so viel von Inspektor Wyatt«, erklärte Lady Hardcastle. »Sie sind gemeinsam zu der Überzeugung gelangt, dass Rosalie so gut wie sicher unschuldig ist, aber er kann in dieser Sache nichts unternehmen, ohne dass er seinem Kollegen einen hieb- und stichfesten Beweis für ihre Unschuld vorlegt. Wir haben ihr gesagt, dass wir ohnehin noch mal hier vorbeischauen wollen und dass wir herumfragen und sehen würden, ob uns dazu etwas einfällt.«

»Wie beweist man denn, dass jemand etwas nicht getan hat?«, fragte Sarah, während sie das kochende Wasser aus dem Kessel in die Teekanne goss.

»Na ja, nun, das ist eine ziemlich philosophische

Frage. Vermutlich wäre die beste Methode, einen Beweis dafür zu finden, dass sie Mr. Singleton nicht getötet haben *kann*.«

»Und wie sollten wir das anstellen?«

»Wenn wir herausfinden könnten, wo genau sich alle zum Zeitpunkt des Mordes aufgehalten haben, würde das unserer Meinung nach beweisen, dass sie unmöglich in die Sache verwickelt gewesen sein kann.«

»Da haben Sie wohl recht.« Sarah hantierte mit den Tassen und goss aus einem alten Krug Milch hinein. »Ich erinnere mich nur daran, dass ich auf die Bühne gekommen bin und ihn dort erdolcht habe liegen sehen. Rosie hat aufgeschrien. Der Vorhang ist gefallen. Das war alles. Natürlich hat keiner von uns den Mord gesehen.«

»Hätte Paul denn mit Ihnen zusammen auf die Bühne kommen sollen?«, fragte ich. Da ich am vorigen Abend den zweiten Akt gesehen hatte, wusste ich natürlich, dass das nicht der Fall war, aber ich wollte gern, dass sie uns beschrieb, wie hinter der Bühne normalerweise alles ablief.

»Nein, der zweite Akt beginnt damit, dass Paul alias Bertie schon auf der Bühne ist und am Tisch sitzt. Wir drei treten dann auf und reden mit ihm, als ob er gerade woanders auf der Party einen Riesenspaß versäumt hat.«

»Es war also nicht seltsam, dass Sie ihn nicht gesehen haben.«

»Überhaupt nicht. Er hatte die Angewohnheit, sofort auf die Bühne zu gehen, nachdem die Bühnenarbeiter alles aufgebaut hatten. Dann saß er die Pause über einfach nur dort und dachte nach … worüber auch immer.«

»Es ist eine sehr lange Pause gewesen«, merkte Lady Hardcastle an. »War das ungewöhnlich?«

»Nicht bei diesem Stück. Von den Bühnenarbeitern sind einige krankgemeldet, also fehlen ein paar Arbeitskräfte. Und die Bühne für den zweiten Akt vorzubereiten, ist ziemlich aufwendig, dafür haben sie immer recht lange gebraucht. Wir warten einfach, bis wir das Zeichen bekommen, dass es weitergeht.«

»Er war für ein paar Minuten alleine«, überlegte ich, »und in dieser Zeit muss er erstochen worden sein.«

»In diesem Fall«, sagte Sarah und verteilte die Teetassen, »kann es Rosalie nicht gewesen sein. Kurz bevor Patrick zu uns gekommen ist und uns gesagt hat, dass alles bereit ist, haben wir uns im Korridor getroffen. Und bis wir auf die Bühne gegangen sind, waren wir die ganze Zeit zusammen.«

»Wo ist sie hergekommen, als Sie sie getroffen haben?«, fragte Lady Hardcastle.

»Aus ihrer Garderobe. Ich bin in dem Moment an ihrer Tür vorbeigegangen, als sie rausgekommen ist.«

»Was hat Patrick als Nächstes getan?«

»Wir haben keinen Pagen, also hat er die Runde zu den weiteren Garderoben gemacht, um allen Bescheid zu sagen, dass wir so weit sind.«

»Und ist er von der Bühne gekommen?«, fragte ich.

»Ja, ich nehme schon an … Nein, Augenblick, er kam aus der entgegengesetzten Richtung.«

»Hat Sie sonst noch jemand gesehen?«, fragte ich. »Es könnte hilfreich sein, wenn jemand anderes Ihre Version der Geschehnisse bestätigen kann.«

»Es war niemand bei uns«, erwiderte Sarah. »Ach, aber ich habe einen Kerl in einem dunklen Anzug und einer alten Stoffkappe gesehen, der auf dem Weg zur Bühne vor uns gegangen ist. Als wir dort ankamen, war er allerdings weg.«

»Haben Sie ihn erkannt?«

»Nein, tut mir leid. Wahrscheinlich einer der Bühnenarbeiter. An manchen Abenden haben sie Aushilfen engagiert.«

»Wenn Patrick aus der anderen Richtung gekommen ist«, fragte Lady Hardcastle, »woher wusste er dann, dass die Bühne fertig war?«

»Einer von den Arbeitern muss es ihm gesagt haben«, erwiderte Sarah. »Die Kommunikation hinter der Bühne ist nicht besonders effizient. Die Leute rennen einfach nur herum und hoffen, dass sie zufällig auf diejenigen stoßen, denen sie etwas mitteilen müssen. Ich vermute, dass einer der Arbeiter ihn aus seiner Garderobe geholt hat.«

»Aber er war doch der Inspizient«, merkte ich an. »Warum hat er dann eine Garderobe?«

»Inspizient und Zweitbesetzung, meine Liebe«, korrigierte Sarah. »Wenn es genug Garderoben gibt, bekommen wir jeder eine eigene. Und hier im Duke's gibt es Garderoben im Überfluss. Man kann hier Stücke mit einem ziemlich großen Ensemble aufführen.«

»Faszinierend«, sagte Lady Hardcastle. »Aber die Schlüsselinformation ist, dass Rosalie in ihrer Garderobe war, während die Bühne aufgebaut wurde, und nicht herausgekommen ist, bevor die Arbeiter das Zeichen gegeben hatten, dass alles bereit war. Und von da an war sie dann bei Ihnen. Ich denke, damit können wir zu Inspektor Wyatt gehen und die Entlassung der armen Frau fordern.«

»Ach, das wäre ja wunderbar«, erwiderte Sarah und streckte sich endlich wieder auf ihrer Chaiselongue aus.

»Nur eins noch«, meldete Gwen sich zu Wort. Sie hatte bis jetzt nur zugehört, und ich hoffte, sie würde nichts sagen, was unsere gute Arbeit ruinieren könnte. »Wenn sie bei Ihnen war, als Mr. Singleton umgebracht wurde, war Ihnen doch schon klar, dass sie unschuldig ist. Warum haben Sie denn vorher nichts davon gesagt?«

Sarah lächelte böse. »Ich habe gesagt, ich mag sie ganz gern und trage ihr nichts nach, Darling. Ich habe nie behauptet, dass mich die ganze Sache nicht ein bisschen gewurmt hat. Ich fand es amüsant, dass sie ein paar Tage im Kittchen verbringen musste. Schließlich hat sie mir den Kerl ausgespannt. Jede Frau hat doch das Recht auf ein winziges bisschen Rache. Aber bevor alles außer Kontrolle geraten wäre, hätte ich schon etwas gesagt.«

Lady Hardcastle runzelte die Stirn und schürzte die Lippen. »Das ist immerhin ehrlich«, sagte sie nach einer kurzen Pause. »Wären Sie denn bereit, das alles Inspektor Wyatt zu erzählen?«

»Bereit, willens und fähig«, antwortete Sarah. »Setzen Sie alles in Gang, dann befreien wir das arme Ding.«

Inspektor Dick Wyatt freute sich nicht gerade darüber, uns zu sehen. Um die mögliche Unannehmlichkeit zu vermeiden, dass unsere falsche Identität von irgendeinem uns bekannten Polizisten aufgedeckt würde, hatte Lady Hardcastle Wyatt vom Büro des Intendanten Mr. Adlam aus angerufen. Später berichtete sie, dass es einen kitzeligen Moment gegeben habe, als er sie zu erkennen schien, aber alles war ohne weiteren Zwischenfall verlaufen, und sie hatte ihren Anruf unbeschadet zu Ende gebracht.

Ungefähr eine Viertelstunde später traf Wyatt im Theater ein und klopfte gerade in dem Moment an die Tür, als Sarah eine besonders unanständige Anekdote erzählt hatte.

»Es ist offen«, rief sie, wandte sich aber umgehend wieder ihrer Geschichte zu. »*Also hat sie gesagt: Aber dafür haben wir doch überhaupt einen Stieltopf gebraucht.* Ah, Inspektor Wyatt. Kommen Sie rein.«

Ein groß gewachsener Mittdreißiger mit einem spärlichen Schnurrbart und einem Fettfleck auf dem Revers seines Jacketts stand ein wenig zögerlich im Türrahmen, wo er sich vor dem grellen Flurlicht scharf abzeichnete. Im ersten Moment schien er nicht hereinkommen zu wollen. Wenn ich eine Tür geöffnet hätte, hinter der ich einen Raum mit vier lachenden Frauen vorgefunden hätte, von denen eine – die liebe Gwenith – wieherte wie ein Betrunkener auf den billigen Plätzen im Varieté, hätte ich vielleicht ebenfalls Widerwillen verspürt einzutreten. Er blickte sich unsicher um.

»Guten Tag, Lady Webster-Green. Ich habe mich gestern Abend mit Ihnen unterhalten, nicht wahr?«

»Ganz recht, Inspektor«, bestätigte Lady Hardcastle.

»Nachdem der arme Mann in der Werkstatt umgebracht worden ist.«

»Genau, Mylady.«

»Haben Sie denn den Verantwortlichen für die Tat schon geschnappt?«

»Noch nicht, Madam, nein.«

»Aber Rosalie Harding ist es gewiss nicht gewesen.«

»Nein, Madam, sie ist noch immer in Gewahrsam. Der Beamte, der Ihren Anruf vorhin entgegengenommen hat, hat mir mitgeteilt, Sie hätten wichtige Informationen bezüglich des kürzlichen Mordes an Mr. Paul Singleton für mich.«

»Das stimmt. Obwohl eigentlich Miss Griffin diejenige ist, die die Informationen hat. Wir haben uns vorhin darüber unterhalten, und anscheinend war Miss Rosalie Harding nicht nur nicht in der Lage, den Bühnenarbeiter umgebracht zu haben, sie ist sehr wahrscheinlich auch nicht Singletons Mörderin.«

»Das beurteile ich lieber selbst, Mylady«, entgegnete Wyatt und kramte in seiner Manteltasche nach Notizbuch und Stift. Dann lächelte er Sarah an und sagte: »Also, Miss Griffin, worum handelt es sich bei dieser ... Information?«

Ich fragte mich, ob Lady Hardcastle ein bisschen beleidigt war, dass er diesen koketten Ton nicht bei ihr angeschlagen hatte.

»Nun, ich habe es den Damen schon gesagt. Die kleine Rosie kann Paul nicht getötet haben, weil sie bei mir war, als er gestorben ist.«

Wyatt machte sich langsam und umständlich einen

Vermerk in seinem Notizbuch. »Aha«, sagte er schließlich. »Und woher wissen Sie, wann das war?«

Sarah berichtete die zeitliche Abfolge der Ereignisse. Als sie fertig war, entstand eine lange Pause, in der Wyatt penibel alles aufschrieb.

»Ich muss schon sagen, es wäre hilfreicher gewesen, wenn Sie all das erwähnt hätten, als ich Sie zuerst vernommen habe, Miss Griffin«, sagte er, nachdem er endlich fertig war. »Aber ich kann nachfühlen, wie aufgewühlt Sie gewesen sein müssen. Trotzdem merken Sie sich bitte für die Zukunft, dass die Verschwendung von Polizeizeit eine ernste Sache ist, vor allem, wenn sie in einer möglicherweise ungerechtfertigten Verhaftung mündet.«

»Es tut mir wirklich ganz furchtbar leid, Inspektor«, erwiderte Sarah und klimperte mit den Wimpern. »Ganz ehrlich, ich habe erst eins und eins zusammengezählt, als ich mich mit den Damen hier unterhalten habe. Aber da es sich um eine ungerechtfertigte Verhaftung handelt, glauben Sie denn, dass Sie die arme Rosie jetzt freilassen können?«

»Das habe ich nicht gesagt, Miss, ich habe lediglich von einer *möglicherweise* ungerechtfertigten Festnahme gesprochen. Ich muss den Fall noch einmal im Lichte dieser neuen Informationen prüfen.«

»Das tun Sie doch aber bestimmt schnell, nicht wahr? Ich könnte den Gedanken nicht ertragen, dass das arme Mädchen wegen meiner Dummheit noch eine weitere Nacht im Gefängnis bleiben müsste.«

»Ihre Dummheit, Miss? Ganz bestimmt nicht.«

»Na ja, ich hätte alles aber doch ein bisschen sorgfältiger durchdenken können, oder? Nur weil die Damen mich darauf aufmerksam gemacht haben, ist mir aufgefallen, dass sie die ganze Zeit bei mir gewesen ist.«

Wyatt schenkte ihr sein gewinnendstes Lächeln und konsultierte seine Notizen. »Ich muss Sie vielleicht darum bitten, eine offizielle Aussage auf dem Revier zu Protokoll zu geben. Aber für den Moment wäge ich erst einmal ab, was Sie gesagt haben, und entscheide dann über mein weiteres Vorgehen.« Er blätterte ein paar Seiten zurück. »Es hat mich übrigens überrascht, Sie alle gestern Abend hier vorzufinden. Bleiben Sie denn noch länger in Bristol? Ich dachte, Sie wollten nach Bath weiterziehen.«

»Das wollten wir auch«, bestätigte Sarah. »Wir sollten eigentlich alle ein paar Wochen freihaben und am 28. dann in Bath Premiere feiern, aber unser Engagement ist um zwei Wochen verlängert worden, also bleiben wir bis Sonntag, den 26., in Bristol.«

Darauf folgten weitere Notizen. Wyatt blickte sich im Raum um. Er blätterte noch ein paar Seiten zurück, sah dann Lady Hardcastle an und schien zu überprüfen, ob er sich ihren Namen aufgeschrieben hatte. Dann bemerkte er zum ersten Mal auch Gwen und mich. Seine übertrieben überraschte Reaktion darauf hätte auch dem theatralischsten Varietékomiker gut zu Gesicht gestanden.

»Und von Ihnen gibt es zwei. Eine von Ihnen habe ich schon kennengelernt, aber …«

»Das war ich, Inspektor«, sagte ich. »Miss Violet

Goodheart. Das hier ist meine Schwester, Mrs. Iris Forster.«

»Die Adressen, bitte.«

»Sie haben sie gestern Abend schon aufgenommen«, erklärte ich.

»Ich … äh … na ja … Ich nehme sie noch einmal auf, um sicherzustellen … um sicherzustellen, dass Ihre Angaben auch übereinstimmen.«

Ach, Dickie, du bist wirklich ein lausiger Schwindler, dachte ich.

»Nun«, erklärte ich, »wie wir Ihnen gestern Abend schon mitgeteilt haben, wohnen Lady Webster-Green und ich in einer Pension an der Pembroke Road in Clifton, sie heißt Gorge View.«

»Wie lange wollen Sie denn bleiben?«

»Noch ungefähr eine Woche. Dann geht es wieder heim nach Bournemouth.«

»Ich brauche auch Ihre dortige Adresse«, erwiderte er. »Und Ihre auch, Mylady.«

So viel zum Thema Bosheit – jetzt würde ich für meinen Spaß büßen müssen. Ich dachte schnell nach. Ich kannte keine Straßennamen in Bournemouth, war aber ziemlich sicher, dass Wyatt ebenfalls keine Ahnung hatte.

»12, Ladysmith Road«, erwiderte ich also – schließlich gab es überall Straßennamen, die an den Burenkrieg erinnerten.

»Danke«, erwiderte er. »Lady Webster-Green?«

»Hanover Crescent Nummer 2«, antwortete Lady Hardcastle – schließlich gab es auch überall Straßennamen, die die königlichen Familien ehrten.

Wyatt schrieb sich beide Adressen quälend langsam auf. »Und Sie, Mrs. Foster?«, fragte er dann.

»Ich wohne im Grand Hotel«, erwiderte Gwen. »Ich weiß nicht, wie lange ich dort bleiben werde, aber wenn ich wieder fahre, kehre ich zurück nach London. 6, Grenville Gardens in Mayfair.« Sie war ebenfalls eine Meisterin dieses Spiels – ehemalige Premierminister waren immer heiße Anwärter darauf, dass Straßen nach ihnen benannt wurden.

»Sehr gut«, sagte Wyatt. »Wollen Sie mir sonst noch irgendetwas mitteilen?«

»Nicht wirklich, Darling«, antwortete Sarah. »Aber wir wissen ja, wo wir Sie finden können, wenn uns noch etwas einfällt.«

Ich schwöre, dass er beinahe in Ohnmacht fiel, als sie ihn »Darling« nannte. Ich brachte es nicht übers Herz, ihm mitzuteilen, dass sie alle so nannte.

»Dann wünsche ich Ihnen noch einen angenehmen Tag«, sagte er. »Ich bin froh, dass Sie endlich die Wahrheit gesagt haben, aber ich werde Ihre Nachlässigkeit sehr genau prüfen müssen und warne Sie vor, dass sie möglicherweise Konsequenzen hat. Wir nehmen solche Dinge sehr ernst.«

»Da bin ich mir sicher, Darling, und es tut mir wirklich ganz furchtbar leid. Aber Sie kümmern sich darum, dass Rosie freigelassen wird, nicht wahr?«

»Mal sehen«, entgegnete Wyatt, steckte sein Notizbuch wieder ein und verließ uns ohne ein weiteres Wort.

»Na, der war doch ganz zauberhaft«, sagte Sarah, als seine Schritte verklungen waren. »Über die möglichen

Konsequenzen bin ich zwar nicht so begeistert, aber ansonsten …«

»Solange eine dieser Konsequenzen die Freilassung einer Unschuldigen ist«, erinnerte sie Lady Hardcastle, »werden wir doch mit allem fertig, womit er uns ärgern könnte, falls das überhaupt passiert.«

Wir plauderten noch ein bisschen weiter, die Zeit verging wie im Flug, und Sarah musste sich schließlich für die Vorstellung fertig machen. Wir bedankten uns für den Tee und verabschiedeten uns.

Da wir keinen Grund hatten, sofort nach Littleton Cotterell zurückzukehren, entschieden wir, in der Stadt zu Abend zu essen. Das Le Quai war brechend voll, und ein sehr zerknirschter Jean-Pierre musste uns widerstrebend abweisen. Wir versuchten es im Grand, aber ihr Restaurant war ebenfalls voll. Also landeten wir in einem kleinen Restaurant, nicht weit vom Duke's entfernt, wo es uns gelang, einen Tisch für drei Personen zu ergattern und wo der Wein und ein herrliches Dreigangmenü so viel kosteten wie eine der Vorspeisen im Le Quai.

Nachdem wir uns nach Herzenslust sattgegessen hatten, verließen Lady Hardcastle, Gwen und ich zufrieden mit unserem Tagwerk das kleine Restaurant und machten uns auf den Rückweg zum Rolls. Als wir die Straße überquerten, sahen wir einen Polizisten in seinen Mantel gemummelt auf uns zukommen. Es war Sergeant Rauschebart. Ich machte mich auf einen Streit gefasst.

»Guten Abend, Lady Hardcastle«, sagte er mit lauter,

fröhlicher Stimme, als wir alle unter einer Straßenlaterne stehen blieben. »Und Miss Armstrong. Ach, und wie ich sehe, haben Sie noch eine zweite Miss Armstrong dabei.« Er kicherte über seine geistreiche Bemerkung. »Passen Sie auf sich auf, ja? Um diese Uhrzeit kann es für Frauen allein auf der Straße gefährlich werden. Fahren Sie lieber heim nach Littleton Cotterell.«

Wir wünschten ihm einen guten Abend. Er überquerte daraufhin die Straße und wäre beinahe mit einer jungen Frau zusammengestoßen, die gerade in den Schatten auf der anderen Straßenseite an uns vorbeigegangen war.

»Entschuldigung«, sagte der Sergeant, und sie machten kurz ein großes Gewese darum, wer von ihnen wen vorbeilassen sollte, bis sie stehen blieb und ihm den Vortritt ließ.

»Das war eigenartig«, sagte ich, als sie beide ihren Weg fortgesetzt hatten. »Warum kann er sich nicht immer so verhalten?«

»Eine Persönlichkeit für die Arbeit, eine für zu Hause«, vermutete Lady Hardcastle weise. »Ganz offenbar ist er ein anderer Mensch, wenn er nicht dem Stress am Empfang im Bridewell ausgesetzt ist.«

Ich stimmte ihr zu, dann setzten wir unseren Nachhauseweg fort.

9

Für Mittwochmorgen hatten wir noch keine richtigen Pläne. Wir brachten die Verbrechenstafel und den Zeitstrahl auf den letzten Stand und markierten Rosalie als »außerordentlich unwahrscheinliche« Täterin, da sie ein bezeugtes Alibi für den ersten Mord und zur Zeit des zweiten im Gefängnis gesessen hatte. Ich fügte noch eine Anmerkung über den Mann im dunklen Anzug und der Stoffmütze hinzu, war aber nicht sicher, ob das irgendwohin führen würde. Nach ein paar Augenblicken fruchtlosen Grübelns widmeten Gwen und ich uns dem Teetrinken und neuen Geschichten aus unserer Familie.

Wir waren mit einigem Abstand die jüngsten von sieben Kindern, und ich hatte – abgesehen von Gwen – zu allen komplett den Kontakt verloren, seit ich im Jahr 1895 zusammen mit Sir Roderick und Lady Hardcastle nach China übergesiedelt war. Unser Vater war während meiner Abwesenheit bei einem Unfall ums Leben gekommen, und unsere Mutter war krank geworden und kurze Zeit später ebenfalls verstorben. Von unseren vier

Brüdern wusste auch Gwen nicht mehr, als dass einer von ihnen im Jahr 1900 in Südafrika umgekommen war. Unsere Schwester Bethan lebte wahrscheinlich in Carlisle, aber keine von uns wusste irgendetwas Näheres. In Südwales gab es noch Tanten, Onkel und Cousins. Gwen hatte von einigen sporadisch gehört, aber dass wir weggezogen waren, schienen sie als Verrat zu betrachten. Von der Verwandtschaft unseres Vaters wussten wir nichts, außer dass die Familie aus Northumberland stammte. Oder aus Cumbria. Wahrscheinlich.

»Man sagt ja, Familie sei wichtig«, sagte Gwen, als sie sich einen der McVitie's-Digestive-Kekse nahm, die Miss Jones gekauft hatte. »Aber ich vermisse sie nicht. Wenigstens nicht mehr, als ich diese Kekse vermissen werde.«

»Ich mag sie inzwischen auch ganz gern«, stimmte ich zu. »Eine Zeit lang war ich überzeugt, dass sie Miss Jones nur wegen der schönen Dosen kauft – sie mag sehr gern Dosen –, aber inzwischen mag ich sie auch. Allerdings wüsste ich gern, wo sie alle abgeblieben sind.«

»Die Kekse?«

»Du bist genauso schlimm wie Ihro Gnaden. Nein, unsere Verwandten. Vielleicht sind wir schon Tanten.«

»Bestimmt«, erwiderte sie und tauchte einen der Kekse in ihren Tee. »Würde dir das denn gefallen?«

»Ich glaube schon, ja. Mylady hat ja eine bezaubernde kleine Nichte, Addie. Sie ist jetzt neun Monate alt und ein ziemlicher Sonnenschein. Warum? Du bist doch nicht etwa …?«

»Nein«, erwiderte sie traurig. »Und es liegt nicht daran, dass wir es nicht versuchen.«

»Wenn es passieren soll, passiert es auch«, versicherte ich ihr. »Aber bitte zwing mich nicht dazu, mir vorzustellen, wie ihr es versucht.«

»Keine Sorge, Floss. Um ehrlich zu sein, gibt es nicht viele, die sich Dai nackt vorstellen wollen.«

Lady Hardcastle tauchte in der Tür zum Salon auf und linste herein. »Warum sollten wir uns Dafydd denn nackt vorstellen?«, fragte sie.

»Wir versuchen ja gerade, es nicht zu tun«, erwiderte Gwen. »Ich bin durch das Ehegelübde dazu verpflichtet, diese Freuden zu erleben, aber sonst sollte sich niemals irgendjemand dazu verpflichtet fühlen.«

»Er ist ein ganz reizender Kerl«, entgegnete Lady Hardcastle. »Bestimmt gäben die Freuden Anlass zu Hymnen und Heldengedichten.«

»Könnten wir bitte das Thema wechseln?«, flehte ich. »Ich muss mit diesen Leuten noch zusammen essen.«

»Natürlich, meine Liebe, natürlich. Ist in der Kanne noch Tee? Edna hat mir zwar eine Tasse in die Orangerie gebracht, aber …«

»Der Tee ist kalt geworden?«, vermutete Gwen.

»Ich hab die Kanne verloren«, erwiderte Lady Hardcastle verlegen.

»Sie haben die Kanne verloren …?«

»Gwenith Evans«, sagte ich, »darf ich dir Emily, Lady Hardcastle, vorstellen, die unordentlichste Frau, die jemals einen Hut getragen hat. In dieser Orangerie könntest du eine Schnellzuglokomotive mit sämtlichen Waggons verlieren. Der Verlust von etwas so Kleinem wie einer Teetasse ist ganz normal. Da draußen muss inzwischen ein ganzes Wedgwood-Service verschollen sein, begraben unter Stapeln von Papier, Stoffen und Haufen von irgendwelchem Kram, Krempel und Plunder. Es ist ein wahres Wunder, dass sie überhaupt noch durch die Tür kommt, ganz zu schweigen davon, dass sie den Tisch findet, auf dem sie ihre magischen Filme herstellt.«

»Natürlich hat sie recht«, räumte Lady Hardcastle ein, »und der Verlust des Tees schmerzt mich sehr, aber was soll ich machen.«

»Da können wir doch helfen«, entgegnete Gwen. »Bestimmt kriegen wir für Sie noch eine Tasse aus unserer Kanne heraus.«

»Du bist ein Schatz, meine Liebe. Viel netter als deine Schwester. Sie musste mich ja maßregeln. Suchst du einen Job?«

»Sie würden mich vermissen«, sagte ich.

»Ich würde dich sogar furchtbar vermissen, meine Liebe«, sagte Lady Hardcastle. »Aber dein Genörgel nicht. Ich könnte ein langes, glückliches Leben führen, ohne mir das auch nur noch einmal anhören zu müssen.« Sie schenkte sich eine Tasse Tee ein und setzte sich. »Gibt es irgendwelche Neuigkeiten von Rosalie?«

»Nichts«, erwiderte ich. »Sollen wir … irgendwen anrufen?«

»Vielleicht würde es sich lohnen, bei Inspektor Sunderland nachzuhorchen. Oder vielleicht bei Georgie. Irgendwer muss doch etwas wissen. Ich rufe sie gleich an.«

Sie stellte den Tee ab und ging in die Halle hinaus.

Die Telefonate anderer Leute zu belauschen, ist nie vollkommen befriedigend, weil einem die andere Hälfte des Gesprächs fehlt, aber bei geschlossener Tür konnten wir nicht einmal Lady Hardcastle richtig hören. Ein wenig lässt sich allerdings aus dem Tonfall schließen, sogar wenn die Worte selbst unverständlich bleiben. Ihre Stimme schien mir ihren üblichen Überschwang zu behalten, und daraus schloss ich, dass sie wenigstens keine schlechten Nachrichten zu hören bekam.

Kurze Zeit später kehrte sie zurück und wirkte ziemlich zufrieden.

»Ist im Hause Bickle alles in Ordnung?«, fragte ich. »Das hörte sich nach einem gut gelaunten Telefongespräch an.«

»Es war ziemlich positiv, ja.«

»Rosalie ist also aus dem Gefängnis entlassen worden?«, fragte Gwen.

»Die Freiheit wurde ihr widerstrebend zurückgegeben. Wyatt war nach allem, was ich erfahren habe, schroff und unnachgiebig, aber sie ist gestern Abend schon zum letzten Vorhang ins Theater zurückgekehrt, zur allseitigen großen Freude. Wir sind die Heldinnen der Stunde, und es wird so bald wie möglich nach unserer Anwesenheit verlangt, damit die befreite Frau ihren Dank persönlich zum Ausdruck bringen kann. Ich habe gesagt, dass wir bei Crane's mit ihr bei einem Sandwich und ein oder zwei süßen Stückchen feiern würden, wenn es euch beiden recht ist.«

»Zu süßen Stückchen, die ich nicht bezahlen muss, sage ich nie Nein«, erwiderte ich. »Ich hole meinen Hut.«

Als wir bei Crane's an den Christmas Steps ankamen, waren Rosalie und ihre Freundin Nancy schon da und saßen an demselben Tisch, an dem wir uns letzte Woche mit Hugo Bartlett getroffen hatten. Nancy begrüßte uns warmherzig.

»Hallo zusammen«, sagte sie. »Rosie, diese drei Damen sind für deine Freilassung verantwortlich. Lady Webster-Green und Miss Goodheart kennst du natürlich schon von unserer Begegnung draußen auf der Treppe her, als ich mich in meinen neuen Schuhen so angestellt habe. Und das hier ist Violets Schwester, Iris Foster – ich habe sie hier neulich kennengelernt. Ich finde ja, Iris ist so ein schöner Name. Ich war zusammen mit einer Iris auf der Schule. Sie war allerdings eine blöde Kuh, wenn ich recht darüber nachdenke. Egal, bitte setzen Sie sich doch.«

Rosalie lächelte uns freundlich an, als wir uns hinsetzten, aber etwas an ihrem Lächeln wirkte seltsam.

»Haben Sie schon bestellt?«, fragte ich.

»Nur eine große Kanne Kaffee«, erklärte Nancy. »Wir dachten, wir sollten auf Sie warten.«

Lady Hardcastle winkte unsere Lieblingskellnerin herbei und bestellte viel zu viele Sandwiches und Kuchen, bevor sie ihre Aufmerksamkeit wieder der kürzlich entlassenen Rosalie Harding zuwandte.

»Wie geht es Ihnen, meine Liebe?«, fragte sie. »Ich hoffe, es ist nicht zu schlimm für Sie gewesen. Was rede ich denn? Natürlich war es schlimm. Aber ich hoffe, dass sich die Dinge jetzt, nachdem Sie wieder auf freiem Fuß sind, allmählich wieder beruhigen.«

»Danke«, erwiderte Rosalie. »Es war … anstrengend. Und hat mir ziemliche Angst gemacht. Also bin ich wirklich außerordentlich dankbar für alles, was Sie getan haben, um meine Entlassung aus der Haft zu erwirken. Sie und Sarah.«

»Wir haben Sarah einfach nur dazu gebracht, noch einmal über die Reihenfolge nachzudenken, in der sich an jenem Abend alles abgespielt hat, so konnten wir dann Wyatt davon überzeugen, dass Sie unschuldig sein müssen. Irgendwann wäre er aber auch von selbst darauf gekommen.«

»Da bin ich mir nicht sicher. Er schien nicht allzu viel Interesse daran zu haben herauszufinden, was wirklich passiert war. Er wollte einfach nur jemanden festnehmen, um den Fall abzuschließen. Darum war er auch ziemlich ungehalten darüber, dass er mich gehen lassen musste. Ich hätte seine Ermittlungen um Tage zurückgeworfen, hat er behauptet.«

»Der hat ja Nerven«, staunte Lady Hardcastle. »Aber jetzt sind Sie immerhin in Freiheit.«

»Ja, vielen Dank.«

Während dieses kurzen Dialogs hatte ich Rosalie aufmerksam beobachtet, und irgendetwas stimmte definitiv noch immer nicht. In ihren Worten kamen zwar Erleichterung und Dankbarkeit zum Ausdruck, aber ihr Gesichtsausdruck blieb weiter misstrauisch. Es dauerte nicht lange, bis wir den Grund dafür erfuhren.

»Ich glaube, ich habe Sie drei gestern Abend gesehen, als ich zum Theater unterwegs war«, erklärte sie. »Sie sind gerade aus diesem kleinen Café-Restaurant gekommen. Whistler's heißt es, glaube ich. Sie standen unter einer Laterne, und ich meinte Sie zu erkennen, Lady Webster-Green, aber Sie sind schon weitergegangen, bevor ich ganz sicher sein konnte.«

»Wir haben jedenfalls im Whistler's gegessen«, bestätigte Lady Hardcastle. »Es war dort ganz entzückend.«

»Der Sergeant vom Empfang aus dem Polizeihauptquartier hat Sie angesprochen. Was für ein stoffeliger Kerl. Unfreundlich zu allen. Und er hat Sie begrüßt, als ob Sie alte Freunde wären. Er kannte Sie.«

»Daran kann ich mich auch erinnern ...«, bestätigte Lady Hardcastle. Sie ahnte genau wie ich, wohin die Reise ging.

»Außerdem hat er Sie nicht Lady Webster-Green und Miss Goodheart genannt, sondern irgendwas wie Hardacre und Anderson.«

Lady Hardcastle und ich wechselten einen Blick. Dieser Moment hatte immer im Bereich des Möglichen gelegen. Ich zuckte mit den Achseln.

»Ja, meine Liebe«, räumte Lady Hardcastle also ein, »das stimmt. Er hat uns Lady Hardcastle und Miss Armstrong genannt. So heißen wir wirklich.«

Nancy wirkte auf beinahe komische Weise schockiert.

»Ich habe von Ihnen gehört«, sagte sie. »Sie waren in der Zeitung. Es gab einen Mord in ... Gloucestershire? Oder war es mehr als einer? Jedenfalls haben Sie ihn aufgeklärt.«

»Haben wir«, bestätigte Lady Hardcastle. »Wir wohnen in Littleton Cotterell, ein paar Meilen außerhalb der Stadt, und sind mit Georgie Bickle befreundet. Sie hat uns gebeten, für sie die polizeilichen Ermittlungen im Auge zu behalten – Sie liegen ihr alle sehr am Herzen. Und als unser Freund Inspektor Sunderland von dem Fall abgezogen und er Inspektor Wyatt übertragen wurde, hat er dieselbe Bitte geäußert. Er war sich nicht sicher, ob Wyatt gute Arbeit leisten würde.«

»Also haben Sie uns angelogen«, folgerte Nancy.

»Haben wir, ja. Wyatt wäre sicher nicht gerade glücklich über unsere Anwesenheit gewesen. Schließlich eilt uns unser Ruf voraus. Außerdem ... Na ja, ich will nicht lange drumrumreden: Wir glauben, dass einer von Ihnen den Mord begangen hat. Wir dachten, dass Sie uns gegenüber offener wären, wenn Sie uns für ein paar Provinzlerinnen aus Bournemouth mit mehr Geld als Verstand halten würden und nicht wüssten, dass wir die beiden Frauen aus den Zeitungsartikeln sind, die zusammen mit der Bristoler Kriminalpolizei Verbrechen aufklären.«

»Und deshalb haben Sie gelogen.« Nancy war nicht bereit, diesen Punkt unter den Tisch fallen zu lassen.

»Wir haben gelogen, ja. Wir wollten damit niemandem schaden, aber irgendeiner aus Ihrem Ensemble hat zwei Menschen auf dem Gewissen, und wenn es nach Wyatt ginge ...«

»Ich bin Ihnen dankbar, wer auch immer Sie sind und warum auch immer Sie alle hinters Licht geführt haben«, sagte Rosalie. »Aber warum muss einer von uns der Mörder von Paul und Davey sein? Warum nicht einer der Bühnenarbeiter? Oder ein Fremder aus dem Publikum?«

»Wir haben auch das in Betracht gezogen«, erwiderte Lady Hardcastle. »Im Augenblick können wir Theaterangestellte noch nicht mit Sicherheit ausschließen – aber Paul Singleton war Teil eines fahrenden Ensembles, daher halten wir es für zweifelhaft, dass irgendeiner der Theaterangestellten einen solchen Groll gegen ihn gehegt haben soll. Aber das Publikum können wir glücklicherweise schon aus dem Kreis der Verdächtigen ausschließen, es sei denn, wir sind später gezwungen, es noch einmal in Betracht zu ziehen – Sie wissen selbst, dass es beinahe unmöglich ist, während der Vorstellung hinter die Bühne zu gelangen. Und es wäre sogar noch schwieriger, nach der Tat unbemerkt wieder in den Zuschauerraum zu gelangen. Also muss es entweder jemand aus dem Ensemble oder einer von den Arbeitern gewesen sein, und die Ensemblemitglieder sind die Hauptverdächtigen.«

»Ich werde das den anderen sagen müssen«, erklärte Nancy. »Die werden nicht glücklich darüber sein, dass Sie uns getäuscht haben.«

»Das erwarte ich auch nicht, meine Liebe. Sie müssen tun, was Sie für richtig halten.«

»Ich bin mir auch nicht sicher, ob ich noch mit Ihnen zusammen essen kann«, fuhr Nancy fort und griff sich dabei Handschuhe und Schal. »Du kannst ja bleiben, wenn du willst, Rosie, aber ich halte es hier nicht länger aus.«

Innerhalb weniger Sekunden war sie zur Tür hinausgestürmt. Rosalie zuckte nur verlegen mit den Schultern.

»Tut mir wirklich leid«, sagte sie. »Normalerweise ist sie nicht so. Bestimmt haben Sie nach bestem Wissen und Gewissen gehandelt. Ich hatte wirklich nicht vor, Sie in so eine Lage zu bringen. Ich habe mich für ziemlich schlau gehalten, weil ich Sie erkannt habe – ich dachte nicht, dass es solche Konsequenzen haben würde. Ich …«

»Ist schon in Ordnung«, beschwichtigte Lady Hardcastle sie. »Irgendwann musste es sowieso rauskommen. Wir verstehen, wenn Sie Ihre Freundin begleiten möchten. Sie ist doch deutlich aufgeregter, als ich erwartet hätte.«

»Danke«, entgegnete Rosalie und sammelte ihre Sachen zusammen. »Tut mir wirklich leid.«

Dann eilte sie Nancy hinterher und ließ uns drei mit dem riesigen Berg Sandwiches und Kuchen sitzen, der gerade an unserem Tisch eingetroffen war.

»Glaubt ihr, dass sie die für uns einpacken?«, fragte Lady Hardcastle.

Nach einer kurzen Beratung auf den Christmas Steps kehrten wir zum Rolls Royce zurück und fuhren die kurze Strecke bis zum Berkeley Crescent.

Lady Bickle war zu Hause.

»Hallo … meine Damen?«, begrüßte sie uns, nachdem wir in den Salon geführt worden waren.

»Hallo, meine Liebe«, entgegnete Lady Hardcastle. »Hoffentlich macht es dir nichts aus, dass wir so unangekündigt reinschneien.« Sie bemerkte Lady Bickles verwirrten Gesichtsausdruck. »Ach ja, tut mir leid – ihr habt euch ja noch nicht kennengelernt. Das hier ist Flos Schwester Gwenith.«

Sie begrüßten einander.

»Macht es euch bequem«, forderte Lady Bickle uns auf, »und bringt mich auf den neuesten Stand. Ihr seht aus, als ob es euch die Ernte verhagelt hätte.«

»Scharfsinnig wie eh und je, meine Liebe«, bestätigte Lady Hardcastle, während wir uns setzten. »Wie du weißt, haben wir Rosalie Harding aus dem Gefängnis geholt, aber im Zuge dessen ist unsere Tarnung aufgeflogen. Wir haben Rosalie und Nancy zum Lunch eingeladen, und im Lauf des Gesprächs wurden wir entlarvt, als Rosalie erwähnt hat, dass sie uns gestern Abend gesehen und mitangehört hat, wie uns jemand bei unseren richtigen Namen genannt hat. Das hat die junge Nancy dazu gebracht, vollkommen außer sich aus dem Crane's zu stürmen.«

»Von einer Sekunde auf die andere hat sich ihr Verhalten um 180 Grad gedreht«, fügte ich hinzu. »Im ersten Moment war sie noch ganz niedlich und bezaubernd, und im nächsten Augenblick nannte sie uns dann wiederholt Lügnerinnen und ist empört davongestürmt, ohne ihre Sandwiches anzurühren. Die arme Rosalie musste ihr nacheilen.«

»Oje«, erwiderte Lady Bickle. »Das hört sich wirklich nicht nach einem angenehmen Lunch an. Die kleine Nancy kann aber manchmal so sein. Sie ist eben noch ziemlich jung und unsicher. Anscheinend lebt sie in ständiger Angst davor, nicht ernst genommen zu werden. Da kann ich mir vorstellen, dass ihr schlimmster Albtraum wahr geworden ist, als sie eure Täuschung entdeckt hat. Sie dachte wahrscheinlich, dass ihr euch die ganze Zeit nur über sie lustig gemacht habt.«

»Normalerweise finde ich jugendliche Unsicherheit ja eher rührend«, sagte Lady Hardcastle, »aber in diesem Fall kommt sie wirklich ziemlich ungelegen. Sie wird uns wahrscheinlich im schlechtestmöglichen Licht dastehen lassen, sodass wir an die Bartlett Players nicht mehr rankommen. Tut mir wirklich leid, meine Liebe. Vermutlich hätten wir von Anfang an ehrlich sein sollen.«

»Unsinn. Als Jo und Violet habt ihr mehr herausgefunden, als es Emily und Flo je gelungen wäre. Außerdem wissen die anderen nur zu gut, wie Nancy ist – vielleicht lassen sie sich nicht so leicht beeinflussen, wie ihr jetzt glaubt.«

»Der Mörder wird sie allerdings bestimmt unterstützen«, mutmaßte ich. »Und wenn die entsprechende Person einflussreich genug ist, könnte sie die anderen überzeugen, uns gegenüber von nun an den Mund zu halten.«

»Das ist wirklich sehr ärgerlich«, bekräftigte Lady Hardcastle. »Inspektor Sunderland wird furchtbar enttäuscht von uns sein.«

»Er wird sich damit abfinden«, sagte Lady Bickle. »Schließlich arbeitet ihr nicht für ihn.«

»Stimmt schon, aber wer enttäuscht schon gern seine Freunde? Wer weiß, was als Nächstes passiert. Wyatt wird alles ruinieren. Der Mann hat wirklich keinen blassen Schimmer, weißt du?«

»Er sieht allerdings ziemlich gut aus«, warf Gwen ein. »Den Schnurrbart sollte er sich abrasieren, aber der ganze Rest ist brauchbar.«

»Wenn gutes Aussehen doch nur ein Ausweis für Fähigkeit wäre«, entgegnete Lady Hardcastle. »Ich mache mir ziemliche Sorgen, dass der Mörder jetzt entwischen kann. Schlimmer wäre es noch, wenn die falsche Person am Galgen enden würde.«

»So weit kommt es schon nicht«, beschwichtigte Lady Bickle. »Ollie wird die Sache nicht außer Kontrolle geraten lassen – er schaltet sich schon ein, wenn es nötig wird.«

»Wahrscheinlich hast du recht. Ich bin nur ein bisschen niedergeschlagen, das ist alles. Das geht vorbei.« Lady Hardcastle seufzte und lehnte sich in ihrem Sessel zurück. »Sag mal, hast du vielleicht Lust auf ein paar Sandwiches? Wir haben schachtelweise davon im Rolls Royce.«

Wir blieben lange genug im Chez Bickle, um die Tasse Kaffee zu trinken, die wir bei Crane's verpasst hatten, dann verabschiedeten wir uns. Lady Bickle lehnte höflich unser Angebot ab, ihr Brote und Kuchen dazulassen – schließlich hatte ihre Köchin einen ausgezeichneten Ruf als Konditorin, es bestand also wirklich keine Veranlassung dazu.

Gwen wollte sich gern den WSPU-Laden ansehen, also fuhren wir dort vorbei und sagten unserer alten Freundin Lizzie Worrel Hallo.

»Wie schön, Sie beide endlich mal wiederzusehen«, begrüßte uns Lizzie, als wir in den engen, kleinen Laden traten. »Sie waren in letzter Zeit bei keinem unserer Treffen mehr. Ich habe mir schon Sorgen gemacht, Sie könnten uns vergessen haben.«

»Wir denken immer an euch, meine Liebe«, versicherte ihr Lady Hardcastle. »Aber wir waren in letzter Zeit leider ziemlich beschäftigt.«

»Und ich habe auch die Selbstverteidigungskurse nicht vergessen«, beteuerte ich. »Doch, wie sie schon gesagt hat, ist in den letzten Monaten alles ein bisschen hektisch gewesen.«

»Ach, machen Sie sich darum keine Gedanken. Die Frauen üben, was Sie Ihnen bis jetzt beigebracht haben – das wird schon dafür sorgen, dass sie eine Zeit lang keinen Ärger bekommen.«

»Bald habe ich wieder Zeit«, versprach ich, »dann zeige ich ihnen ein paar neue Tricks.«

»Keine Eile. Ich habe in der Zeitung von der Sache mit den Ciderwächtern im Sommer bei Ihnen draußen gelesen und auch von der Geschichte im Flugzeugwerk, also weiß ich, dass Sie bis über beide Ohren in Arbeit gesteckt haben. Dinah Caudle redet über nichts anderes.«

»Hallo.« Gwen streckte Lizzie die Hand entgegen. »Ich bin Flossies Schwester Gwen. Ich glaube nicht, dass die zwei noch vorhaben, mich vorzustellen.«

»Freut mich, Sie kennenzulernen«, erwiderte Lizzie. »Obwohl ich mir schon gedacht habe, wessen Schwester Sie sind. Sind Sie Mitglied?« Sie machte eine Geste auf die Auslagen im Laden und die WSPU-Plakate an der Wand.

»Sagen wir mal, ich bin Sympathisantin«, erwiderte Gwen. »Mein Mann ist bei der Königlichen Artillerie, also käme es bei seinem Vorgesetzten vielleicht nicht so gut an, wenn ich mich bei den Suffragetten engagieren würde, aber ich war auf ein paar Demonstrationen und bei einigen Treffen.«

»Sie sind also nicht von hier?«

»Nein, wir wohnen in Woolwich.«

»Ach, natürlich, die Königliche Artillerie. Nun, Mrs. Pankhurst glaubt an Taten statt Worte, und ich finde, das kann man auch als Mitwirkung statt Mitgliedschaft interpretieren, oder?«

»Das ist eine schöne Sicht auf die Dinge. Danke.«

Wir erzählten einander kurz, was es Neues gab, und versprachen dann erneut, zu weiteren Treffen zu kommen und – in meinem Fall – einen neuen Selbstverteidigungskurs anzubieten. Außerdem kauften wir ein paar Artikel, wobei Gwen die WSPU-Unterwäsche besonders amüsierte.

Nun suchten wir eine der örtlichen Kirchen auf, die den Obdachlosen und Armen Essen und ein Dach über dem Kopf bereitstellten. Das Angebot, ihnen Sandwiches und Kuchen zu stiften, verwirrte den jungen Pfarrer zunächst, da er eher an Gemüse und Fleischreste gewöhnt war, aus denen die Freiwilligen Suppe kochten, aber er schien trotzdem dankbar dafür zu sein.

Dann fuhren wir heim, wo Lady Hardcastle in ihr Filmstudio in der Orangerie zurückkehrte, während Gwen und ich uns mit dem neuen Brettspiel vergnügten, das sie gekauft hatte – Suffragetto. Am besten ließ es sich wohl als eine kompliziertere Form von Dame beschreiben, bei der zwei Spielerinnern entweder die Polizei oder die Suffragetten repräsentierten. Die Polizei versuchte, Zugang zur Albert Hall zu bekommen, während die Suffragetten sich bemühten, das Polizeirevier zu stürmen. Wir wechselten uns mit den einzelnen Rollen ab, und ich gewann alle drei Partien, bevor wir entschieden, dass wir den Unterhaltungswert des Spiels ausgereizt hatten.

Gerade wollte ich anbieten, noch einmal Tee zu kochen, als es an der Tür klingelte.

Davor stand Dinah Caudle.

Es dauerte eine Weile, bis ich Lady Hardcastle von ihren Animationsunternehmungen losgeeist und die versprochene Kanne Tee gekocht hatte. Ich ließ Miss Caudle und Gwen sich miteinander bekannt machen, und als wir uns dann schließlich alle im Salon versammelten, verstanden sie sich bereits prächtig. Als ich das Tablett mit dem Tee hineintrug, war Miss Caudle gerade mitten in einer Anekdote.

»... von der Spitze des Kirchturms«, sagte sie.

»Ach du meine Güte«, erwiderte Gwen. »Und was ist dann passiert?«

»Dann haben wir das Geheimnis gelüftet, und alle lebten glücklich bis an ihr Lebensende«, mischte ich mich ein. »Glaub nur nicht jedes ihrer übertriebenen Märchen, Gwen. Sie wird dafür bezahlt, Dinge aufregender klingen zu lassen, als sie eigentlich sind.«

»Ich werde dafür bezahlt, die Wahrheit zu berichten«, erwiderte Miss Caudle mit gespielter Entrüstung.

»Du wirst dafür bezahlt, Zeitungen zu verkaufen, Liebes«, warf Lady Hardcastle ein. »Mit den nackten Fakten haben sich Zeitungen noch nie gut verkauft. Skandale und Tratsch hingegen …«

»Da ist was Wahres dran«, räumte Miss Caudle ein. »Leider. Und gleich habe ich auch noch Skandale und Tratsch an euch weiterzugeben, aber da ihr jetzt endlich alle hier seid, habe ich erst mal eine neue Tatsache für euch, und zwar eine, die ich ungeschönt berichten werde.«

Sie machte eine viel zu lange Pause.

»Also?«, sagte Lady Hardcastle. »Spuck es schon aus, meine Liebe.«

»Hugo Bartlett ist für die Morde an Paul Singleton und Davey Browning verhaftet worden.«

Eine weitere Pause entstand, bevor wir alle gleichzeitig »Was?« riefen.

»Wyatt hat ihn am Mittag festgenommen«, erklärte Miss Caudle. »Er ist zusammen mit einem uniformierten Sergeant ins Duke's marschiert und hat ihm Handschellen angelegt. In diesem Moment hockt er in einer Zelle im Bridewell.«

»Ach, das geht doch nicht«, schimpfte Lady Hardcastle. »Warum hat Wyatt denn so eine Dummheit gemacht?«

»Anscheinend hat er sich auf das Messer kapriziert. Ich war bei der Polente und hab mich mit Simeon unterhalten – ihr wisst schon, falls es irgendwelche interessanten neuen Fälle gibt, die ich für die Zeitung dann zur Sensation aufblasen kann –, als Ollie Sunderland in der allertristesten Stimmung hereinkommt. Normalerweise ist er immer so optimistisch oder wenigstens …

Wie sagt man noch mal? Schicksalsergeben? Ernüchtert? Fatalistisch? Stoisch, das ist es. Stoisch. Es passieren schreckliche Dinge, und er macht einfach weiter. Aber dieser Fall scheint ihn aus irgendeinem Grund mehr als die anderen mitzunehmen. Ich habe aus seinem Mund noch nie irgendwas Schlechtes über einen seiner Kollegen gehört, doch Dickie Wyatt geht ihm wirklich auf den Senkel. Anscheinend hat dieser Wyatt entschieden, dass der Besitz der Mordwaffe der Schlüssel zur Lösung des Falls ist, also muss nun Bartlett unbedingt der Mörder sein – immerhin hat er sich den Dolch aus dem Fundus bringen lassen. Und auf Grundlage der – zugegeben ziemlich vernünftigen Annahme, dass es eher unwahrscheinlich ist, dass zwei Mörder gleichzeitig im Theater zugange sind, hat er den Mord an dem Bühnenarbeiter als Zugabe noch auf die Anklage draufgelegt.«

»Also wirklich, was für ein schwachköpfiger Unsinn«, rief Lady Hardcastle.

»Er wollte Sie eigentlich anrufen – Ollie, meine ich –, aber ich musste sowieso hier rausfahren, weil ich mich mit einer Bauersfrau für einen Artikel darüber unterhalten wollte, wie moderne Frauen im zwanzigsten Jahrhundert Geschäfte führen. Sie war nur leider nicht sehr modern, also ist es doch keine so gute Geschichte. Das Geschäft blüht natürlich – die Menschen brauchen ja immer was zu essen –, aber sie war nicht gerade das Muster einer Frau des zwanzigsten Jahrhunderts, auf das ich gehofft hatte. Wie auch immer, da ich also ohnehin in der Gegend war, habe ich angeboten, die Neuigkeiten persönlich zu überbringen.«

»Das ist sehr nett von dir, meine Liebe. Obwohl wir möglicherweise selbst nicht mehr so eng mit dem Fall verbunden sind.« Lady Hardcastle fasste kurz unsere Begegnung mit Nancy und Rosalie zusammen. »Wir machen uns also auf eine Abkühlung der diplomatischen Beziehungen gefasst.«

»Ah, na ja«, erwiderte Miss Caudle. »Das ist ja nicht das Ende. Ollie wird eben, so gut es geht, Wyatt im Auge behalten, und Georgie wird ohne eure Neuigkeiten auskommen müssen.«

»Na ja, schon ...«, räumte Lady Hardcastle ein. »Aber es fühlt sich jetzt doch ein bisschen blöd an, dass wir dem armen Hugo nicht beistehen können.«

»Ich weiß, dass keine von euch besonders viel von Wyatt hält«, meldete sich Gwen zu Wort, »aber sind wir denn sicher, dass er sich diesmal täuscht? Ich meine, nach allem, was ich gehört habe, ist er offensichtlich ein bisschen voreilig damit gewesen, Rosie zu verhaften, aber muss das denn bedeuten, dass jede einzelne seiner Aktionen ein Fehler ist?«

»Jetzt siehst du, warum ich Armstrongs um mich brauche«, sagte Lady Hardcastle. »Ihr seid die Stimmen der Vernunft. Du hast natürlich recht, Gwenith. Wir wissen nicht, wo Hugo zur Zeit des Mordes an Singleton war, und an dem Abend, als Browning getötet wurde, war er angeblich nicht im Theater, obwohl er überall hätte sein können. Nach allem, was wir im Augenblick wissen, hatte er ausreichend Gelegenheit, beide Verbrechen zu begehen, aber ... Nun ja, stimmt schon, es ist wohl ein reines Vorurteil meinerseits anzunehmen, dass

Wyatt unrecht hat. Vorurteil und Intuition vielleicht. Er denkt einfach nicht methodisch, sondern fällt ständig mit der Tür ins Haus, also warnt mich jeder meiner Instinkte, dass er falschliegen muss. Oder jedenfalls, dass es pures Glück sein muss und kein Ergebnis sorgfältiger Polizeiarbeit, falls er doch recht haben sollte. Und ganz egal ob richtig oder nicht, wir müssen Hugo freibekommen.«

»Warum denn?«, fragte Gwen. »Vielleicht ist Hugo ja genau dort, wo er hingehört.«

»Aus demselben Grund, warum ich so sehr darauf bestanden habe, Rosalie freizubekommen. Lass uns für einen Augenblick annehmen, dass Hugo tatsächlich der Mörder ist und Wyatt ihn vor den Richter bringt. Sein Anwalt wird sagen: *Die Anklage hat keinen stichhaltigeren Beweis als den Zugang zu einem Dolch aus dem Fundus, zu dem doch aber jeder im Theater Zugang hatte, Euer Ehren. Ich beantrage, die Anklage fallenzulassen.* Der Richter wird sich mit seinem Schreiber beraten. Es wird gemurmelt. Der Richter blickt auf. *Eine sehr schwache Leistung der Polizei*, stimmt er zu. *Sie können gehen, Mr. Bartlett.* Und dann läuft ein Mörder frei herum, weil Wyatt so ein Trottel ist.«

»Das ergibt Sinn«, räumte Gwen ein.

»Und daher kommt meine Frustration, verstehst du? Wenn wir nur weiter von innen die Ermittlungen überwachen könnten, könnten wir Wyatt vielleicht auf dieselbe Weise in die richtige Richtung lenken, wie wir es bei der Freilassung von Rosalie Harding getan haben.«

»Es ist ja sinnlos, sich über verschüttete Milch zu grämen«, entgegnete Miss Caudle. »Was geschehen ist, ist geschehen.«

»Da hast du natürlich recht«, stimmte Lady Hardcastle resigniert zu. Dann hellte ihre Miene sich auf. »Ich mache mir einfach Inspektor Sunderlands Stoizismus zu eigen, das wird mir den Verstand retten. Schließlich gewinnt man nichts, wenn man sich ständig über Dinge aufregt, die außerhalb der eigenen Kontrolle liegen. Es wird sich schon alles zum Guten wenden, und die Wahrheit wird letztendlich obsiegen.«

»Das ist die richtige Einstellung.«

»Sie haben doch gesagt, dass Sie noch Skandale und Tratsch für uns hätten«, erinnerte ich sie. »Das ist normalerweise lustig.«

»Ach, und wie, ja. Ich kenne einen Burschen, der ab und zu mit Eddie Adlam was trinken geht, dem Intendanten des Duke's Theatre.«

»Eine verlässliche und leicht zu überprüfende Quelle«, erwiderte ich. »Kein Hörensagen oder Tratsch aus dritter Hand.«

Miss Caudle zählte an ihren Fingern ab. »Ich denke, er könnte tatsächlich aus vierter Hand stammen«, entgegnete sie und rechnete noch einmal nach. »Nein, Sie haben recht: aus dritter Hand. Egal, wie ich aus sicherer Quelle erfahren habe …«

»Vom Freund eines Freundes eines Freundes«, warf Gwen ein.

»Wollt ihr die Geschichte jetzt hören oder nicht? Ich habe auch noch was anderes zu tun, wisst ihr?«

»Ignorier sie einfach, Liebes«, sagte Lady Hardcastle. »Zusammen sind sie immer ein bisschen aufgedreht.«

»Wie gesagt«, fuhr Miss Caudle fort, »habe ich über die guten Leute von den Bartlett Players ein, zwei Sachen gehört, die von Interesse sein könnten. Wusstet ihr zum Beispiel, dass Rosalie Harding, die Verlobte des ermordeten Paul Singleton, vorher mit Harris Bridges verlobt gewesen ist?«

»Ja«, sagten Lady Hardcastle, Gwen und ich gemeinsam in gespielter Langweile.

»Oh. Aber wusstet ihr auch, dass Paul Singleton vor Kurzem dabei belauscht worden ist, wie er der jungen Nancy Beaufort anzügliche Avancen gemacht hat?«

»Das wussten wir noch nicht«, räumte Lady Hardcastle ein. »Hat der Informant des Informanten deines Informanten vielleicht zufällig auch mitbekommen, wie Miss Beaufort darauf reagiert hat?«

»Anscheinend war sie nicht besonders angetan. Sie hat ihn mit ein paar ziemlich bildhaften Schimpfworten bedacht und ihm eine schallende Ohrfeige verpasst.«

»Gut gemacht«, warf Gwen ein.

»Na ja, ja«, stimmte Miss Caudle ihr zu. »Noch interessanter ist allerdings, dass Rosalie Harding von der ganzen Sache Wind bekommen hat und deswegen verstimmt war. Sie hat das feurige Temperament, das man gemeinhin mit ihrer Haarfarbe in Verbindung bringt …«

»Dafür gibt es keine wissenschaftliche Basis«, unterbrach Lady Hardcastle sie. »Das ist nichts als romantischer Unsinn, den sich faule Autoren ausgedacht haben.«

»Nun, ich bin die faulste aller faulen Autorinnen«, erwiderte Miss Caudle, »und werde weiterhin behaupten, dass Rothaarige feurig sind. Aber egal, ihr Temperament ist mit ihr durchgegangen, und sie wurde dabei belauscht, wie sie außerordentlich düstere Verwünschungen über das Schicksal geäußert hat, dass Singleton ereilen könnte, sollte er seine lasziven Aktivitäten fortsetzen.«

»Also könnte sie ihn letztendlich doch getötet haben«, merkte Gwen an. »Wyatt hat möglicherweise schon beim ersten Mal die richtige Person verhaftet.«

»Denkbar«, räumte Lady Hardcastle ein. »Allerdings ist das aus vollkommen falschen Motiven geschehen. Dieser alberne Mensch konzentriert sich vollständig auf den Dolch.«

»Wartet mal ab«, fuhr Miss Caudle eifrig fort. »Ich habe auch erfahren, dass Emrys Thornell – der Regisseur – dem Ermordeten eine beträchtliche Geldsumme geschuldet hat. Niemand weiß, wofür er sie benötigt hat, und auch nicht, woher ein Gelegenheitsschauspieler Geld hatte, das er verleihen konnte, aber es handelte sich um eine private Schuld, die nicht formalisiert worden ist, und jetzt … na ja, jetzt gibt es sie nicht mehr.«

»Also ist es Thornell gewesen«, folgerte Gwen. »Er hat ihn umgebracht, um seine Schulden nicht zurückzahlen zu müssen.«

»Sie müssen meine Schwester entschuldigen«, warf ich ein. »Jedes Mal, wenn sie von einem neuen Motiv hört, ist der Fall für sie erledigt.«

»Das merke ich«, erwiderte Miss Caudle lächelnd.

Ich stellte selbst ein paar schnelle Berechnungen an. »Das heißt, dass alle *außer* Hugo Bartlett ein Motiv hatten, Singleton umzubringen. Wyatt ist wirklich ein Schwachkopf, nicht wahr?«

»Scheint so«, pflichtete mir Lady Hardcastle bei. »Aber was haltet ihr davon, wenn wir uns Problemen zuwenden, die wir tatsächlich lösen können? Wem fällt etwas dazu ein, wie wir den Alkoholdieb vom Dog and Duck schnappen können?«

»Ich habe eine Idee«, meldete sich Gwen. »Sie würde ein bisschen Vorbereitung brauchen, aber auch unsere einzigartigen Fähigkeiten nutzen. Bestimmt würde es funktionieren und euch beiden Gratisgetränke für den Rest eures Lebens einbringen.«

Wir hörten ihr aufmerksam zu, wie sie uns ihren Plan darlegte.

10

Um ungefähr fünf Uhr am Mittwochnachmittag wurden unsere schlimmsten Befürchtungen durch einen Anruf von Lady Bickle bestätigt, die uns mitteilte, dass Nancy Beaufort ihr einen Besuch abgestattet hatte. Die junge Schauspielerin hatte erklärt, dass die Bartlett Players sich von unseren Lügen verletzt und beleidigt fühlten und nichts mehr mit uns zu tun haben wollten. Nur sie selbst würde aufgrund ihrer Freundschaft mit Hugo Bartletts Schwester noch toleriert werden.

In einem Versuch, unsere Enttäuschung zu kompensieren, statteten wir dem Dog and Duck einen schnellen Besuch ab, wo wir Gwens Plan, den Dieb zu schnappen, darlegten. Joe und Daisy waren gleichermaßen beeindruckt und gespannt. Wenn der Dieb sich an seine übliche Vorgehensweise halten würde, konnten wir ihn am folgenden Tag wieder erwarten, also machten wir Pläne dafür, frühzeitig in den Pub zu kommen, um bequem alles vorzubereiten.

Wieder zu Hause, beglückte Lady Hardcastle Gwen und mich mit einer Führung durch ihr Studio in der

Orangerie. Ich hatte ihr Werk natürlich schon vorher gesehen und war voller Ehrfurcht über ihre Fertigkeiten und ihr Talent, obwohl ich es üblicherweise für besser hielt, nicht zu viel Aufhebens darum zu machen. Es mangelte ihr schon so nicht an Selbstbewusstsein, also war ich der Ansicht, dass es leichtsinnig und möglicherweise fahrlässig wäre, ihrem Ego noch einen weiteren Schub zu geben.

Gwen hatte hingegen keine derartigen Skrupel und verfolgte voller Bewunderung und mit offenem Mund die Erläuterungen, die Lady Hardcastle ihr zu ihrer Kunst gab. Sie sagte an den richtigen Stellen »Ooh« und »Aah« und bombardierte Ihre Durchlaucht mit überraschend klarsichtigen Fragen. Als wir fertig waren, strahlte Lady Hardcastle, Gwen war nachhaltig von ihrem Talent beeindruckt, und ich war im Stillen stolz auf sie beide.

Sie ignorierten meinen Vorschlag, ein wenig aufzuräumen, also kehrten wir ins Haus zurück, wo ich mit den Zutaten, die Miss Jones zuvor für mich vorbereitet hatte, das Abendessen machte.

Als wir uns gerade an den Tisch setzen wollten, klingelte das Telefon. Ich eilte in die Halle hinaus und hob ab.

»Chipping Bevington zwei, drei«, meldete ich mich. »Hardcastle-Residenz.«

»Flo, meine Liebe, sind Sie das?«

»Bin ich, Lady Bickle. Wie schön, so bald schon wieder von Ihnen zu hören. Möchten Sie mit Lady Hardcastle sprechen?«

»Himmel, nein! Ich meine, ich würde mich natürlich

gern mit ihr unterhalten – sie gehört ja zu meinen engsten Freundinnen. Aber das gilt auch für Sie, und die Neuigkeit geht Sie beide etwas an. Könnten Sie morgen früh gegen elf zum Berkeley Crescent kommen?«

»Es spricht wohl nichts dagegen«, erwiderte ich. »Die einzigen Pläne, von denen ich sicher weiß, erfordern unsere Anwesenheit hier erst zwischen vier und fünf. Dann müssen wir uns auf einen Besuch im Dog and Duck vorbereiten.«

»Ein zügelloser Nachmittag, an dem ihr euch hemmungslos mit den Dorfbewohnern betrinkt?«

»Schön wär's. Aber falls Mylady keine Pläne hat, von denen sie mir nichts erzählt hat, denke ich, dass wir am Morgen nach Clifton kommen können. Darf ich ihr sagen, worum es geht?«

»Lieber nicht. Es ist besser, wenn ihr unvorbereitet und frei von Vorurteilen herkommt.«

»Ich kann mir nicht vorstellen, dass diese Antwort hier gut aufgenommen wird«, merkte ich an. »Also sage ich lieber, dass ich wegen meiner leichtsinnigen Eile, mit Ihrer Einladung an den Esstisch zurückzukehren, versäumt habe, Sie nach dem Grund zu fragen.«

»Ach, meine Liebe, ich habe Sie beim Essen gestört? Dann gehen Sie jetzt schnell wieder zurück. Wir sehen uns morgen. Bringen Sie auch gern Ihre Schwester mit, wenn sie mitkommen will – sie war ganz zauberhaft.«

Wir verabschiedeten uns, dann gesellte ich mich wieder zu Gwen und Lady Hardcastle.

»Wer war es denn, Liebes?«, fragte Lady Hardcastle, als ich mich hinsetzte.

»Lady Bickle. Sie möchte, dass wir morgen um elf alle bei ihr vorbeikommen.«

»Wie nett. Hat sie gesagt, warum?«

»Nein.«

»Hast du sie denn nicht gefragt?«

»Leider nicht.«

»Verstehe. Würdest du mir noch eine Scheibe Brot abschneiden, bitte? Ich komme von hier aus nicht ran.«

Nachdem wir mit dem Dinner fertig waren und alles abgeräumt hatten, verbrachten wir den Rest des Abends beim Kartenspiel.

Am nächsten Morgen herrschte Chaos auf der Park Row. Eine Bierkutsche, die das White Harte beliefern wollte, war mit dem Wagen eines Zimmermanns kollidiert, der auf dem Weg zum nahe gelegenen Prince's Theatre gewesen war. Beide Pferde waren in Panik geraten. Und beide Ladungen waren auf der Straße gelandet, sodass Bierfässer, Kisten voller Flaschen und Dachsparren kreuz und quer auf der Fahrbahn lagen.

Männer, die keine Ahnung hatten, was sie taten, versuchten die aufgescheuchten Zugtiere zu besänftigen. Zwielichtig aussehende Opportunisten bedienten sich an den Flaschen aus den Kisten, und einer hatte sich irgendwoher einen Eimer organisiert, mit dem er das Bier auffing, dass aus einem kaputten Fass sprudelte. Zwei Jungs machten sich mit einem Bündel Bretter davon, die sie sich unter die mageren Ärmchen geklemmt hatten.

»Glaubst du, dass wir irgendwie helfen können?«, fragte mich Lady Hardcastle vom Fahrersitz aus.

»Jed könnte bestimmt ein bisschen Holz für eins seiner Gartenprojekte gebrauchen, wenn Sie sich welches unter den Nagel reißen wollen. Aber wir haben heftige Konkurrenz von den ortsansässigen Straßenjungen.«

»Ich meinte, ob wir *ihnen* helfen könnten, nicht uns selbst.«

»Dann, denke ich, ist alles unter Kontrolle. Für den Burschen im braunen Anzug macht es keinen Unterschied, ob wir hier sind oder nicht.«

»Dann versuche ich mal, uns hier rauszumanövrieren. Einen Moment, meine Damen.«

Es gelang ihr, den Rolls zu wenden und dafür von der sich versammelnden Menge der Gaffer nur geringfügigen Unmut zu ernten, als sie auf den Bürgersteig fuhr und sie dazu zwang, beiseitezuspringen. Die anderen gestrandeten Verkehrsteilnehmer fühlten sich von ihren Bemühungen ermuntert und begannen daraufhin ebenfalls, ihre Fahrzeuge zu wenden. Der Rückwärtsgang am Rolls Royce erleichterte Lady Hardcastle das Unterfangen, im Gegensatz zu denen, die in Karren und Kutschen unterwegs waren – Pferde sind notorisch wenig begeistert davon umzukehren –, aber sie hatte bewiesen, dass es möglich war und ihnen einen Weg gebahnt, also begann der Stau sich allmählich aufzulösen, als wir nach links Richtung Tyndall's Park und Universität abbogen.

Wir fuhren hügelaufwärts und dann wieder hinunter und kamen nach dem kurzen Umweg direkt gegenüber von unserem Ziel am Berkeley Crescent an.

Der ganze Unsinn hatte allerdings einiges an Zeit gekostet, und bis Williams uns die Mäntel abgenommen und uns in den Salon geführt hatte, war es schon Viertel nach elf. Anscheinend waren wir die Letzten, die eintrafen.

Lady Hardcastle war überrascht, als sie sah, wer sonst noch eingeladen war.

»Guten Morgen«, sagte sie, als Lady Bickle uns aufforderte, uns auf die letzten freien Plätze im inzwischen gut gefüllten Salon zu setzen. »Wie ich sehe, ist das hier heute Morgen eine ziemlich große Zusammenkunft.«

Die anderen Gäste – eine Abordnung der Bartlett Players – nickten uns zum Gruß zu. Den Blicken nach zu urteilen, die die anderen ihr zuwarfen, schien unsere Freundin Sarah Griffin diejenige zu sein, die in dieser Situation als Erste das Wort ergreifen sollte. Sie wurde begleitet von Rosalie Harding, Harris Bridges und – zu meiner nicht geringen Überraschung – Nancy Beaufort. Nach der Szene, die sie uns am Vortag im Crane's gemacht hatte, war ich eigentlich davon überzeugt gewesen, dass sie nie mehr auch nur ein Wort mit uns sprechen würde.

Seinem Gesichtsausdruck nach zu urteilen, verursachte die Tatsache, dass Sarah dazu auserkoren war, für die Gruppe zu sprechen, Bridges einiges an Unbehagen und Frustration, aber er saß trotzdem still daneben.

Sarah wartete, bis wir es uns bequem gemacht und unsere Teetassen entgegengenommen hatten.

»Danke, dass Sie gekommen sind«, sagte sie dann. »Wir haben Georgie darum gebeten, Ihnen nicht zu verraten, dass wir hier sein würden, falls Sie das vergrault hätte.«

»Ich bin mir nicht sicher, ob das der Fall gewesen wäre«, entgegnete Lady Hardcastle lächelnd. »Aber nachdem wir Nancy gestern so sehr verärgert hatten, haben wir eigentlich nicht mehr mit weiteren Einladungen gerechnet.«

»Sie haben mich wirklich verärgert …«, setzte Nancy an, aber Rosalie legte ihr eine Hand auf den Arm, und sie verstummte.

»Uns ist klar, dass Sie nur helfen wollten«, fuhr Sarah fort, »das haben Sie mit der Art unter Beweis gestellt, wie Sie mit Inspektor Wyatt gesprochen haben, um Rosies Entlassung zu erwirken. Und wir sind jetzt hier, um Sie darum zu bitten, weiterhin bei der Aufklärung des Falls zu helfen. Als Sie selbst. Als Lady Hardcastle und Florence Armstrong und …«

»Oh, Gwen Evans«, sagte Gwen. »Aber ich bin wirklich Flossies Schwester. Es wäre bei meinem Aussehen auch ein bisschen seltsam, wenn ich das nicht wäre, nicht wahr?«

»Es wäre jedenfalls ziemlich verblüffend«, stimmte Sarah ihr zu. »Vielleicht etwas, worüber Hugo gern ein Stück schreiben würde, sobald er wieder aus dem Gefängnis freigekommen ist. Würden Sie uns denn immer noch helfen? Sie scheinen Wyatt dazu bringen zu können, das Richtige zu tun, und wir müssen den armen Hugo doch befreien.«

»Ich für meinen Teil helfe gern«, sagte Lady Hardcastle, »aber ich fürchte, Wyatt würde wahrscheinlich noch ungehaltener auf unseren Betrug reagieren als Miss Beaufort. Wir haben ihm sowohl eine falsche

Adresse als auch falsche Namen genannt. Meiner Erfahrung nach nimmt die Polizei so etwas nicht allzu wohlwollend auf.«

»Er muss es ja nicht erfahren«, ergriff Bridges das Wort. Ganz offenbar war es zu anstrengend für ihn geworden, den Mund zu halten. »Für ihn können Sie bis zum Ende Ihrer Tage Lady Webster-Green und Miss Goodheart bleiben.«

»Der Gedanke ist mir auch schon gekommen«, entgegnete Lady Hardcastle, »ich vermute, es ist besser, wenn wir gleich reinen Tisch machen und hoffen, ihn mit Beweisen umstimmen zu können. Wir haben Freunde bei der Polizei, also können wir ihn sicherlich auch umgehen, wenn es nötig werden sollte.«

»Sie helfen uns also?«, fragte Sarah. »Hugo wirkt so selbstbewusst, aber er ist nicht annähernd so stark, wie es scheint.«

Lady Hardcastle sah mich an, und ich nickte.

»Wir helfen, wenn wir können«, sagte sie dann. »Aber wie sicher sind Sie sich denn, dass Hugo unschuldig ist?«

»Er kann es unmöglich gewesen sein«, rief Nancy. »Nicht Hugo. Er ist doch grundsätzlich zu … zu … zu liebenswürdig. Er ist ein absoluter Schatz!«

»Leider ist ein absoluter Schatz zu sein keine wirksame Verteidigung«, erwiderte Lady Hardcastle mit einem leisen Lachen. »Wir brauchen schon etwas Handfesteres als die Tatsache, dass er zu liebenswürdig ist, um jemanden zu ermorden.«

»Was für einen Beweis hatten Sie denn bei Rosie?«,

fragte Bridges. »Wie kann man überhaupt beweisen, dass jemand etwas nicht getan hat?«

»Wir haben gezeigt, dass sie es nicht getan haben *kann*«, erklärte Lady Hardcastle, »denn Sie haben natürlich recht, es ist ziemlich schwierig, zu beweisen, dass etwas nicht der Wahrheit entspricht, wohingegen es ein bisschen einfacher ist, nachzuweisen, dass etwas unmöglich wahr sein kann. Wir haben Wyatt mit einer Zeugin konfrontiert – Sarah –, die belegen konnte, dass Rosalie nicht einmal in der Nähe der Bühne war, als Mr. Singleton umgebracht worden ist – was zufälligerweise auch Sarah entlastet, falls Wyatt sie als Nächstes ins Visier nehmen sollte.«

»Aber Paul ist doch in der Pause getötet worden«, beharrte Bridges. »Und die war ziemlich lang – dem Theater fehlt im Moment Personal, wissen Sie? –, wie sollen wir also beweisen, dass Hugo die ganze Zeit über woanders war? Was den Bühnenburschen betrifft ...«

»Davey Browning«, warf Sarah verärgert ein. »Der Mann ist in einem Theater, in dem du gearbeitet hast, auf furchtbare Weise zu Tode gekommen. Das Mindeste, was du tun könntest, wäre, dich an seinen Namen zu erinnern.«

»Ja, na ja«, schnaubte Bridges. »Keiner weiß, wo Hugo gewesen ist, als Davey Browning umgebracht wurde.«

»Ich denke, mit Mr. Brownings Tod sollten wir uns separat befassen«, sagte Lady Hardcastle. »Wir gehen von der Annahme aus, dass eine Person für beide Todesfälle verantwortlich ist. Können wir Hugo also als Verdächtigen in einem Fall ausschließen, sind wir zuversichtlich, dass er auch mit dem zweiten nichts zu tun hat. Also … Weil Mr. Singleton auf der Bühne erdolcht worden ist, wissen wir, dass er nicht ermordet wurde, bevor die unterbesetzte Crew der Bühnenarbeiter ihre Aufbauarbeiten beendet hatte. Wir müssen also nur für eine winzige Zeitspanne ein Alibi finden. Vielleicht fünf Minuten? Allerhöchstens zehn. Wenn jemand zu dieser Zeit mit Hugo zusammen war und das unter Eid aussagt, ist er ein freier Mann.«

»Nun, ich war zu der Zeit allein in meiner Garderobe«, erklärte Bridges entmutigt. Vielleicht hatte er gehofft, Hugos Retter sein zu können.

»Und wie Sie wissen, war ich mit Sarah zusammen«, sagte Rosalie, die nun zum ersten Mal das Wort ergriff.

»Schaut mich nicht an«, sagte Nancy, als alle genau das taten. »Ich war zum Mordzeitpunkt ja nicht mal im Theater.«

»Wo waren Sie denn, meine Liebe?«, fragte Lady Hardcastle.

»Ich war … draußen.«

»Draußen?«, staunte Bridges. »Direkt vor dem zweiten Akt. Was um alles in der Welt …?«

»Ich war an dem Abend ja nur die Zweitbesetzung. Ich wurde gar nicht gebraucht.«

»Genau deshalb hättest du mit dem Rest von uns hinter der Bühne sein sollen. Was, wenn Sarah oder Rosie sich krank gefühlt hätten?«

»Mitten im Stück? *Und heute Abend wird die Rolle der Peggy im ersten Akt von Sarah Griffin und im zweiten Akt von Nancy Beaufort gespielt, weil das ja über-*

haupt nicht verwirrend ist. Niemand hat mich gebraucht, also war ich … draußen.«

»Ja, aber was hast du draußen denn gemacht?« Bridges war nicht gewillt, dieses Thema fallenzulassen.

»Ach, jetzt bemüh doch mal deine Fantasie, lieber Harris«, warf Sarah matt ein. »Sie war mit einem Kerl zusammen.«

»Was? Und wer ist dieser Kerl?«

»Ich bin mir wirklich nicht sicher, ob dich das irgendetwas angeht. Lass das arme Mädchen doch in Ruhe.«

»Ich will das aber wissen.«

»Du bist nicht ihr Vater, mein Lieber. Nicht mal ihr Chef. Sei so gut und halt jetzt den Mund.«

Bridges gab einen Laut der Missbilligung von sich, ließ es aber dabei bewenden.

»Wenn von Ihnen zum Mordzeitpunkt niemand mit Mr. Bartlett zusammen war«, sagte ich, »müssen wir uns mit den anderen unterhalten. Irgendwer muss ihn doch gesehen haben. Und falls nicht, dann, na ja …«

»Falls nicht, könnte Hugo am Ende doch schuldig sein?«, fragte Nancy. »Wollen Sie etwa das sagen?«

»So weit würde ich nicht gehen«, entgegnete ich, »aber es würde definitiv die Aufgabe verkomplizieren, Inspektor Wyatt zu seiner Freilassung zu bewegen.«

»Dann sollten wir Sie besser zum Theater bringen, wo Sie mit den anderen sprechen können«, erklärte Sarah.

»Sind Sie denn sicher, dass man uns empfangen wird?«, fragte Lady Hardcastle. »Haben alle unser Täuschungsmanöver ebenso nachsichtig hingenommen wie Sie?«

»Wir überzeugen sie schon«, erklärte Sarah. »Für Hugo.«

Eingedenk der Tatsache, dass wir spätestens um fünf wieder in Littleton Cotterell sein mussten, hatten wir die Angelegenheit bei Lady Bickle so schnell wie möglich hinter uns gebracht, dann waren die Schauspieler zu Fuß zurück zum Theater geeilt, während wir uns noch verabschiedeten. Wir versprachen, Lady Bickle über unseren Fortschritt auf dem Laufenden zu halten, und ließen uns von Williams in die Mäntel helfen. Gwen und ich versuchten Williams damit zu amüsieren, dass wir uns füreinander ausgaben und behaupteten, die falschen Mäntel bekommen zu haben, aber es war nicht gerade unsere beste komische Zwillingsnummer. Lady Bickle und er lachten höflich, während Lady Hardcastle nur seufzte. Wir gingen zum Rolls Royce zurück.

Ich setzte mich hinters Steuer und beschloss, das mögliche Chaos auf der Park Row zu vermeiden, indem ich aus der entgegengesetzten Richtung zur Frogmore Street fuhr. Über Berkeley Place und Woodwell Lane umfuhr ich Brandon Hill und pirschte mich so von hinten an die Frogmore Street heran, indem ich unter dem Viadukt an der Park Street hindurchfuhr.

»Habe ich da vorhin die Kathedrale gesehen?«, fragte Gwen. »Die haben wir bei unserer Besichtigungstour ausgelassen, Floss.«

Lady Hardcastle saß mit ihr zusammen auf der Rückbank des Silver Ghost. »Das war sie, meine Liebe«, bestätigte sie. »Ein beeindruckendes Gebäude mit einer faszinierenden Geschichte. Wir können sie besichtigen, wenn du willst.«

»Das ist sehr nett«, erwiderte Gwen, »aber ich finde Kathedralen unheimlich. Ich begnüge mich gern mit einem kurzen Blick aus der Ferne von der Rückbank eines schicken Automobils aus.«

»Wie du willst, Liebes. Aber das Angebot steht, falls du deine Meinung ändern solltest.«

Ich parkte direkt vor dem Duke's Theatre, und wir gingen zum Bühneneingang auf der Rückseite, wo wir gerade noch die Schauspieler im Inneren verschwinden sahen.

»Anscheinend geht es heutzutage schneller, wenn man zu Fuß unterwegs ist«, sagte Lady Hardcastle. »Weiß der Himmel, wie es sein wird, wenn irgendwann mal alle ein Automobil haben.«

»Alle?«, fragte Gwen. »Leute wie ich werden nie ein Automobil haben.«

»Leute wie du, liebe Gwenith, werden auf jeden Fall Automobilbesitzer sein. Du wirst hin- und her- und ab und zu mal ganz woandershin fahren, bevor du dich versiehst. Oder wenigstens wirst du es versuchen. Die Straßen werden so voller eifriger Autofahrer sein, dass tatsächlich überhaupt niemand mehr irgendwohin kommt.«

»Ich freue mich schon darauf«, erwiderte Gwenith fröhlich. »Tag, Haggarty. Ist es in Ordnung, wenn wir reingehen?«

»Natürlich, Miss«, antwortete Haggarty. »Sie sind hier immer willkommen.«

Wir begaben uns zum Pausenraum, wo wir auf die Schauspieler warten wollten. Ungefähr zehn Minuten später kam Sarah Griffin zu uns.

»Ach, da sind Sie ja alle. Sie sind direkt hinter uns reingekommen, und plötzlich waren Sie weg. Ich habe überall nach Ihnen gesucht.«

»Wir dachten, wir könnten ewig durch das Theaterlabyrinth irren und Sie trotzdem nie finden, also haben wir uns hier reingesetzt«, erklärte Lady Hardcastle. »Haben Sie einen Zeugen für uns auftreiben können?«

»Möglicherweise. Sie erinnern sich doch an unseren Regisseur Emrys Thornell, oder?«

»Brille, Bart«, zählte ich auf. »Hatte beim Mittagessen ein Samtjackett an. Ist nicht sehr beeindruckt von Harris Bridges.«

»Genau der. Wir haben uns mit ihm unterhalten, und er könnte Hugo das Alibi liefern, das er benötigt.«

»Was hat er gesagt?«, fragte ich.

»Kommen Sie doch mit und sprechen Sie selbst mit ihm«, forderte Sarah uns auf. »Er ist in seinem Büro.«

»Er hat ein Büro?«, fragte Lady Hardcastle.

»Nun, so nennt er es wenigstens. Es ist nur eine überzählige Garderobe, aber da er sich ja nicht umziehen muss, spricht er eben von seinem Büro. So fühlt er sich wichtiger. Kommen Sie mit, ich bringe Sie hin.«

Thornells Garderobenbüro ähnelte Sarahs, allerdings war es in dem Raum dahinter um einiges aufgeräumter. Auf dem Schminktisch stapelten sich gebundene Skripte, mit Bändern verschnürte Papierbündel, Notizbücher, Füller, Tintenfässer und ein Gehstock mit silbernem Knauf.

Wo bei Sarah die Chaiselongue stand, gab es hier ein abgenutztes Chesterfield-Sofa, anstelle ihrer kleinen Gästecouch einen wackeligen Klapptisch und einen einzelnen Stuhl. Thornell saß am Tisch und schrieb, aber er stellte die Arbeit ein und erhob sich, als wir hereinkamen.

»Guten Tag, meine Damen. Wenn ich das richtig verstanden habe, sind Sie vielleicht in der Lage, den armen Hugo zu befreien, ist das wahr?«

»Guten Tag, Mr. Thornell«, begrüßte ihn Lady Hardcastle. »Es entspricht auf jeden Fall der Wahrheit, dass ein hieb- und stichfestes Alibi seine Entlassung zur Folge haben sollte, ja. Aber magische Kräfte besitzen wir nicht. Wenn Sie mit Sicherheit zu sagen wüssten, wo sich Hugo Bartlett zum Zeitpunkt des Mordes aufgehalten hat, könnten wir ihn freibekommen.«

»Leider hat die Erfahrung gezeigt, dass die Polizei alles andere als gewillt ist, sich auf unser Wort zu verlassen. Da muss wohl jemand ein bisschen Respektableres kommen, nicht wir fahrenden Schausteller.«

»Aber Sie können bezeugen, wo sich Mr. Bartlett während der Pause an dem Abend aufgehalten hat, an dem Mr. Singleton ermordet wurde?«

»Das kann ich tatsächlich. Er war bei mir.«

»Wo?«

»Hier. Wir sind einige Ideen für ein neues Stück durchgegangen, an dem er gerade arbeitet.«

»Wann ist das gewesen?«

»Er ist, kurz nachdem sich der Vorhang gehoben hat, hergekommen und war dann hier, bis Patrick uns mitgeteilt hat, was auf der Bühne passiert war.«

»Und Sie wären bereit, das bei der Polizei so auszusagen?«

»Natürlich.«

Gwen wirkte verwirrt. »Warum haben Sie denn nicht schon längst etwas gesagt?«

»Ich weiß nicht, was Sie meinen.«

»Na ja, Sie haben doch mitbekommen, dass Rosalie aus dem Gefängnis entlassen wurde, weil Sarah bezeugt hat, dass sie beide zusammen waren. Warum haben Sie nicht einfach das Gleiche getan?«

»Ich ... na ja ... ich ...«

Gwen schien weiter nachhaken zu wollen, aber ich legte ihr eine Hand auf den Arm.

»Keine Sorge«, sagte ich dann. »Jetzt wissen wir es ja.«

»Eben«, pflichtete Lady Hardcastle mir bei. »Wären Sie bereit, uns zum Bridewell zu begleiten und sich mit Inspektor Wyatt zu unterhalten?«

»Unbedingt. Ja. Für den armen Hugo tue ich alles.«

Sergeant Rauschebart war nicht begeistert von unserem Besuch. Einerseits war es tröstlich, zu sehen, dass Normalität Einzug gehalten hatte und der Beamte am Empfang wieder genauso griesgrämig und wenig hilfsbereit war wie eh und je, nachdem er uns neulich mit seinem freundlichen Gruß auf der Straße in der Nähe des Theaters verstört hatte. Andererseits war sein Verhalten wirklich außerordentlich nervenaufreibend. Vielleicht könnte man ihn dazu überreden, dauerhaft ein Mittelding zwischen beiden Zuständen an den Tag zu legen.

Für den Moment mussten wir ihn allerdings nur dazu bringen, uns zu Inspektor Wyatt vorzulassen.

»Er ist ein sehr …«, setzte er an.

»… beschäftigter Mann«, beendete ich seinen Satz. »Das wissen wir. Aber wir haben wichtige Informationen zu einem seiner Fälle, also wird er uns bestimmt empfangen.«

Er wollte uns absolut nicht empfangen.

Natürlich hatte der Sergeant unsere echten Namen genannt, als er den Kriminalkommissar über das Haustelefon von unserer Anwesenheit unterrichtet hatte, was eine sehr unflätige Zurückweisung unseres Hilfsangebots zur Folge gehabt hatte sowie einen sehr ordinären Vorschlag, was wir stattdessen lieber tun sollten. Er hatte uns ja noch nicht kennengelernt – das dachte er zumindest –, hatte aber offenbar von unserer »Einmischung« in Polizeiangelegenheiten gehört und verspürte keinerlei Bedürfnis, seine eigene – wie gewisse Zeitungen sich ausdrückten – sehr geschmeidig ablaufende Untersuchung zu den Morden im Duke's Theatre unnötig zu verkomplizieren. Der Sergeant ersparte es sich, die Worte des Inspektors eins zu eins zu wiederholen, aber die Stimme aus dem Telefonhörer war so laut gewesen, dass er das gar nicht musste. Wyatt war kein wohlerzogener Mann.

»Sagen Sie ihm …«, setzte Lady Hardcastle an. »Sagen Sie ihm, dass wir im Namen von Lady Webster-Green und Miss Goodheart hier sind.«

Der Sergeant übermittelte die Nachricht.

Darauf folgte eine weitere Salve sehr bildhafter Kraftausdrücke aus dem Telefonhörer, an deren Ende er jedoch widerstrebend einwilligte, uns zu sehen.

»Sie kennen ja den Weg«, sagte der Sergeant abschätzig und wandte sich wieder seinem Protokollbuch zu. »Sein Büro ist zwei Türen hinter dem von Inspektor Sunderland, auf der rechten Seite.«

Wir bedankten uns und gingen vor Gwen und Thornell die Treppe hinauf zu den Büros der Kriminalpolizei im ersten Stock. Wir passierten Inspektor Sunderlands Büro und fanden Wyatts Büro. Ich klopfte an.

Als er uns hereinbat, traten wir ein und stellten uns alle gemeinsam neben die offene Tür.

Er sah Lady Hardcastle an. Dann mich. Dann Gwen. Thornell ignorierte er. Dann sah er wieder zu Lady Hardcastle.

Inspektor Dick Wyatt war nicht gerade erfreut, uns zu sehen.

»Ich dachte, diese Hardcastle und ihre Zofe kämen rauf«, sagte er. »Was wollen Sie drei denn hier?«

»Wir *sind* diese Hardcastle und ihre Zofe«, erklärte Lady Hardcastle in ihrem nervtötendst liebenswürdigen Tonfall. »Und das hier ist Miss Armstrongs Schwester Gwenith. Emrys Thornell kennen Sie ja.«

»Das müssen Sie erklären«, entgegnete Wyatt mit einem Ausdruck, der wohl bedrohlich sein sollte.

Wir erklärten uns.

Er war davon unbeeindruckt.

»Einem Polizisten einen falschen Namen und eine

falsche Adresse zu nennen, ist ein sehr ernstes Vergehen«, sagte er, als wir fertig waren.

»Ist es das?«, erwiderte Lady Hardcastle. »Ist es das wirklich? Sie könnten vielleicht argumentieren, dass wir Ihre Ermittlungen behindert oder Ihre Zeit verschwendet haben, dabei haben wir keins von beidem getan. Ganz im Gegenteil haben wir Ihre Ermittlungen *unterstützt* und der Polizei Zeit *gespart*. Und jetzt lassen Sie Ihre albernen Drohungen sein. Wir bringen Ihnen neue Beweise in Ihrem Fall. Mr. Emrys Thornell hier kann bezeugen, wo Mr. Hugo Bartlett sich zum Zeitpunkt des Mordes an Paul Singleton aufgehalten hat. Und wenn er dafür nicht verantwortlich war, stehen die Chancen sehr schlecht, dass er Davey Browning umgebracht haben könnte.«

Wyatt atmete tief ein und schien Lady Hardcastle sagen zu wollen, was sie mit ihren neuen Beweisen anstellen könne, als jemand an den Türrahmen klopfte.

»Tut mir leid, dass ich einfach so reinplatze, Wyatt«, sagte Inspektor Sunderland, »aber ich dachte mir doch, dass ich eine bekannte Stimme gehört habe. Ich konnte ja nicht zulassen, dass ich einen Besuch von Lady Hardcastle verpasse.«

»Guten Tag, Inspektor«, begrüßte ihn Lady Hardcastle. »Wie schön, Sie zu sehen. Wir wollten Inspektor Wyatt gerade neue Beweise in den Mordfällen an Paul Singleton und Davey Browning vortragen.«

»Ach ja? Tatsächlich? Großartig. Wie laufen denn die Ermittlungen so, Wyatt?«

»Ziemlich gut, danke, Sunderland.«

»Das höre ich gern. Gut gemacht. Ich habe im Verzeichnis der Verhaftungen gesehen, dass Sie einen Verdächtigen in Gewahrsam haben.«

»Habe ich. Mr. Hugo Bartlett war derjenige, der die Mordwaffe aus dem Theaterfundus angefordert hat.«

»Aha. Ziemlich verräterisch. Was war sein Motiv?«

»Da bin ich mir noch nicht sicher – wenigstens nicht bei dem Mord an Singleton. Der zweite Mord ist aber ganz offenbar begangen worden, um einen möglichen Zeugen des ersten Mordes zum Schweigen zu bringen.«

»Nun, bestimmt finden Sie da noch etwas. Ich gehe davon aus, dass er eine Menge Zeit hatte, den Mord zu begehen? Es gibt auch niemanden, der ihm ein Alibi verschaffen kann? Keine Zeugen, die wissen, wo er war?«

Wyatt seufzte. »Genau deshalb haben Lady Hardcastle und ihr Gefolge sich offenbar entschlossen, mir heute Nachmittag einen Besuch abzustatten«, erwiderte er erschöpft und resigniert. Er wusste, dass Inspektor Sunderland mehr gehört hatte als Lady Hardcastles freundliche Worte und dass es ihn in ein schlechtes Licht setzen würde, wenn er diese neuen Beweise einfach nur aus Trotz missachtete.

»Das sollte Ihnen doch bei der Klärung helfen«, sagte Inspektor Sunderland heiter. »Was für ein Glück, dass aufmerksame Bürgerinnen uns so bereitwillig zur Seite stehen.«

»Das stimmt wohl.«

»Na, dann will ich Sie nicht länger aufhalten. Lady Hardcastle, Miss Armstrong, Mrs. Evans – wenn Sie Zeit haben, schauen Sie doch noch kurz bei mir vorbei, bevor Sie gehen. In meinem Büro gibt es immer eine Kanne Tee für Sie.«

»Sehr nett von Ihnen, Inspektor«, erwiderte Lady Hardcastle. »Obwohl wir in diesem Fall leider höflich ablehnen müssen – wir haben im Dorf noch etwas Wichtiges zu erledigen. Gern ein andermal.«

»Das hoffe ich auch, Mylady. Haben Sie noch einen schönen Tag.«

Dann kehrte er pfeifend in sein Büro zurück.

Wyatt kramte in seiner Schreibtischschublade nach einem Formular für eine Aussage, das er Thornell daraufhin zusammen mit einem Stift reichte.

»Wenn Sie so freundlich wären, mir in allen Einzelheiten aufzuschreiben, was Sie am Abend des Mordes getan haben, einschließlich sämtlicher Treffen, die mit Mr. Bartlett stattgefunden haben, wäre ich Ihnen außerordentlich dankbar.«

»Selbstverständlich, Inspektor«, erwiderte Thornell. »Darf ich ...?« Er deutete auf den Besucherstuhl vor Wyatts Schreibtisch.

Ohne sich zu bemühen, höflich oder einladend zu erscheinen, räumte ihm Wyatt ein möglichst kleines Stück seines Schreibtischs frei und bedeutete ihm, er möge sich setzen.

»Lassen Sie sich von mir nicht aufhalten, Mylady«, sagte Wyatt, nachdem Thornell mit der Niederschrift begonnen hatte. »Sie haben Sunderland doch gesagt, Sie seien beschäftigt.«

»Ganz recht«, erwiderte Lady Hardcastle. »Das sind wir auch. Kommen Sie alleine klar, Mr. Thornell?

Oder gibt es noch irgendetwas, was wir für Sie tun können?«

»Ich komme klar, Mylady, vielen Dank«, antwortete Thornell. »Sie sind wirklich eine große Hilfe gewesen.«

»Dann würden wir uns jetzt verabschieden, Inspektor. Danke, dass Sie uns empfangen haben.«

Wyatt entließ uns mit etwas, was einem Knurren ähnelte.

Als wir an seinem jetzt offen stehenden Büro vorbeikamen, winkten wir noch einmal Inspektor Sunderland zu, verließen dann das Polizeipräsidium und kehrten zum Rolls Royce zurück.

11

Gegen halb drei waren wir wieder zu Hause, und ich wärmte zum Lunch etwas von Miss Jones' Suppe auf, während Gwen nach oben ging und meinen Kleiderschrank durchforstete. Lady Hardcastle kam zu mir in die Küche und schnitt ein paar Scheiben Brot ab.

»Glaubst du, der Plan wird funktionieren?«, fragte sie und säbelte ordentlich den Laib durch. »Na so was, das ist ja mal eine fast perfekte Scheibe. Wir könnten sie zum Institut für Brot und Backwaren als ein Beispiel für die Kunst des Brotschneidens schicken. Das habe ich gut gemacht.«

»Das haben Sie wirklich gut gemacht«, lobte ich. »Und der Plan ist sehr solide. Er ist eine Abwandlung von der Art Streich, die wir als Kinder immer gespielt haben. Falls die Sache schiefgeht, liegt es nicht am Plan.«

»Es gibt viele Variablen zu beachten, stimmt«, erwiderte sie nachdenklich. »Aber einen Versuch ist es wert. Es ist ja nicht so, dass wir weniger Erfolg als Joe und Daisy haben können. Es ist ungefährlich und kostet niemanden irgendwas …«

»Vielleicht abgesehen von einer weiteren Flasche Alkohol.«

»Abgesehen davon, ja. Aber das ist ein Preis, den sie zu zahlen bereit sein müssen.«

Wir trugen die Suppe und das Brot ins Speisezimmer und deckten gerade Schälchen und Besteck, als Gwen mit zwei meiner Uniformkleider hereinkam.

»Du hast wirklich ein paar schöne Kleider«, sagte sie. »Ich wünschte, ich könnte mir solche Kleider leisten – vielleicht muss ich mir mal welche von dir ausleihen. Aber die hier sind die einzigen gleichen, die ich finden konnte.« Sie hielt die identischen Kleider hoch. »Von allem anderen hast du immer nur eins. Ach, abgesehen von diesen chinesischen Schlafanzugdingern. Von denen hast du eine Menge.«

»Die benutze ich für meine Übungen«, erklärte ich.

»Ich hab dich dabei gesehen. Tai-Chi hast du gesagt. Aber ich kann mir nicht vorstellen, dass du so in den Pub gehst, also muss es die geschniegelte und gebügelte Kammerzofe tun.«

»So haben sie mich dort auf jeden Fall schon gesehen.«

»In letzter Zeit allerdings nicht so oft«, erwiderte Gwen. »Seit ich hier bin, hast du noch gar keine Uniform getragen.«

»Stimmt«, räumte ich ein. »Das hab ich mir irgendwie abgewöhnt. In letzter Zeit haben wir immer mehr gearbeitet, und da bietet sich dafür nicht so oft die Gelegenheit.« Ich sah zu Lady Hardcastle. »Sie haben dazu nie etwas gesagt. Macht es Ihnen etwas aus?«

»Um Himmels willen, nein«, rief sie. »Du bist meine rechte Hand. Meine Stütze geradezu. Ohne dich hätte ich schon oft mit aufgeschlitzter Kehle in einem Straßengraben gelegen. Was du anhast, ist vollkommen egal – obwohl dir das blaue Kleid, das du abends manchmal trägst, wirklich sehr gut steht. Wir wissen, wer wir sind und was wir zu tun haben. Kleider sind nur Kleider.«

»Nun, das erklärt immerhin, warum diese beiden in so gutem Zustand sind«, merkte Gwen an. »Allerdings habe ich keine identischen Hüte gefunden. Ich hab die hier mitgebracht, aber sie sind nicht ganz gleich.« Sie zog zwei dunkle Hüte aus den Falten der Kleider hervor.

»Die sehen sich doch verdammt ähnlich«, entgegnete Lady Hardcastle. »Ich würde wetten, dass unser Dieb ein Mann ist, und ich habe noch nie einen Mann getroffen, der nicht mit Mode gehandelt hat und trotzdem einen Damenhut von einem anderen unterscheiden konnte. Die funktionieren doch wunderbar.«

»Du hast außerdem keine zwei gleichen Mäntel«, merkte Gwen an.

»Da fällt uns etwas ein«, erwiderte ich. »Das klappt schon.«

Gwen hängte die Kleider über die Lehne eines der Esszimmerstühle und legte die Hüte auf die Sitzfläche.

»Die Suppe riecht köstlich«, sagte sie dann.

Wir aßen zu Mittag.

»Was denkt ihr inzwischen über die Morde?«, fragte Gwen, als sie eine von Lady Hardcastles perfekt geschnittenen Brotscheiben mit Butter bestrich.

»Wie meinst du das, Liebes?«, fragte Lady Hardcastle.

»Na ja, ihr habt Rosalie von der Liste der Verdächtigen gestrichen. Und Hugo habt ihr so gut wie sicher auch gestrichen. Zwei sind also weg.«

»Vier, wenn wir Sarah und Thornell vorbehaltlos glauben«, ergänzte ich.

»Haben wir sie aber wirklich ganz von der Liste gestrichen?«, fragte Lady Hardcastle. »Wir können uns ja nur auf ihre Zeugenaussagen verlassen, vor allem bei Thornell und Bartlett – die beiden Männer könnten unter einer Decke stecken. Ganz offenbar sind sie gut befreundet, wenn sie so viel Zeit miteinander verbringen. Was, wenn die Geschichte wahr ist, dass Thornell Singleton eine beträchtliche Geldsumme geschuldet hat? Was, wenn er seinen guten Freund Bartlett dazu überredet hat, Singleton für ihn umzubringen? Was, wenn er Bartlett dazu gebracht hat, ihm ein Alibi zu liefern, damit er den Mord selbst begehen konnte? Außerdem konnte uns bisher niemand sagen, wo Bartlett sich an dem Abend aufgehalten hat, an dem Davey Browning getötet wurde. Wir haben ihn vor der Vorstellung gesehen und dann … nicht mehr. *Dringende Angelegenheiten* war alles, was wir zu hören bekommen haben.«

»Außerdem hat niemand seine Abwesenheit erwähnt«, fügte ich hinzu. »Glauben Sie, die anderen wissen, wo er an diesem Abend gewesen ist?«

»Nein, und es könnte verräterisch sein, wenn Thornells Geschichte sich als falsch erweist, aber – genau wie bei Rosalie – hatte ich nur Einwände gegen Bartletts Verhaftung wegen der Gründe, die Wyatt dafür angegeben hat, nicht weil ich seine Schuld für ausgeschlossen halte. Ich bin davon überzeugt, dass der Dolch nicht der Schlüssel zu der ganzen Sache ist, aber Wyatt fehlt offenbar der Weitblick, das zu erkennen.«

»Sie haben natürlich recht«, stimmte ich zu, »aber dafür, dass Bridges zum Zeitpunkt des Mordes in seiner Garderobe war, haben wir auch keinen Beweis außer seiner eigenen Beteuerung. Und niemand scheint bestätigen zu können, dass Nancy wirklich mit ihrem Burschen draußen war. Und Cowlin ist bis jetzt noch nicht mal von irgendwem erwähnt worden.«

»Das ist alles wahr«, räumte Lady Hardcastle ein. »Obwohl Cowlin kein Motiv zu haben scheint. Die anderen beiden waren auf die eine oder andere Weise in Singletons amouröse Abenteuer verwickelt, aber wie passt Cowlin da hinein?«

»Na, das haben wir doch schon besprochen«, warf Gwen ein.

»Weil er die Zweitbesetzung war?«, fragte ich.

»Genau: beruflicher Neid. Cowlin hatte die Nase voll davon, dass Singleton immer die guten Rollen bekommen hat, während er die Tische mit den Requisiten in Ordnung halten und den Text der anderen auswendig lernen musste, nur für alle Fälle. Ich wette, Cowlin ist der Täter.«

»Schon möglich«, erwiderte Lady Hardcastle.

»Wenn wir nur genau genug hinsehen, hatten sie also alle ein Motiv«, fasste ich zusammen. »Und sie hatten alle Zugang zur Tatwaffe. Wyatt muss endlich mal anfangen, sie darüber zu befragen, wo sie sich wann aufgehalten haben.«

»Das sollte er wirklich«, stimmte Lady Hardcastle

mir zu. »Aber man fragt sich schon, ob er das tun wird. Reichst du mir bitte den Pfeffer?«

Wir aßen weiter, und unser Gespräch wandte sich den Plänen für den bevorstehenden Abend zu.

Nachdem sie mir beim Abräumen geholfen hatte, verschwand Gwen einmal mehr nach oben.

Zehn Minuten später kam sie zurück ... als ich. Sie trug eines meiner Uniformkleider, hatte das Haar hochgesteckt und einen der fast gleichen Hüte auf, sodass ich mich fragte, ob sogar meine besten Freundinnen uns hätten auseinanderhalten können. Wir würden es allerdings bald genug herausfinden – Daisy war ein wichtiger Teil des Plans.

Kurz vor vier schickten wir sie los. Sie würde eine Weile allein warten müssen, aber da es ihre Idee gewesen war, wusste ich, dass es ihr nichts ausmachte. Entweder das oder sie hatte es nicht richtig durchdacht – wie auch immer, wir würden uns erkenntlich zeigen, falls ihr Plan funktionierte. Natürlich auch, falls nicht.

Lady Hardcastle und ich mussten derweil ein bisschen Zeit totschlagen. Wir setzten uns zusammen in den Salon und starrten auf die Verbrechenstafel.

»Es gibt nur ein winziges Zeitfenster für den Mord an Singleton«, überlegte Lady Hardcastle und machte sich weitere Notizen auf ihrer Zeitleiste. »Allerhöchstens zehn Minuten. Wir müssen doch herausfinden können, was die einzelnen Leute zu diesem Zeitpunkt gemacht haben.«

»Wir wissen schon, wo vier von ihnen waren«, erklärte ich. »Es sollte uns nicht allzu schwerfallen, herauszufinden, was die anderen drei getan haben.«

»Ja, nicht wahr? Wir sollten auch noch mal die Motive unter die Lupe nehmen. Ich meine, üblicherweise hilft es doch, zu wissen, warum jemand sein Opfer umbringen will. Bis jetzt wissen wir von der Dreiecksgeschichte zwischen Sarah, Singleton und Rosalie, und die beiden Frauen geben sich gegenseitig ihr Alibi.«

»Sarah scheint das Ende ihrer Beziehung insgesamt zu wenig auszumachen, als dass es als starkes Motiv taugen würde. Sie ist natürlich eine gute Schauspielerin, es könnte also alles nur vorgetäuscht sein, aber ich glaube wirklich nicht, dass sie sich darüber allzu sehr aufregt. Und Rosalie scheint gar kein Motiv zu haben – sie hat den Mann schließlich geliebt.«

»Wenigstens haben wir bis jetzt noch keins entdeckt«, erwiderte ich.

»Na ja. Immerhin gibt es Nancy – deren schlimmste Ängste darin zu bestehen scheinen, dass man sich über sie lustig macht, und der der wortgewandte Schwerenöter Singleton Avancen gemacht hat. Könnte sie ihn denn erstochen haben – außer sich wegen seines unmoralischen Angebots und in panischer Angst davor, zum Gespött zu werden?«

»Möglich«, erwiderte ich.

»Thornell hat Singleton Geld geschuldet. Cowlin war sauer auf ihn, weil er immer die Hauptrollen bekommen hat. Und Harris ist ein Dummkopf.«

»Ich bin nicht sicher, ob ein Dummkopf zu sein als Mordmotiv durchgeht.«

»Es sollte allerdings Grund genug sein, ihn einzusperren«, entgegnete sie. »Außerdem gibt es noch Hugo. Für den will mir kein Motiv einfallen. Insgesamt ist das aber immer noch eine beträchtliche Anzahl an Motiven. Zwischen den Mitgliedern dieser verschworenen Truppe geht doch eine ganze Menge vor sich. Wir sollten das noch ein bisschen genauer unter die Lupe nehmen.«

»Sie haben recht. Wir sind so sehr darauf fixiert gewesen, Wyatts Unsinn auszubügeln, dass wir viel zu wenig selbst ermittelt haben. Aber um ehrlich zu sein, hatten wir ja auch nicht wirklich freie Hand – und mussten im Stillen ermitteln. Allerdings sind wir gebeten worden, Wyatt im Auge zu behalten.«

»Und diesen Job haben wir mit Bravour erledigt. Ich denke allerdings, dass inzwischen klar ist, dass er den Fall allein nicht lösen wird. Bemerkenswert, dass er sie alle einen nach dem anderen verhaften wird, bis irgendjemand so genervt von dem ganzen Quatsch ist, dass er gesteht.«

»Das ist doch kein so schlechter Plan.«

»Am Ende könnte er wirklich versuchen, die falsche Person an den Galgen zu bringen.«

»Dann müssen wir methodisch vorgehen«, sagte ich. »Haben Sie so nicht immer Ihre Experimente durchgeführt? Wir treiben die Bartlett Players alle in die Enge – wenn möglich jeden für sich – und versuchen herauszufinden, was sie antreibt.«

»Methodisch, ja, das gefällt mir. Ich würde gern mit Harris Bridges anfangen.«

»Gibt es dafür irgendeinen besonderen Grund?«

»Ich kann den Mann nicht ausstehen. Wenn er der Schuldige wäre, fände ich das gut.«

Ich lachte und machte eine Notiz auf der Tafel.

Dann besprachen wir unseren Schlachtplan, bis es Zeit für mich war, meine Uniform anzuziehen.

Kurz vor sechs trafen wir im Dog and Duck ein. Der Pub begann sich allmählich zu füllen, und es herrschte eine angenehm lebendige Atmosphäre. Wir traten an den Tresen, hinter der Daisy und Joe bereits ungeduldig auf uns warteten.

»Danke, dass Sie das für uns tun, meine Lieben«, sagte Old Joe ernst. »Meinen Alkohol verschwinden zu sehen, macht mich verrückt.«

»Unseren Freunden zu helfen, ist wohl das Mindeste, was wir tun können«, erwiderte Lady Hardcastle.

Ich nickte zustimmend.

»Wie schön, euch endlich mal bei der Arbeit zusehen zu können«, sagte Daisy. »Wie aufregend.«

»Wir tun eigentlich nie viel mehr, als herumzusitzen«, entgegnete ich.

»Ich finde das trotzdem aufregend. Möchtet ihr euch eine Kleinigkeit mitnehmen, um die Kälte abzuhalten? Im Keller unten ist es ziemlich frisch.«

»Nein, das geht schon – ich muss bei klarem Verstand bleiben.«

»Wie wäre es mit ein bisschen Sirup? Wir wollen ja nicht, dass ihr Durst bekommt.«

»Und ich will nicht ständig raufkommen und auf die Toilette müssen«, erwiderte ich.

»Ach, komm schon. Nur ein kleiner.«

Ich seufzte. »Na gut, Daisy. Ein kleiner Sirup. Danke.«

»Wie ist es mit Ihnen, Mylady?«, fragte Daisy. »Geht aufs Haus.«

»Ach, das ist sehr nett«, sagte Lady Hardcastle. »Ich nehme einen Brandy. Danke.«

»Einen großen?«

»Weißt du, dass mir noch nie in den Sinn gekommen ist, dass es auch noch irgendeine andere Größe geben könnte? Bestellen die Leute tatsächlich kleine Brandys?«

»Nicht oft, nein«, räumte Daisy lachend ein.

Dann machte sie sich an unseren Getränken zu schaffen, während Joe einigen Stammgästen aufgeregt erzählte, dass wir den Dieb heute ein für alle Mal schnappen würden.

Als ich dann schließlich mit einem großen Glas Sirup ausgestattet war, ging ich in den hinteren Teil des Pubs zur Kellertür. Ich sah mich um und überprüfte, ob ich beobachtet wurde, dann öffnete ich die Tür und schlüpfte in die Dunkelheit. Direkt hinter der Tür standen auf einem kleinen Regal eine Lampe und eine Schachtel Streichhölzer, aber ich ignorierte sie und gab mir stattdessen ein paar Sekunden, um mich an das Zwielicht zu gewöhnen, bevor ich vorsichtig die Treppe hinabstieg.

Unten war es stockdunkel, sodass ich gar nichts mehr erkennen konnte. Allerdings konnte ich etwas hören. Ein Rascheln und Knarren. Ein leises Atmen.

»Bist du das, Flossie?«, fragte Gwens Stimme aus der Schwärze.

»Falls nicht, hast du gerade unsere Tarnung auffliegen lassen«, erwiderte ich.

»Der Dieb benutzt die Lampe. Daisy hat mir verraten, dass sie nach jedem Diebstahl warm ist.«

»Diese Daisy ist schlauer, als sie sich gibt«, sagte ich. »Kann ich mich irgendwo hinsetzen?«

»Neben meinem Stuhl steht noch ein zweiter«, sagte sie und klopfte mit den Fingernägeln darauf, damit ich die Stelle ausmachen konnte.

»Wie hast du es geschafft, Stühle für uns zu organisieren?«

»Ich habe meine eigene Lampe.« Es schepperte und kratzte auf dem Steinboden, als sie leicht mit dem Fuß dagegentrat. »Ich bin auch schlauer, als ich es den Leuten weismachen möchte.«

Ich tastete mich mit ausgestreckten Armen zu ihr vor.

»Immer langsam, Floss«, kicherte Gwen. »Führ mich vorher wenigstens zum Essen und in irgendeine Varietévorstellung aus.«

»Wenn du einfach nur die blöde Lampe anzünden würdest, müsste ich nicht so herumtatschen.«

»Aber das wäre dann doch überhaupt nicht lustig.«

Ich stieß sie an und ließ mich dann vorsichtig auf den Stuhl sinken. »Wie gemütlich«, sagte ich dann. »Es ist Jahre her, dass wir so zusammen im Finsteren gesessen haben.«

»In langen Nächten im Zirkuswagen«, stimmte sie mir zu.

»Oder wir saßen unterm Sternenzelt und haben gewartet, dass der Morgen über einer neuen Stadt hereinbricht.«

»Das war im Vergleich allerdings gleißend hell. Wie ist es oben gelaufen?«

»Entweder sind Daisy und Joe ausgezeichnete Schauspieler …«

»Oder sie konnten sich überhaupt nicht mehr an den Plan erinnern und haben einfach nur geredet, was ihnen in den Sinn kam?«

»Genau. Wie auch immer, es gibt jetzt niemanden im Schankraum mehr, der nicht Bescheid weiß, dass Ihro Gnaden und ich hier sind, um den Alkoholdieb zu fassen, und dass ich hier unten ganz allein auf ihn warte. Hat dich irgendwer reinkommen sehen?«

»Keine Menschenseele. Zwischen eurem Haus und dem Pub bin ich niemandem begegnet, und hier war alles vollkommen verlassen – nur Daisy und Joe haben sich hinter der Bar über Joes Frau unterhalten. Wie ist sie denn so?«

»Ich hab sie nie kennengelernt. Manchmal frage ich mich, ob sie wirklich existiert.«

»Nun, er mag sie jedenfalls sehr gern, egal ob es sie wirklich gibt oder nicht«, erwiderte Gwen. »Es war ziemlich rührend. Wie lange wollen wir warten?«

»Eine gute halbe Stunde, würde ich sagen. Vielleicht ein bisschen länger. Daisy hat daran gedacht, mir ein Getränk mitzugeben, also habe ich eine Entschuldigung nach oben auf die Toilette zu gehen, aber wir sollten es trotzdem realistisch aussehen lassen.«

»Ach, wunderbar. Gib mir das Glas – ich bin am Verdursten.«

»Tut mir leid, ich hab das meiste davon im Dunkeln

auf der Treppe verschüttet. Es war ohnehin nur Limettensirup.«

Dann saßen wir fast eine Stunde lang aneinandergelehnt zusammen in der Finsternis und plauderten über unsere Kindheitserlebnisse.

Nach dem, was wir für eine angemessene Zeitspanne hielten, tauschten Gwen und ich im Dunkeln Mäntel und Hüte. Sie wollte mir einen Viel-Glück-Schmatzer auf die Wange geben, erwischte aber stattdessen mein Ohr. Wir kicherten, und sie stieg vorsichtig die Treppe hinauf und ließ mich allein in der Finsternis zurück.

Lange musste ich nicht warten.

Ungefähr fünf Minuten mochten vergangen sein, als ich die Tür am oberen Ende der Treppe aufgehen hörte. Ich nutzte das Geräusch von Schritten und dem Anzünden der Lampe dazu, um mich zu verstecken. Wir hatten bei unserer Erkundung der Örtlichkeiten Anfang der Woche neben dem Spirituosenregal eine Mauernische entdeckt, die dafür geeignet war.

Ich wartete still, während ich jemanden über die Holzstufen herunterkommen hörte.

Das Licht wurde heller.

Die Schritte waren schwer, mühsam, etwas ungleichmäßig.

Schließlich kam die Person, zu der sie gehörten, am unteren Ende der Treppe an und schlurfte zu den teuren Spirituosen und meinem Versteck. Ich hielt die Luft an.

Ich wartete ab, bis ich das Geräusch einer Flasche

hörte, die aus dem Regal gezogen wurde, und trat dann aus der Nische vor.

»Guten Abend ...« Ich war ein wenig überrascht, im Schein der Lampe eine untersetzte kleine Frau in einer Männerjacke zu sehen. »... Mrs. ...«

»Oje«, sagte sie mit einem fröhlichen Lächeln. »Sie haben mich aber erschreckt.«

»Da bin ich mir sicher. Sie sind die Freundin von Mrs. Grove, nicht wahr?«

»Ganz recht, meine Liebe. Agnes Bingle.«

»Nun, Agnes Bingle, das Spiel ist aus.«

»Was meinen Sie, meine Liebe?«

»Sie sind diejenige, die Joe Spirituosen gestohlen hat.«

Sie blickte auf die Flasche in ihrer Hand, als wäre sie davon überrascht, sie zu sehen.

»Das? Das ist nur ...«, setzte sie an.

»Das ist nur eine Flasche«, ich warf einen Blick auf das Etikett, »Dewar's White Label. Eine Flasche Scotch, die Sie gerade Ihrem Freund Joe Arnold gestohlen haben.«

Sie sah sich die Flasche noch einmal an. »Na ja, wenn Sie es so ausdrücken.«

»Wie sollte ich es sonst ausdrücken?«

»Na ja, er verdient doch gut, oder? Old Joe, meine ich. Ich dachte nicht, dass er eine Flasche ab und zu vermissen würde.«

»Sie haben jetzt schon seit ein paar Monaten wenigstens eine pro Woche mitgehen lassen.«

»Ach, ich richte doch keinen Schaden an.«

»Sie bestehlen einen Ihrer Freunde.«

»Das macht ihm bestimmt nichts aus, sonst hätte er sich doch größere Mühe gegeben, mich daran zu hindern.«

»Er *hat* sich Mühe gegeben.«

»Nicht sehr.«

Dies war nicht die Art von Auseinandersetzung, die ich erwartet hatte. Mrs. Bingle schien es überhaupt nicht zu stören, auf frischer Tat ertappt worden zu sein. Sie lächelte einfach nur arglos, als ob ich wirklich kleinlich wäre.

»Wie um alles in der Welt sind Sie nur darauf gekommen, dass es in Ordnung wäre, sich selbst zu bedienen?«

»Mir ist aufgefallen, dass er die Kellertür nie abschließt«, erwiderte sie noch immer lächelnd. »Ich dachte mir: *Das ist aber ziemlich leichtsinnig. Jeder könnte runtergehen und etwas stibitzen.* Und eines Tages habe ich dann den Entschluss gefasst, selbst nachzusehen, was es hier unten so gibt. Ich hab mir eine alte Jacke von unserem Jack angezogen, damit ich hinten rausgehen konnte, ohne dass irgendwer sich darüber wundert, dass eine Frau Sie wissen schon wohin geht. Stattdessen bin ich dann aber hier runtergekommen. In diesen Regalen lagert er doch Dutzende von Flaschen. Ich dachte nicht, dass er eine einzelne vermissen würde, also hab ich eine für unseren Jack mit heim genommen. Und als er die eine nicht vermisst hat, dachte ich, dass er vielleicht auch zwei nicht vermissen würde. Danach wurde es zu einer Art Spiel. Wie gesagt, ich wusste, dass es Joe nicht wirklich gestört hat, sonst hätte er sich mehr angestrengt, mich aufzuhalten. Er ist ja nur nach Schema F vorgegangen.«

»Aber Daisy und er *haben* sich angestrengt. Sie haben alles Mögliche versucht, um herauszufinden, wer den Alkohol klaut.«

»Nein, Liebes, sie haben die ganze Zeit weggeschaut. Ich wusste also, dass es ihnen nichts ausmacht. Sie haben immer nur die Knechte im Auge behalten, wissen Sie? Sie haben so getan, als ob sie versuchten, einen der jungen Burschen zu schnappen, und mich gar nicht beachtet.«

»Aber Old Joe ist Ihr Freund.«

»Deshalb weiß ich doch, dass es ihm nichts ausmacht. Er hat nichts dagegen, einer alten Freundin ein paar Flaschen von dem guten Zeug zu schenken.«

»Aber er schenkt sie Ihnen ja nicht …«, setzte ich noch einmal an. Doch irgendwie war mir klar, dass ich nicht zu ihr durchdringen würde. »Kommen Sie mit. Wir gehen zu Joe und sehen, was er dazu sagt.«

»In Ordnung, meine Liebe.«

Sie wollte schon wieder die Treppe hinaufsteigen.

»Vergessen Sie nicht etwas?«, fragte ich.

»Was denn?«

»Den Scotch.«

»Was ist damit?«

»Stellen Sie ihn zurück.«

Sie sah ihn verwirrt an. »Aber …«, sagte sie dann. »Den nehme ich doch mit zu Jack nach Hause.«

»Stellen Sie ihn zurück.«

Widerstrebend leistete sie meiner Aufforderung Folge, und ich stieg hinter ihr die Treppe nach oben. Als wir halb oben waren, hielt sie an, drehte sich um, und hob die Lampe, um mich zu mustern.

»Wie sind Sie eigentlich wieder hier runtergekommen?«, fragte sie. »Das würde ich gern wissen. Ich habe Sie zusammen mit Lady Hardcastle losgehen sehen. Sie haben sich lange darüber unterhalten, dass es nichts nützen und der Dieb sowieso nicht auftauchen würde und dass Sie genauso gut wieder heimgehen könnten. Deshalb wusste ich überhaupt, dass es sicher war, hier runterzukommen.«

»Das bleibt auf jeden Fall ein Rätsel«, entgegnete ich. »Kommen Sie jetzt mit, ich bin sicher, dass Joe sich gern gründlich mit Ihnen unterhalten möchte.«

Am oberen Ende der Treppe angekommen, löschte sie sorgfältig die Lampe und stellte sie wieder auf das Regal zurück, bevor sie die Tür öffnete und in den Pub hinaustrat. Ich folgte ihr und zeigte in Richtung des Schankraums.

»Ich habe hier jemanden, der sich mit Ihnen unterhalten will«, sagte ich zu Joe. »Ich … Nun ja, wenn ich ehrlich bin, bin ich nicht ganz sicher, was ich davon halten soll. Also lasse ich sie einfach bei Ihnen, damit Sie selbst entscheiden können.«

Joe wirkte so verblüfft, wie ich war, aber auf einmal fühlte es sich nicht mehr so an, als ob mich das Ganze etwas anging, also überließ ich es ihm, die Sache zu klären. Wäre es einer der jungen Burschen gewesen, hätte ich ihn persönlich hinüber zu Sergeant Dobson und Constable Hancock auf die Dorfwache geschleift und sie aufgefordert, ihn über Nacht in einer ihrer Zellen einzusperren. Aber das hier? Das war wirklich zu sonderbar, und ich fand, dass Joe und Mrs. Bingle das am besten unter sich ausmachen sollten.

Ich ging zu Daisy und erklärte ihr rasch, was passiert war. Sie war ebenso entsetzt wie ich und wollte mich überreden, sie zu Joe zu begleiten, um mehr herauszufinden. Aber ich entschuldigte mich und trat in die kühle Novemberluft hinaus.

Ein wenig enttäuscht machte ich mich auf den Nachhauseweg.

Zu Hause hatten es sich Gwen und Lady Hardcastle im Salon bequem gemacht. Auf einem der kleinen Tische standen eine Käseplatte und ein paar Cracker, außerdem hatte eine von ihnen den Brandy und den Portwein aufgespürt.

»Guten Abend, ihr Faulenzerinnen«, sagte ich, nachdem ich Hut und Mantel abgelegt und mich zu ihnen gesellt hatte. »Was habe ich verpasst?«

»Nicht viel«, antwortete Lady Hardcastle. »Ich habe Gwenith gefragt, wie es im Moment um die Königliche Artillerie bestellt ist.«

»Bist du inzwischen eine Expertin für den Zustand unseres Militärs, Gwen?«, fragte ich.

»Ich halte die Ohren offen. Es ist erstaunlich, wie viel man aufschnappen kann, wenn man aufmerksam ist.«

»Das ist die Grundlage für meine gesamte Karriere«, erwiderte ich. »Dienerin der Oberschicht und Dienerin der Krone – zum Großteil besteht das mehr aus Zuhören als aus Reden.«

»Wann hast du denn jemals für die Oberschicht gearbeitet?«, fragte Lady Hardcastle.

»Sie gehören zur Oberschicht, Sie Scherzkeks.«

»Ach ja? Wie wundervoll. Aber was ist im Pub passiert? Hast du den geheimnisvollen Alkoholdieb vom Dog and Duck erwischt?«

»Habe ich. Aber es war auf merkwürdige Weise enttäuschend.«

»Warum das denn?«, fragte Gwen.

»Es war Agnes Bingle.«

Sie blickten mich verständnislos an.

»Mrs. Groves Freundin«, erklärte ich. »Wir haben sie neulich abends im Nebenraum sitzen sehen.«

»Die rundliche, fröhliche Frau?«, fragte Gwen. »Sie sah aus, als ob sie einem eher einen leckeren Kuchen backen als einen bestehlen würde. Bist du dir sicher?«

»Ich habe sie auf frischer Tat ertappt. Aber sie war … ein bisschen seltsam. Ihr schien nicht klar zu sein, dass sie etwas Unrechtes tat. Tatsächlich war das ziemlich erschütternd. Ich glaube nicht, dass es ihr gut geht. Wahrscheinlich hätte ich bleiben und helfen sollen, aber die Sache hat mich ein bisschen aus der Bahn geworfen, also habe ich das Joe und Daisy überlassen. Feige, ich weiß, aber ich rede morgen mal mit Daisy und frage, ob wir irgendwie behilflich sein können.«

»Hast du Bingle gesagt?«, fragte Lady Hardcastle.

»Agnes Bingle, ja.«

»Ist sie irgendwie mit Jack Bingle verwandt?«

»Wenn ich das recht verstanden habe, ist er ihr Ehemann, ja.«

»Ihr *verstorbener* Ehemann, falls ich ihn nicht verwechsle. Erinnerst du dich denn nicht? Gertie hat uns von einem schrecklichen Unfall auf einem der Höfe während der Ernte erzählt.«

»Ich glaube nicht, dass ich dabei war, ich kann mich überhaupt nicht daran erinnern.«

»Vielleicht hat sie nur während einer der Komiteesitzungen mit mir geplaudert, vor der ich mich nicht drücken konnte.«

»Oh. Na, jetzt habe ich ein schlechtes Gewissen. Sie trug Jacks Jacke und hat erzählt, der Whisky sei für ihn. Brauchen Sie mich hier? Sonst gehe ich noch mal zurück in den Pub. Die arme Frau braucht jetzt Trost und Freundschaft, keine Schuldzuweisungen und Ärger.«

Ohne eine Antwort abzuwarten, stand ich auf, ging in die Halle zurück und zog mir Hut und Mantel wieder an.

12

Der Freitagmorgen war kalt und grau, aber ich stand zeitig und mit dem guten Gefühl auf, dass etwas getan wurde, um Mrs. Bingle zu helfen.

Als ich am Vortag in den Pub zurückgekehrt war, war sie noch immer mit Joe und Daisy ins Gespräch vertieft gewesen, und es hatte mich beruhigt zu sehen, dass sie sich um sie kümmerten. Natürlich kannten sie ihre Geschichte – anscheinend war ich die Einzige, die sie nicht kannte –, also bemühten sie sich darum, sie freundlich zu behandeln. Zum Glück kam auch ihre Freundin Mrs. Grove auf ihren abendlichen Sherry in den Pub, und sobald sie erfahren hatte, was vorgefallen war, eilte sie nach Hause, um Reverend Bland zu fragen, ob er nicht etwas tun könne.

Innerhalb der nächsten Stunde war die Frau des Vikars, Jagruti, eingetroffen und hatte ihr ein Zimmer und ein warmes Essen in der Pfarrei angeboten. Um den verschwundenen Alkohol würden sie sich später kümmern – für den Moment hatte Agnes für alle oberste Priorität. Ich lebte gern in diesem Dorf.

Während ich in der Küche Lady Hardcastles Vorfrühstück zusammenstellte, erzählte ich Edna und Miss Jones von meiner Begegnung mit Agnes am vorigen Abend. Auch sie wussten Bescheid, was Jack Bingle zugestoßen war, und obwohl sie entsetzt darüber waren, dass es sich beim Pubdieb um Agnes handelte, waren sie doch froh, dass die Frau des Vikars die Angelegenheit in die Hand genommen hatte.

»Jagruti Bland ist eine gute Frau«, sagte Edna und nickte nachdrücklich. »Wir haben Glück, sie zu haben. Die Frau des letzten Vikars war zu nichts zu gebrauchen. Ich habe in meinem ganzen Leben noch nie einen solchen Nichtsnutz erlebt.«

»Allerdings hat sie einen irren Hund«, gab ich zu bedenken.

»Hamlet? Der tut doch niemandem was zuleide – er will nur spielen. Im Grunde ist er ein kleines Lämmchen.«

Hamlet war eine Dänische Dogge und nur wenige Zentimeter kleiner als ich. Er war also weder klein noch lammfromm, aber ich verstand, was sie meinte. Der Großteil des Chaos, das er verursachte, resultierte aus seiner überschwänglichen Lebensfreude.

»Stimmt schon«, räumte ich also ein. »Ganz richtig im Kopf ist er trotzdem nicht.«

»Verrückt wie ein Märzhase«, stimmte Edna mir zu. »Aber ich liebe ihn trotzdem. Ist der Toast für Lady Hardcastle?«

»Eigentlich schon, aber wenn ich so auf die Uhr schaue, ist es wohl noch ein bisschen zu früh, um ihn ihr raufzubringen. Möchten Sie ihn vielleicht haben? Ich mache ihr dann in ein paar Minuten neuen.«

Wir plauderten noch ein bisschen weiter über Agnes Bingle und was wir in den kommenden Monaten vielleicht sonst noch für sie tun könnten, aber irgendwann war es dann doch an der Zeit, die schlafende Hardcastle zu wecken.

Mir gelang es, Lady Hardcastle vor neun Uhr aufrecht und vorzeigbar zu machen, was ich für sich genommen als einen kleinen Triumph betrachtete. Wir aßen zusammen mit Gwen im Frühstückszimmer.

»Was habt ihr zwei denn heute vor?«, fragte Gwen und tat sich an der vor ihr aufgetürmten Auswahl an Würstchen, Eiern, Schinken, Pilzen und Toast gütlich.

»Wir fahren in die Stadt und unterhalten uns mit den Schauspielern«, antwortete Lady Hardcastle. »Höchste Zeit, dass wir nicht einfach nur versuchen, sie vor Wyatts Unfähigkeit zu bewahren, sondern dass wir uns ein Bild von der ganzen Sache machen.«

»Dazu brauchen Sie mich nicht, oder?«

»Brauchen, Liebes? Nein, wir brauchen dich nicht. Wir freuen uns aber sehr, wenn du mitkommen willst. Warum? Hast du denn was vor?«

»Gewissermaßen. Nach dem, was Flossie uns gestern Abend über Mrs. Bingle erzählt hat, wollte ich zu helfen versuchen. Ich habe Kriegerwitwen gekannt, die dasselbe durchgemacht haben, wissen Sie? Als Dais Kompanie in Südafrika stationiert war – das war, als ihr beide noch auf dem Rückweg aus China wart –, haben sie ein paar gute Männer verloren, und ihre Frauen und Verlobten zu Hause mussten damit, so gut es eben ging, klarkommen. Das Kriegsministerium hat sich nicht mehr weiter um sie gekümmert, nachdem sie ihnen ihre Kondolenzbriefe geschickt und die Pensionen bewilligt hatten, also war es die Aufgabe von uns anderen Soldatenfrauen, uns zusammenzutun und das zu übernehmen. Ich weiß, was sie durchmacht, und dachte einfach …«

»Das hört sich nach einer großartigen Idee an, Gwenith«, erwiderte Lady Hardcastle. »Danke. Jagruti wird sich sicher über deine kompetente Hilfe freuen. Die Welt ist wirklich ein besserer Ort, solange ihr Armstrong-Mädels ein Teil davon seid.«

»Ich weiß nicht recht«, entgegnete Gwen. »Flossie ist ein Albtraum. Außerdem riecht sie komisch.«

»Das ist Seifengeruch«, erwiderte ich und streckte ihr die Zunge heraus. »Solltest du auch mal probieren.«

Wir wurden von der Türklingel unterbrochen.

Es war Inspektor Sunderland.

»Guten Morgen, Inspektor«, begrüßte ich ihn.

Er musterte eindringlich mein linkes Ohr.

»Guten Morgen, Miss Armstrong«, sagte er dann. »Ich hoffe, dass ich Sie nicht beim Frühstück störe.«

»Natürlich tun Sie das. Aber kommen Sie rein und setzen Sie sich zu uns – wir haben sowieso immer zu viel.«

»Sie sind zu freundlich. Sind Sie sicher, dass es Lady Hardcastle nichts ausmacht?«

»Haben Sie schon jemals erlebt, dass es ihr etwas ausgemacht hat, wenn Sie unser Essen essen?«

»Guter Punkt.«

Ich nahm ihm Hut und Mantel ab und begleitete ihn ins Frühstückszimmer.

»Wir haben einen Überraschungsgast«, verkündete ich. »Ich hole einen Teller.«

Ich ließ ihn sich setzen und ging ein Gedeck holen.

»Das mache ich schon«, sagte Edna, als ich das nötige Geschirr aus dem Küchenschrank holte. »Gehen Sie lieber zurück ins Frühstückszimmer. Dieser Inspektor Sunderland ist ein wichtiger Mann, den sollten sie nicht warten lassen. Husch, husch.«

Ich ging zu den anderen zurück und stellte fest, dass der Inspektor tatsächlich auf mich gewartet hatte, um uns seine Neuigkeiten mitzuteilen.

»Da ist sie ja«, rief Lady Hardcastle. »Ohne Teller, wie ich feststelle, aber dennoch höchstpersönlich. Jetzt können Sie uns nicht länger auf die Folter spannen, Inspektor. Was gibt's Neues?«

»Der Teller ist unterwegs«, sagte ich und setzte mich.

»Danke«, erwiderte Inspektor Sunderland. »Aber ich spanne Sie nicht auf die Folter, Mylady – meine Neuigkeiten sind nicht annähernd spannend genug, um sie zweimal zu erzählen, also wollte ich abwarten, bis wir alle versammelt sind. Wie Sie sicher erwartet haben, ist Hugo Bartlett gestern am späten Nachmittag aus der Haft entlassen worden. Wyatt war deshalb mürrisch und ungehalten, aber er beugte sich letztendlich dem Druck des Hauptkommissars und ließ den Theaterschriftsteller widerstrebend gehen. Also, gut gemacht, Sie alle.«

»Wir haben ja nicht viel mehr gemacht, als Emrys

Thornell eine einfache Frage zu stellen«, erwiderte Lady Hardcastle. »Das war wirklich kein Hexenwerk.«

»Eine einfache Frage, die Dick Wyatt schon vor Tagen hätte stellen sollen. Was mich zu meiner nächsten guten Neuigkeit bringt: Ich übernehme in wenigen Tagen die Ermittlungen.«

»Ach, na so was, das sind aber *wirklich* gute Nachrichten.«

»Ohne dass ich darüber Bescheid wusste, hat man Wyatt eine letzte Chance gegeben, sich zu beweisen. Ich dachte ja, er wäre der Liebling, der zu Großem ausersehen wäre, aber wie sich herausstellt, waren sein Ehrgeiz und sein Selbstbewusstsein deutlich überdimensionierter als seine Fähigkeiten, sodass er jetzt seine allerletzte Chance bekommen hatte. Wie sich herausstellt, ist er allerdings genauso faul und unfähig, wie alle anderen es immer vermutet haben. Seine neueste fixe Idee ist ein geheimnisvoller Fremder mit einer Mütze, der angeblich hinter der Bühne herumgelaufen sein soll, aber niemand war bis jetzt in der Lage, irgendwelche weiteren Informationen über ihn zu liefern. Wir glauben allmählich, dass er ihn einfach nur erfunden hat, um es so aussehen zu lassen, als hätte er die Sache im Griff. Wie auch immer, er soll ganz im Stillen auf eine Verwaltungsstelle versetzt werden, auf der er weniger Schaden anrichten kann. Sie wollen es wie eine Beförderung aussehen lassen, um dem Burschen die Peinlichkeit zu ersparen, aber je eher er für das Lager oder die Organisation des Kantinendienstplans zuständig ist oder was auch immer sie für ihn vorgesehen haben, desto sicherer wird diese Stadt sein.«

»Was passiert in der Zwischenzeit?«, fragte ich, als Edna mit einem Tablett hereinkam.

Sie deckte rasch für den Inspektor ein und verschwand dann wortlos wieder.

»Bis ich den Fall übernehmen kann, meinen Sie?« Der Inspektor begann mit Appetit das üppige Frühstück in Angriff zu nehmen. »Das ist tatsächlich der Hauptgrund für meinen Besuch. Ich dachte, Sie könnten weiterhin das tun, was Sie am besten können, und Ihre Nase für mich in die ganze Angelegenheit stecken. Schauen, was Sie herausfinden können, bevor ich übernehme und den ganzen Ruhm für mich einheimse.«

»Sie können gern jeden Ruhm für sich beanspruchen, den Sie wollen, lieber Inspektor«, sagte Lady Hardcastle. »Und wir wollten ohnehin gerade heute mit ein wenig methodischer und systematischer Nasensteckerei beginnen. Wir waren bis jetzt viel zu passiv. *Einen Beobachtungsauftrag einrichten*, würde mein lieber Bruder sagen – ganz ehrlich, ich habe keine Ahnung, woher er diesen ganzen geistlosen Jargon hat ...«

»Das ist ein Ausdruck, der unter Juristen verwendet wird«, erläuterte ich. »Er wird benutzt, wenn man einen Anwalt dazu auffordert, einen Fall genau im Auge zu behalten.«

»Ach ja?«, entgegnete sie, auf einmal interessiert. »Tatsächlich? Na, Donnerwetter. Aber egal, ich finde seine Beobachtungsaufträge ausgesprochen langweilig. Er hat doch seine Schergen vom Geheimdienst, um die gewöhnliche Drecksarbeit zu verrichten. Wenn es nur darum geht, rumzusitzen und irgendwas im Auge zu behalten, kann er das doch denen überlassen. Wir sind fähige Spioninnen. Wertvolle Agentinnen. Wir übernehmen keine Beobachtungsaufträge.«

Der Inspektor wirkte ein wenig erschüttert.

»Ach, schauen Sie doch nicht so betroffen«, sagte Lady Hardcastle. »Mir hat es nichts ausgemacht, für Sie und die gute Georgie ein Auge auf den Fall zu haben, aber ich habe mich schon voller Ungeduld auf den Teil gefreut, wo wir dann richtig in ihn verwickelt werden. Einen weiteren Grund brauchen wir dafür nicht.«

»Mir macht es eigentlich nichts aus, still zu beobachten«, merkte ich an. »Die Leute versuchen deutlich seltener, mich umzubringen, wenn ich mich einfach nur im Hintergrund halte und Augen und Ohren aufsperre. Immer wenn wir versuchen, uns aktiv in den Spaß und die Spiele einzumischen, werden die Dinge doch ziemlich schnell ziemlich hässlich.«

»Jetzt sei aber ehrlich, meine liebe Flo, meistens versuchen sie doch, *mich* umzubringen.«

»Natürlich – ein vollkommen verständlicher Drang –, aber wer muss sie dann aufhalten?«

»Das gibt dem Leben doch eine gewisse Würze. Versuch nicht, so zu tun, als ob es dir keinen Spaß machen würde.«

Ich machte ein Geräusch der Missbilligung und schmollte, aber sie hatte recht.

»Ich kann mir nicht vorstellen, dass irgendwer Sie wegen dieser Geschichte umbringen will«, sagte der Inspektor. »Die Erfahrung sagt mir, dass es sich bei der ganzen Sache wahrscheinlich um kleingeistige Eifersucht wegen irgendeines Affronts handelt. Wahrscheinlich ist er einer der Frauen hinterhergestiegen oder hat irgendwen beleidigt. Ich habe mal einen Kerl verhaftet, der seinen Freund erstochen hat, weil er die Spielsteine auf dem Cribbage-Brett verrückt hat, sobald er glaubte, dass niemand hinsah.«

»Was auch immer es am Ende ist«, versprach Lady Hardcastle, »wir werden Tag und Nacht ackern, um die Wahrheit herauszufinden.«

Der Inspektor lachte leise. »Bringen Sie die Dinge einfach nur ins Rollen. Stellen Sie die Fragen, die Wyatt eigentlich schon gestellt haben sollte.«

»Natürlich, mein Lieber. Sobald wir hier fertig sind, fahren wir in die Stadt.«

»So bald schon? Ich dachte, Schauspieler tauchen vor dem späten Nachmittag nicht bei der Arbeit auf.«

»Üblicherweise ist das auch der Fall, aber oft drückt sich jemand nach dem Mittagessen noch im Theater herum. Ich glaube, viele von ihnen finden es dort wärmer und gemütlicher als in ihren Zimmern. Und die Zeit bis zum Mittagessen verbringen wir mit anderen wichtigen Aufgaben – ich habe einen Termin bei meiner Schneiderin.«

»Dann lasse ich Sie wohl lieber weitermachen. Ich muss noch ein paar lose Enden in meinem aktuellen Fall verwahren – darum bin ich eigentlich überhaupt hier draußen bei Ihnen. Kennen Sie sich in North Nibley aus? Mein Hauptverdächtiger wohnt dort.«

»Wir hatten noch nie einen Grund dort hinzufahren«, erwiderte Lady Hardcastle. »Aber den Namen finde ich ziemlich amüsant. Gibt es da nicht einen spitzen Turm? Ein Denkmal für …«

»William Tyndale«, half ich aus. »Er hat im sechzehnten Jahrhundert das Neue Testament ins Englische übersetzt.«

»Das wusste ich«, flüsterte Lady Hardcastle. »Ich wollte ihr einfach nur eine Gelegenheit zum Rumprahlen geben.«

»Nun, ich werde davon berichten, wie majestätisch das Denkmal aussieht, nachdem ich meinen Mann befragt habe«, versprach der Inspektor. »Ich bin zuversichtlich, dass ich den Fall damit abschließen kann. Anschließend habe ich Zeit, denjenigen vom Ensemble der *Hedonisten* zu verhaften, der Ihnen den Geburtstag ruiniert hat.«

»Und wir geben unser Bestes, Ihnen das so leicht wie möglich zu machen. Möchten Sie vielleicht noch eine Scheibe Toast, mein Lieber?«

Das Gespräch verlagerte sich auf andere Themen, und um halb elf winkten wir dem Inspektor zum Abschied hinterher. Danach war es Zeit für unsere Hüte und Mäntel und eine Spritztour nach Bristol. Wir erklärten Gwen noch den Weg zur Pfarrei, dann brachen wir auf.

Die Besuche bei Lady Hardcastles Schneiderin waren immer sehr lustig. Man stelle sich die direkteste und selbstsicherste Person der Welt vor, die auf das größte Ego der Welt trifft (ich überlasse es der Leserschaft, zu entscheiden, wer von beiden wer ist), füge großzügig fließenden Champagner, die letzte Mode aus Paris und eine Assistentin hinzu, der es nicht erlaubt ist, Nein zu sagen, dann lehne man sich zurück und genieße das Spektakel.

Nachdem wir ein halbes Dutzend Kleider in Auftrag gegeben hatten, brachen wir auf. Drei der Kleider waren für mich, obwohl ich eins davon Gwen schicken würde, sobald es fertig war –, außerdem hatte Lady Hardcastle eine Auswahl an Unterwäsche und Accessoires bestellt. Das Feuerwerk, das beim Zusammenstoß so starker Meinungen in dem kleinen Beratungsraum abgebrannt worden war, war vergnüglich gewesen, und ich freute mich schon jetzt auf unseren nächsten Besuch.

Nachdem sie den Vormittag mit so viel Vornehmheit und Raffinesse (wenn auch gelegentlich mit einiger Unverblümtheit) verbracht hatte, erklärte Lady Hardcastle, dass sie zum Lunch auf etwas insgesamt eher Rustikales Lust habe, also hielten wir an dem Fish-and-Chips-Geschäft am unteren Ende der Christmas Steps, um dort Seehecht und frittierte Kartoffeln zu kaufen, die großzügig mit Salz und Essig gewürzt waren.

Wir aßen unser Mittagessen auf dem Rückweg zum Tramways Centre und entsorgten das Zeitungspapier in einem praktischen Mülleimer, bevor wir uns die Frogmore Street hinauf in Richtung Duke's Theatre auf den Weg machten.

Haggarty winkte uns durch, ohne uns eines zweiten Blickes zu würdigen, dann irrten wir durch das Labyrinth der Gänge, aus dem der große Hinterbühnenbereich des Theaters bestand. Viel zu spät kam uns der Gedanke, dass wir keine Ahnung hatten, wohin wir unterwegs waren. Also kehrten wir an den Bühneneingang zurück und fragten Haggarty nach dem Weg zu Harris Bridges' Garderobe.

Nachdem wir nur einmal falsch abgebogen waren, fanden wir sie schließlich, und Lady Hardcastle klopfte an.

»Herein«, rief Bridges in seinem lauten Bariton, der über viele Jahre trainiert worden war, bis zu den billigen Plätzen in der Galerie vorzudringen.

Wir traten ein.

»Aha«, rief Bridges lächelnd, erhob sich aus einem Sessel und legte ein Skript auf den Schminktisch. »Lady Hardcastle und Miss Armstrong. Kommen Sie doch herein und machen Sie es sich bequem.«

Er deutete auf ein Sofa seinem Sessel gegenüber, und wir setzten uns.

»Stören wir?«, fragte Lady Hardcastle.

»Überhaupt nicht, Mylady.« Er zeigte auf das Skript. »Ich habe nur gerade meinen Text für das nächste Stück gelernt. Ich merke, dass die Zeit nicht spurlos an mir vorübergeht. Mit jedem weiteren Jahr scheine ich einen Tag mehr dafür zu brauchen, eine Rolle auswendig zu lernen. Wenn das so weitergeht, muss ich die Rolle für ein Stück wie das, das wir gerade aufgeführt haben, bald zwei Monate vorher lernen. Ich freue mich wirklich über eine Pause. Tee?«

»Danke, sehr gern. Wir haben unterwegs zu Mittag gegessen und hatten keine Gelegenheit, etwas dazu zu trinken.«

Er machte sich am Teekessel und dem Gaskocher zu

schaffen, und Lady Hardcastle zog Block und Stift aus der Tasche.

»Was verschafft mir denn das Vergnügen dieser außerordentlich willkommenen Unterbrechung?«, fragte Bridges.

»Inspektor Sunderland hat uns gebeten, ihm bei einigen vorläufigen Ermittlungen hier im Theater behilflich zu sein. Wir wollen versuchen, uns ein Bild von den Ereignissen an dem Abend von Paul Singletons Ermordung zu machen.«

»Sunderland? Ich dachte, Wyatt wäre zuständig.«

»Das war er auch.«

Bridges hielt inne und drehte sich um. »War?«

»Es gab einen Wechsel der Zuständigkeiten. Inspektor Sunderland hat den Fall übernommen.«

»Und er arbeitet anders?«

»So ist es.«

»Warum hat Wyatt sich denn noch kein Bild von den Ereignissen jener schrecklichen Nacht gemacht?«

»Das können wir Ihnen nicht sagen«, erwiderte Lady Hardcastle.

Bridges wandte sich mit einem Stirnrunzeln wieder der Zubereitung seines Tees zu. »Aha. Aber ich glaube, Sie wissen zum Großteil schon über das Bescheid, was die einzelnen Menschen an dem Abend getan haben.«

»Möglich«, erwiderte Lady Hardcastle. »Aber würden Sie uns trotzdem den Gefallen tun? Was haben Sie in der Pause gemacht?«

»Ich habe kurz mit Patrick und Nancy in Patricks Garderobe zusammengesessen, dann bin ich wieder hierher zurückgekommen.«

»Allein?«, hakte ich nach.

Er goss etwas Milch in drei nicht zusammenpassende Tassen.

»Ja, ganz allein.« Er drehte sich um und lehnte sich gegen den Schminktisch, während der Tee zog. »So ist es allerdings nicht immer gewesen, muss ich sagen. Früher, als ich noch mit Rosie verlobt war, haben wir uns gemeinsam in eine unserer Garderoben zurückgezogen und dort geturtelt. Süße Nichtigkeiten wurden geflüstert. Ewige Liebe wurde geschworen. Sie kennen das ja. Heutzutage verbringe ich meine Zeit hingegen meistens allein.«

»Sie waren mit Rosalie verlobt?«, fragte Lady Hardcastle in einem überraschteren Ton, als sie ihn sich üblicherweise bei der Befragung einer Person erlaubte.

»Das müssen Sie nicht so verblüfft sagen«, verteidigte er sich. »Wir waren sehr verliebt.«

»Wann ist das gewesen? Ich meine, wann ist es in die Brüche gegangen?«

»Vor ein paar Monaten. Als Paul und Sarah sich getrennt haben, hat Rosie entschieden, dass sie nicht mich, sondern den neuerlich frei gewordenen Paul liebt.«

»Und das ist alles in dieser Reihenfolge geschehen?«, fragte ich.

»Das rede ich mir wenigstens ein«, erwiderte er. »Ansonsten müsste ich mir eingestehen, dass sie schon mit Paul zugange war, während wir noch verlobt waren.«

»Und während er noch mit Sarah verlobt war«, ergänzte ich.

»Na ja, eben. Und daran will ich lieber gar nicht denken. So macht man sich nur verrückt.«

»Aber Sie sind alle gut miteinander ausgekommen?«, fragte Lady Hardcastle.

»Sprichwörtlich, wie Pech und Schwefel, Mylady. Schauspieler verlieben sich die ganze Zeit, und diese Liebe vergeht auch schnell wieder. Es ist eine sehr gefühlsintensive Arbeit.«

»Das haben wir schon gehört. Worum ging es denn bei Ihrem Treffen?«

»Wie bitte?«

»Sie haben gesagt, dass Sie mit Patrick und Nancy zusammengesessen haben, bevor Sie hierher zurückkamen. Was wurde denn besprochen?«

»Müssen Sie das wissen?«

»Im Grunde nicht. Aber je mehr wir wissen, desto mehr können wir Inspektor Sunderland berichten. Und je mehr er weiß, desto schneller wird er Pauls Mörder festnehmen.«

»Wir denken darüber nach, unser eigenes Theaterensemble zu gründen«, erwiderte er mit einem resignierten Seufzen.

»Waren Sie deshalb auch neulich zusammen bei Crane's?«, fragte ich.

»Genau.«

»Sie wollen die Bartlett Players verlassen?«, übernahm Lady Hardcastle wieder. »Aber warum denn? Ich hatte eigentlich den Eindruck, dass Sie alle bestens miteinander auskommen.«

»Das tun wir auch. Aber wir sind eben auch dazu verdonnert, ständig nur Hugos romantische Komödien zu spielen. Die machen zwar Spaß und kommen beim Publikum sehr gut an, aber … Ich habe schon den Hamlet gespielt, wissen Sie? In den Kritiken hieß es, ich könne es mit Henry Irving aufnehmen. Ich möchte die ganze Breite meines Könnens unter Beweis stellen, bevor ich so alt bin, dass ich nur noch weise, alte Großväter spielen kann. Patrick und Nancy geht es genauso. Natürlich nicht in Bezug auf ihr Alter – sie sind ja beide noch nicht mal dreißig –, aber genau wie ich fühlen sie sich durch die leichten Komödien eingeengt.«

»Wissen die anderen Bescheid?«, fragte ich.

»Wir mussten ein bisschen vorsichtig sein«, entgegnete Bridges. »Wir … na ja, wir wollten nicht, dass sich uns alle anschließen, verstehen Sie? Einige von den anderen haben nicht das Format, das uns vorschwebt.«

»Paul Singleton gehörte also nicht zu den Auserwählten?«, vermutete Lady Hardcastle.

»Er … nein. Seine Gesellschaft war wirklich sehr angenehm, und an der Bar hat er immer gut durchgehalten, aber … na ja … nein, er hatte nicht das Zeug dazu.«

»Wusste er, was Sie vorhatten?«, fragte ich.

»Nun, da berühren Sie einen wunden Punkt. Er hat es irgendwie herausgefunden und damit gedroht, uns auffliegen zu lassen.«

»Es Hugo zu verraten, meinen Sie? Warum sollte er das tun?«, fragte Lady Hardcastle.

»Und den anderen«, ergänzte er. »Ich habe keine Ahnung. Aus Bosheit? Ich weiß wirklich nicht, was er davon gehabt hätte, außer es für uns andere zu verderben.«

»Aber hätte er es denn verdorben? Vielleicht wären die anderen betrübt darüber gewesen, dass sie nicht eingeladen waren, aber sobald Sie gegangen wären, wären sie doch sowieso verärgert gewesen. Das Gleiche gilt für Hugo Bartlett. Er konnte Sie ja nicht daran hindern, Ihre eigenen Wege zu gehen, was hätte es also ausgemacht, wenn er Bescheid gewusst hätte, bevor Sie bereit zu der Gründung gewesen wären?«

»Das ist es eben, verstehen Sie? Wir waren noch nicht bereit. Wir mussten noch viel vorbereiten, und alles hätte total schiefgehen können. Das hätte wiederum bedeutet, dass wir hier festgesessen und mit Bartlett und den anderen hätten zusammenarbeiten müssen, während sie wussten, dass wir das eigentlich nicht wollten – dann wären wir für die Hauptrollen nicht mehr in Betracht gezogen worden. Schlimmer noch, vielleicht hätten sie uns aufgefordert zu gehen. Und wohin hätte uns das gebracht?«

»Es gibt doch bestimmt eine Menge Arbeit für talentierte Schauspieler.«

»Das sollte man meinen, aber leider haben wir schwere Zeiten, und es gibt mehr Schauspieler als Rollen. Natürlich hätte es noch ein anderes mögliches Problem gegeben, wenn unsere Pläne verfrüht bekannt geworden wären: Eventuell beleidigte Personen hätten ausreichend Zeit gehabt, schlecht über uns zu reden, unseren Ruf zu schädigen und ganz allgemein unsere Pläne zu durchkreuzen. Jede neue Unternehmung, die wir von da an auf die Beine gestellt hätten, wäre von Anfang an ein endloser Kampf gegen die Bedenkenträger in unserer Branche gewesen. Und das, Mylady, war auch der Grund, warum wir so froh darüber waren, Ihre Bekanntschaft zu machen, als wir Sie noch für Lady Webster-Green hielten, eine angehende Theaterdirektorin. Sie hätten die Antwort auf all unsere Stoßgebete sein können.«

Bevor ihm noch auffiel, dass er sich gerade selbst ein sehr plausibles Motiv für den Mord an Paul Singleton gegeben hatte, wollte ich ihn ablenken.

»Haben Sie Mr. Singleton während der Pause überhaupt gesehen?«, fragte ich.

Bridges schenkte Tee ein und reichte uns unsere Tassen, während er darüber nachdachte. »Wissen Sie, das habe ich, glaube ich, tatsächlich. Ja, ja, jetzt, wo Sie es erwähnen, fällt es mir wieder ein.«

»Sind Sie sicher?«, hakte Lady Hardcastle nach. »Es ist ziemlich wichtig. Bis jetzt gründen sich unsere Vorstellungen davon, wo Singleton sich aufgehalten haben muss, ausschließlich auf Annahmen und Mutmaßungen. Wenn Sie ihn tatsächlich gesehen haben, wäre das außerordentlich hilfreich.«

»Ich bin mir ziemlich sicher, ja. Wissen Sie, er ist ja immer in einem pfauenblauen Smoking umherstolziert. Den hatte er sich in Manchester gekauft. Er war ungewöhnlich stolz auf das verdammte Ding. Meiner Meinung nach sah er darin wie der schlimmste Geck aus, den man sich vorstellen kann, aber er hat ihn eben sehr geliebt. In der Pause hat er ihn immer angezogen, aber er hat sich beschwert, dass er ihm in unserer ersten Woche hier gestohlen worden sei. Er muss ihn allerdings wiedergefunden haben, denn ich bin mir sicher, dass ich ihn darin in seiner Garderobe habe verschwinden sehen, als wir von unserem Treffen zurückgekommen sind.«

»Welche war denn seine Garderobe?«

»Die Nummer sechs. Er hatte eine Vorliebe für die Zahl sechs. Sie hat ihm angeblich Glück gebracht oder so ein Quatsch.«

»Wann genau haben Sie ihn gesehen?«, fragte ich nach.

»In der Pause«, erwiderte er mit einem verwirrten Stirnrunzeln.

»Ja, das habe ich schon verstanden. Aber eher zu Beginn? Oder gegen Ende? Wie lange hat Ihre Besprechung gedauert? Hier hängen doch überall Uhren.« Ich zeigte auf die ziemlich neu aussehende Wanduhr über dem Schminktisch.

»Diese verdammten Dinger. Haggarty hat in seinem Kämmerchen eine Kontrolluhr, und diese hier sind ihre Sklaven. Sie zeigen alle genau dieselbe Zeit an. Es ist die Hölle. Eine altmodische Uhr hat etwas Tröstliches, finden Sie nicht? Wie die mit dem gesprungenen Holzgehäuse, die bei meiner Mutter auf dem Kaminsims stand. Sie ist jeden Tag ungefähr eine Viertelstunde nachgegangen und musste jeden Morgen und jeden Abend einmal an den Glockenschlag des Kirchturms angepasst werden. Aber ihr sonores Tick … Tack … Tick … Tack hat die verstreichende Zeit auf eine Weise markiert, wie es für unser Zuhause einzigartig war. Die hier haben doch keine Seele. Keine eigenen Gedanken. Sie plappern einfach nur nach, was die Hauptuhr ihnen vorgibt.«

»Und welche Zeit hat sie angezeigt, als Sie hierher zurückgekehrt sind?«, fragte Lady Hardcastle unbeeindruckt.

»Keine Ahnung. Ich schaue nie auf das verdammte Ding. Ich verlasse mich auf Glocken und Rufe, um zu wissen, wann ich auf die Bühne muss.«

»Aha«, entgegnete Lady Hardcastle. »Sind Sie auf dem Rückweg hierher sonst noch irgendwem begegnet?«

»Keiner Menschenseele. Zu diesem Zeitpunkt waren alle in ihren Garderoben. Und wenigstens einer von ihnen war nicht allein, wenn Sie wissen, was ich meine.« Er zwinkerte uns zu.

»Ach?«, erwiderte ich. »Wer denn?«

»Emrys Thornell hatte eine Frau bei sich.«

»Ach? Sind Sie sicher?«

»Madam, ich glaube doch, dass ich weiß, wie sich eine Frau anhört.«

»Worüber haben sie sich denn unterhalten?«, bohrte Lady Hardcastle nach.

Bridges gab ein unschönes, anzügliches Lachen von sich. »Meine Liebe, sie haben sich überhaupt nicht *unterhalten.*«

Mit einem Kopfschütteln klappte Lady Hardcastle ihren Notizblock zu. »Nun, danke, dass Sie uns so viel von Ihrer Zeit geopfert haben, Mr. Bridges …«

»Harris, bitte.«

»Und danke für Ihre Offenheit. Dank Ihnen können wir unserem Bild noch einige Details hinzufügen.«

»Es war mir ein Vergnügen. Wenn ich sonst noch etwas für Sie tun kann, fragen Sie mich ruhig jederzeit.«

»Darauf kommen wir gern zurück, danke. Doch jetzt lassen wir Sie sich weiter vorbereiten.«

Es war noch immer erst früher Nachmittag, das gab uns ausreichend Zeit, uns ein wenig im Theater umzusehen.

»Auf diesem Stockwerk haben wir bis jetzt nur die

Werkstatt, in der wir den bedauernswerten Mr. Browning gefunden haben, den Aufenthaltsraum und die Garderoben gesehen«, zählte Lady Hardcastle auf.

»Ich kann mir nicht vorstellen, dass hier sonst noch etwas ist.«

»Ich auch nicht, also können wir davon ausgehen, dass der sagenumwobene Fundus sich irgendwo im Untergeschoss befindet?«

»Ich denke schon. Unten sind bestimmt auch die Heizkessel für das Gebäude, würde ich meinen. Und … Na ja, wer weiß, was sonst noch?«

»Es gibt nur eine wirklich gute Methode, um das herauszufinden. Wir müssen uns einfach nur erinnern, wo wir waren, als Sarah uns die Tür gezeigt hat.«

Wir hetzten eine Weile durch die Korridore und kommentierten unterwegs unsere Suche. Irgendwann gelangten wir zu einer grauen Tür, auf der stand: *Unbefugten ist der Zutritt verboten.*

»Da wären wir«, sagte Lady Hardcastle. »Hast du deinen Dietrich dabei?«

»Habe ich«, erklärte ich, drehte den Knauf und öffnete die Tür, »aber die Erfahrung lehrt mich, dass es Zeit sparen kann, zu überprüfen, ob eine Tür offen ist, bevor ich mich hinknie und das nicht verriegelte Schloss knacke.«

»Schlaumeier.«

Wir traten ein, und Lady Hardcastle schaltete das elektrische Licht an. Der gelbe Schein der nackten Glühbirne erhellte einen kurzen, kahlen Gang, der zu einer steinernen Treppe führte.

Wir stiegen hinunter.

Am unteren Ende der Treppe gab es einen weiteren schlecht beleuchteten Gang. Davon gingen zwei Türen ab, die tatsächlich mit *Heizkeller* und *Fundus* beschildert waren. Es gab noch zwei weitere unbeschriftete, bei denen es sich wahrscheinlich um allgemeine Lagerräume handelte, aber es war die dritte, die meine Aufmerksamkeit erregte.

»Das sieht aufregend aus«, sagte Lady Hardcastle.

Gefahr – Unterbühne – Kein Zutritt

»Ich will schon aus Prinzip immer wissen, was sich hinter einer Tür befindet, auf der *Kein Zutritt* steht«, sagte sie. »Und jetzt wirk deinen Zauber.«

»Sie meinen, ich soll den Knauf drehen? Gewiss, Mylady.«

Ich drehte, aber diesmal war tatsächlich abgeschlossen. Als ich daraufhin in meiner Tasche nach dem Dietrich kramte, hörten wir hinter uns Schritte.

»Kann ich Ihnen behilflich sein, meine Damen?«, fragte eine unbekannte männliche Stimme.

Wir drehten uns um und sahen, wie der Vorarbeiter der Bühnencrew uns mit schräg gelegtem Kopf ansah. Unter dem Arm trug er einen zusammengerollten Teppich.

»Wir sehen uns nur um«, erklärte Lady Hardcastle. »Das macht Ihnen doch nichts aus, oder, Mr. …?«

»Stone heiße ich. Ned Stone. Zwar hat Mr. Adlam gesagt, Sie können sich frei bewegen, aber ich bin hier für die Sicherheit verantwortlich und kann nicht zusätzlich zu all meinen anderen Aufgaben auch noch die Besucher im Auge behalten.«

»Verständlich. Wir wollen auch niemandem zur Last

fallen. Aber verraten Sie uns doch bitte: Was ist hinter dieser Tür?«

»Eine alte Bühnenmechanik. Sie wird nicht mehr oft benutzt und ist sehr schwer, in den falschen Händen kann sie allerdings gefährlich sein, also schließen wir sie weg.«

»Der Raum ist also immer abgeschlossen?«

»Ja. Das letzte Mal sind wir Weihnachten vor zwei Jahren drin gewesen, für das Märchenspiel.«

»Aha. Nun, vielen Dank, Mr. Stone. Dann wollen wir Sie nicht länger von der Arbeit abhalten.«

Er drückte sich gegen die Wand, sodass wir vorbeikamen, dann begaben wir uns wieder nach oben.

»Was jetzt?«, fragte ich, als wir zurück im Erdgeschoss waren.

Lady Hardcastle warf einen Blick auf ihre Armbanduhr. »Es ist halb drei. Wir brauchen eine gute Stunde bis nach Hause, und es wird ungefähr dunkel um ... Wie spät ist es jetzt ... vier?«

Ich nickte.

»Wenn wir also noch länger trödeln, ist es schon richtig Nacht, bis wir zu Hause ankommen, und das fände ich wirklich schrecklich. Ich würde also vorschlagen, es für heute gut sein zu lassen und auf unseren Landsitz zurückzukehren. Morgen können wir dann alle ausführlich befragen.«

Als dieser Entschluss einmal gefasst war, traten wir hinaus in die Kälte.

13

Als wir zu Hause ankamen, war von Gwen nirgends etwas zu sehen, also verbrachten wir den Abend zu zweit mit Lesen und Klavierspiel, je nach persönlicher Vorliebe.

Am Samstagmorgen war ich zusammen mit Edna und Miss Jones in der Küche zugange, als Gwen verschlafen im Nachthemd an der Küchentür erschien.

»*Bore da, annwyl*«, begrüßte ich sie. »Wann bist du denn heimgekommen?«

»Ungefähr um Mitternacht«, erwiderte sie gähnend. »Ich war in der Pfarrei.«

»In der Pfarrei gibt es immer die wildesten Partys«, erwiderte ich. »Dieser James Bland ist ziemlich trinkfest.«

»Jagruti, Minnie, Agnes und ich haben ein paar Runden Karten gespielt und einfach bei unzähligen Tassen Tee geplaudert.«

»Du nennst sie jetzt also Minnie?«, fragte ich.

»Ihre Haushälterin. Miranda Minnie Grove.«

»Ich weiß schon, aber ich nenne sie immer nur

Mrs. Grove. Oder manchmal auch Miss Grove, ich bin mir da nie ganz sicher.«

»Mrs. stimmt schon, ihr Mann ist in der Schlacht von Laing's Nek 1881 gefallen. Er war Batteriefeldwebel, genau wie mein Dai. Er war damals erst siebenundzwanzig.«

»Aha«, erwiderte ich. »Danke. Ich hatte bis jetzt nicht die Gelegenheit, mich eingehender mit ihr zu unterhalten. Also, wie geht es Agnes Bingle?«

»Ich glaube, sie ist über'n Berg. Den Großteil des Abends über hat sie geweint, aber als wir sie dann ins Bett gesteckt haben, schien sie wieder in der Wirklichkeit angekommen zu sein. Sie ist ein reizendes altes Mädchen und hat wirklich ein paar gute Freundinnen. Sie braucht wahrscheinlich noch ein bisschen, aber sie wird schon wieder.«

»Sie sind ein guter Mensch, Mrs. Evans«, sagte Edna. »Es gibt nicht viele Leute, die ihre Freizeit dafür opfern würden, einer vollkommen Fremden zu helfen.«

»Danke, Edna«, erwiderte Gwen. »Aber ich habe nur getan, was jeder getan hätte.«

»Sie und Ihre Schwester tun so was. Und natürlich Lady Hardcastle. Aber hier gibt es Leute, die nicht mal die Straßenseite wechseln würden, um jemandem zu helfen.«

Gwen lächelte einfach nur.

»Willst du vielleicht eine Tasse Tee?«, fragte ich.

»Trinkt ihr morgens üblicherweise nicht Kaffee? Mir gefällt der Gedanke nicht, dass du einfach nur meinetwegen Tee kochen musst.«

»Wir haben Tee, meine Liebe«, sagte Edna und zeigte dabei auf Miss Jones. »Es ist immer eine Kanne in Arbeit.«

»Dann bitte Tee. Danke, Edna. An Kaffee kann ich mich einfach nicht gewöhnen. Was habt ihr beide denn gestern alles unternommen, Floss?«

»Myladys Schneiderin, dann Theater«, antwortete ich.

»Habt ihr irgendwas rausgefunden?«

»Ja, haben wir tatsächlich. Nicht viel zwar, aber das Opfer wurde dabei gesehen, als es am Anfang der Pause in seine Garderobe gegangen ist, also bekommen wir allmählich eine klarere Vorstellung davon, wie die Dinge an jenem Abend abgelaufen sind.«

»Ihr habt den Fall bestimmt im Handumdrehen gelöst. Wann bringst du ihr das ... Wie nennst du es immer? Ihr Vorfrühstück rauf?«

Ich sah auf die Küchenuhr. »Jetzt gleich. Ich muss nur noch ein paar Scheiben Toast buttern.«

»Wie ist sie denn so früh am Morgen? Ist sie normalerweise zurechnungsfähig?«

Am schelmischen Glitzern in ihren Augen konnte ich erkennen, dass Gwen etwas im Schilde führte.

»Wag es ja nicht«, sagte ich. »*Ich* bringe ihr Kaffee und Toast, und *du* kannst dich so lange fürs Frühstück anziehen. Mit meinen Freundinnen wird kein Schabernack getrieben, vielen Dank.«

»Spielverderberin«, entgegnete sie und schenkte sich eine Tasse Tee aus der Kanne auf dem Küchentisch ein.

Beim Frühstück brachte Lady Hardcastle ihre Erschöpfung über unsere zahllosen Besuche im Theater zum Ausdruck, und ich konnte ihr da nicht widersprechen.

»Warum besucht ihr die Schauspieler nicht einfach in ihren Zimmern?«, fragte Gwen. »Ihr müsst sie ja nicht unbedingt an ihrer Arbeitsstätte treffen.«

»Guter Punkt«, erwiderte Lady Hardcastle. »Um ehrlich zu sein hält mich nur altmodische Etikette davon ab. Ich habe kein Problem damit, einem Tunichtgut zu jeder Tages- und Nachtzeit die Tür einzuschlagen, aber bei Bekannten kreuzt man nicht einfach so unangekündigt auf.«

»Bei Georgie platzen Sie ständig unangemeldet rein.«

»Sie ist aber eine Freundin, meine Liebe. Bei Freundinnen kann man das machen, aber diese Schauspieler sind nur Bekanntschaften.«

»Dann kündigen Sie sich eben an.«

»Das ist keine so schlechte Idee, junge Gwenith. Wir könnten Telegramme schicken, oder? Georgie hat vielleicht ihre Adressen oder wenigstens die Möglichkeit, sie in Erfahrung zu bringen. Würdest du mir bitte die Marmelade reichen?«

Nach dem Frühstück rief sie Lady Bickle an, und nur eine Viertelstunde später rief diese zurück und teilte ihr die Adresse von Mrs. Rippons Pension in Cotham mit, wo Nancy Beaufort und Rosalie Harding vorübergehend wohnten.

Wir brachen sofort nach dem Frühstück auf und machten unterwegs nur kurz bei der Post halt, damit ich das Telegramm schicken konnte. Wenn wir dann in

Cotham einträfen, würden sie uns immerhin erwarten, selbst wenn sie keine Gelegenheit dazu bekommen hatten, uns zu sagen, dass wir sie mal gernhaben konnten.

»Erinnerst du dich noch an unseren letzten Besuch in Cotham?«, fragte Lady Hardcastle, als wir auf die Gloucester Road Richtung Süden abbogen.

»Ja, das war eine ziemliche Erfahrung.«

»Uns sind damals Stellen angeboten worden, Gwenith«, erklärte Lady Hardcastle mit einem Blick über die Schulter.

»Etwas Gefährliches und Aufregendes?«

»Möglicherweise aufregend. Wir mussten ein Etablissement besuchen, das von einer gewissen Madam Jemima geführt wurde, um im Fall Lizzie Worrel eine Zeugin zu vernehmen.«

Gwen lachte vergnügt. »Ihr beide solltet in einem Bordell arbeiten? Ich würde gutes Geld bezahlen, um das mitanzusehen.«

»Das ist eigentlich genau der Punkt«, erwiderte ich. »Das müsstest du auch.«

Sie lachte erneut. »Nun, das ist immerhin etwas, worauf ihr zurückkommen könnt, wenn es keine Spionagearbeit mehr für euch gibt.«

»Es ist doch immer gut, einen Plan B zu haben«, pflichtete Lady Hardcastle ihr bei.

Eine Dreiviertelstunde später kamen wir an Madam Jemimas Haus in Cotham vorbei und lachten, als wir feststellten, dass Mrs. Rippons Pension nur ein paar Türen davon entfernt lag.

»Glaubt ihr, die Zimmerwirtin eurer Mädels weiß, was die Straße runter vor sich geht?«, fragte Gwen, als wir vor der Pension parkten.

»Solche Fragen habe ich mir schon oft gestellt«, antwortete Lady Hardcastle. »Bestimmt wissen die Nachbarn genau, was da los ist.«

»Vielleicht tun sie einfach so, als wüssten sie es nicht«, mutmaßte ich. »Die Menschen sind sehr gut darin, das zu ignorieren, was sich direkt vor ihrer Nase abspielt.«

Wir stiegen aus und traten durch das schmiedeeiserne Tor in einen gepflegten Vorgarten. Am hinteren Ende des Pfades führten drei Steinstufen zu Mrs. Rippons blau gestrichener Eingangstür hinauf. Lady Hardcastle erklomm sie und zog an der Klingel, während Gwen und ich uns hinter ihr auf der zweiten Stufe aufbauten.

Ein paar Augenblicke später öffnete eine gut aussehende Mittfünfzigerin die Tür. Sie war einfach, aber ordentlich gekleidet.

Lächelnd sagte sie: »Tut mir leid, ich habe leider kein freies Zimmer mehr. Im Fenster steht ein entsprechendes Schild.« Sie zeigte nach links, wo tatsächlich auf einem gedruckten Schild im Erkerfenster stand, dass alle Zimmer belegt seien. Schon wollte sie die Tür wieder schließen, als Lady Hardcastle abwehrend die Hand ausstreckte.

»Schon in Ordnung, wir suchen keine Unterkunft, wir …«

»Und ich bin auch zufrieden mit der Wahl der Kirche, in die ich gehe, danke.«

»Natürlich, natürlich. Was wir …«

»Und mit meinem Waschmittel bin ich auch zufrieden.«

Lady Hardcastle zog ein silbernes Etui aus ihrer Manteltasche und reichte ihr mit geübtem Schwung eine ihrer Visitenkarten. »Ich bin Lady Hardcastle. Und das hier sind meine Kolleginnen Miss Armstrong und Mrs. Evans.«

Mrs. Rippon betrachtete die Karte und blickte dann wieder auf. Sie schien Gwen und mich gerade zum ersten Mal wahrzunehmen.

»Wie können Sie die beiden auseinanderhalten?«, fragte sie.

»Ihre Namen sind ihnen in die Kniekehlen tätowiert. Wir würden uns gern mit zwei Ihrer Mieterinnen unterhalten: Miss Harding und Miss Beaufort. Wir haben ein Telegramm geschickt.«

Mrs. Rippon hatte ihre Bemerkung ganz offenbar für sehr geistreich gehalten und schien nun verwirrt darüber zu sein, dass Lady Hardcastle mit einer derart absurden Entgegnung reagierte. Aber wenn es um Besuche bei ihren Mieterinnen ging, hatte sie festen Boden unter den Füßen – damit wusste sie umzugehen.

»Ich gestatte den jungen Damen nicht mehr als zwei Besucherinnen auf einmal«, entgegnete sie und nickte dann jeder von uns zu, um zu unterstreichen, dass wir zu dritt waren.

»Das sollte kein Problem sein«, antwortete Lady Hardcastle. »Sie können Mrs. Evans und mich als den Besuch von Miss Harding betrachten, während Miss Armstrong Miss Beaufort besucht. Was halten Sie davon?«

Das Lächeln war nun ganz erloschen. Mrs. Rippon ärgerte sich ganz offenbar darüber, dass ihr die Kontrolle über das Gespräch entglitten war. Ich konnte mir vorstellen, dass sie es nicht gewohnt war, von irgendwem ruhige Widerworte zu erhalten. Mit einem aufflammenden Streit wusste sie umzugehen – bestimmt hätte sie in einem offenen Kampf über jeden die Oberhand behalten –, aber gut gelaunter Vorwitz machte sie wütend und verwirrt. Also griff sie auf ein bisschen gute, alte Unverschämtheit zurück, um die Kontrolle wiederzuerlangen.

»Und was halten *Sie* davon, Leine zu ziehen, bevor ich Ihnen eine scheuere, Sie freches Ding? Ich habe schon viel zu viel Zeit mit Ihnen vergeudet.«

Damit wollte sie einmal mehr die Tür schließen, aber Lady Hardcastle hatte bereits einen eleganten Stiefel dazwischengeschoben. Obwohl die oberste Stufe niedriger als die Türschwelle lag, überragte sie die winzige Zimmerwirtin um einiges und musste aus Mrs. Rippons Perspektive einschüchternd wirken.

»Wenn Sie den Damen einfach nur Bescheid geben würden, dass wir hier sind«, sagte Lady Hardcastle, »würden die beiden sich vielleicht entschließen, uns hier draußen zu treffen. Auf dem Weg hierher habe ich eine hübsche Teestube gesehen.«

»Ich tue Ihnen keinen Gefallen. Und jetzt nehmen Sie den Fuß aus meiner Tür.«

»Aber Sie würden doch nicht mir einen Gefallen tun, meine Liebe, sondern Ihren zahlenden Gästen. Sicher wollen Sie sich gut um sie kümmern – Sie sind doch für Ihr Einkommen auf zufriedene Kundschaft angewiesen.«

Mit einem geschnaubten »Na gut« wandte Mrs. Rippon sich um Richtung Gang und verschwand. Lady Hardcastle zog ihren Fuß aus der Tür und suchte ihren Stiefel nach Schrammen ab.

»Ich muss meinem Schuhmacher zu seiner großartigen Arbeit gratulieren. Die sind um einiges stabiler, als sie aussehen.«

Sie streckte uns den Fuß zur Begutachtung entgegen. Wir sahen einen leichten Abrieb, aber nichts, was man nicht wieder in Ordnung bringen konnte.

»Ich kann mich darum kümmern«, bot Gwen an. »Dai hat mir beigebracht, wie man Stiefel poliert. Ach, es sei denn …« Sie sah mich an.

»Tu dir keinen Zwang an«, versicherte ich ihr. »Ich kann ein langes, glückliches Leben führen, ohne auch nur einen weiteren Schuh zu putzen.«

Wir warteten noch ein paar Minuten in der Kälte, bevor Mrs. Rippon wieder an der Tür erschien.

»Sie kommen in einer Viertelstunde zu Ihnen in die St. Michael's Tea Rooms«, erklärte sie und knallte dann die Tür zu.

In der hübschen kleinen Teestube setzten wir uns an einen Tisch, der groß genug für fünf Personen war, und bestellten Tee und eine Auswahl an Gebäck. Um die Wartezeit zu überbrücken, unterhielt Gwen Lady Hardcastle mit Geschichten vom Zwillingsschabernack unserer Jugend.

»Guten Morgen, meine Damen«, begrüßte Lady Hardcastle die eintreffenden Schauspielerinnen. »Setzen Sie sich doch, bitte. Und bedienen Sie sich beim Kuchen. Anscheinend haben wir wie üblich viel zu viel bestellt.«

»Danke«, sagte Nancy.

»Ja, vielen Dank«, schloss Rosalie sich an. »Und das mit Mrs. Rippon tut uns leid.«

»Es ist nett, dass Sie sich deshalb Sorgen machen, meine Liebe, aber Sie sind nicht für ihr Verhalten verantwortlich.«

»Nein, aber peinlich ist es trotzdem.«

»Unsinn, wir haben jetzt eine Anekdote, die wir beim Abendessen erzählen können.«

»Zur Abwechslung mal eine, die nicht damit endet, dass eine von euch irgendwen umbringt«, ergänzte Gwen.

»Wie bitte?«, rief Nancy. »Gewiss endet doch keine Ihrer Geschichten damit, dass Sie jemanden umbringen, oder?«

»Nicht alle«, erwiderte Lady Hardcastle. »Aber Mrs. Rippon interessiert mich seltsamerweise. Sie wirkt auf den ersten Blick so freundlich und zugewandt. So ein offenes Lächeln. Und dann ...«

»Und dann haben Sie irgendetwas gesagt, um sie herauszufordern, und sie hat plötzlich Gift und Galle gespuckt?«, vermutete Rosalie.

»Genau das, meine Liebe. Ach, na ja, die Menschen sind wohl einfach unterschiedlich.«

»Sie haben Menschen umgebracht?«, beharrte Nancy.

»Nur solche, die zuerst versucht haben, *uns* umzubringen, Liebes«, erwiderte Lady Hardcastle.

»Das glaube ich Ihnen nicht.«

»Das kann ich gut verstehen, ich würde mir auch nicht glauben. Aber probieren Sie doch einen dieser Rumkuchen.«

Die beiden Frauen schenkten sich Tee ein und langten dann hungrig bei den Kuchen und dem süßen Gebäck zu. Nach einer unterhaltsamen Runde »Mmm« und »Ahh« und »Vielen Dank« wischte sich Rosalie den Mund mit ihrer Serviette ab und sah uns über den Tisch hinweg an.

»Also«, fragte sie dann, »was verschafft uns das Vergnügen Ihres Besuchs? Harris hat herumposaunt, dass er jetzt im Zentrum einer Untersuchung von zwei berühmten und beeindruckenden Privatdetektivinnen steht, aber ich habe ihm irgendwann nicht mehr zugehört. Allerdings gehe ich davon aus, dass Sie die berühmten Detektivinnen sind und dass Sie … was? Mit der Polizei zusammenarbeiten? Anstelle der Polizei ermitteln?«

»Wir sind hoffentlich nicht berühmt, und ganz sicher sind wir nicht beeindruckend …«

»Es sei denn, Sie bringen Menschen um«, unterbrach Nancy sie.

»Lässt du es jetzt mal gut sein, Nancy«, schalt Rosalie. »Manchmal klingst du wie ein kleines Kind.«

Nancy lief puterrot an und versenkte sich in die genaue Inspektion einer angebissenen Schillerlocke auf ihrem Teller.

»Wir arbeiten mit unserem guten Freund Inspektor Sunderland zusammen«, fuhr Lady Hardcastle fort. »Er braucht noch ein oder zwei Tage, um eine andere Angelegenheit abzuschließen, und hat uns gebeten, uns inzwischen ein Bild von den Ereignissen dieses schrecklichen ersten Abends zu machen. Wenn möglich auch von dem zweiten Abend.«

»Und Sie befragen Leute im Namen der Polizei?«

»Wer hat sich wann wo aufgehalten und hat dort was gesehen – etwas in dieser Art. Das sind außerordentlich wichtige Fragen.«

»Was möchten Sie also von uns wissen?«

»Vielen Dank, meine Liebe«, erwiderte Lady Hardcastle. Sie angelte ihren Block und einen Druckbleistift aus der Handtasche. »Es macht Ihnen doch nichts aus, wenn ich mir während unseres Gesprächs ein paar Notizen mache, nicht wahr?«

»Überhaupt nicht«, entgegnete Rosalie.

Nancy schüttelte den Kopf.

»Danke«, wiederholte Lady Hardcastle. »Also, wir wissen, dass Mr. Singleton …«

»Bitte nennen Sie ihn doch Paul«, warf Rosalie ein. »Er war schließlich mein Paul, nicht Mr. Singleton.«

»Natürlich, meine Liebe. Tut mir leid. Wir wissen, dass Paul in der Pause umgebracht wurde, lassen Sie uns also mit dem Ende des ersten Akts beginnen. Sie waren mit Paul, Harris und Sarah auf der Bühne. Sie haben noch einmal viel Gelächter geerntet, bevor der Vorhang sich gesenkt hat … und dann was?«

»Paul und ich haben uns noch einmal heimlich auf der Seitenbühne geküsst und uns dann getrennt. Das war das letzte Mal, dass ich ihn gesehen habe.« Rosalie hielt einen Moment inne, in ihren Augen glitzerten Tränen. »Dann bin ich in meine Garderobe gegangen.

Als ich auf dem Gang etwas hörte – das ist ein sicheres Anzeichen dafür, dass wir bald für den zweiten Akt auf die Bühne gerufen werden – bin ich hinausgegangen und habe Sarah getroffen. Wir haben noch kurz geplaudert, dann haben wir uns zur Bühne aufgemacht.«

»Worüber haben Sie denn geplaudert?«

Rosalie warf einen kurzen Blick auf Nancy. »Ich kann mich nicht erinnern«, sagte sie dann. »Es war wohl nichts Wichtiges.«

»Sie verstehen sich erstaunlich gut mit Sarah«, warf ich ein. »Vor dem Hintergrund …«

»Dass sie vorher mit Paul zusammen war? Das ist einfach nur zu Ende gegangen. Sie hat nie erzählt, warum. Er auch nicht. Aber sie hegt deshalb keinen Groll auf mich oder so was in der Art.«

»Erinnern Sie sich noch, ob Sie sonst noch irgendwen gesehen haben?«, fragte Lady Hardcastle weiter.

»Wann?«

»Wann auch immer. Sind Sie zum Beispiel auf dem Weg zu Ihrer Garderobe irgendwem begegnet?«

»Nein, ich glaube nicht. Ach, dich habe ich gesehen, Nancy. Du hast mit Adlam gesprochen.«

»Habe ich«, bestätigte Nancy. »Nur kurz, bevor …«

»Ist schon in Ordnung, meine Liebe«, sagte Lady Hardcastle. »Wir haben gehört, wo Sie vor Ihrem Treffen außerhalb des Theaters gewesen sind. Möchten Sie das lieber unter vier Augen besprechen?«

»Nein, ist schon in Ordnung – Rosie weiß darüber Bescheid.«

»Ganz recht«, bestätigte Rosalie. »Das Grüppchen hat

mich eingeladen, an der Verschwörung teilzunehmen, aber ich habe bedauernd abgelehnt.«

»Warum denn?«, fragte ich. »Ein neues Theaterensemble zu gründen, erscheint mir eine aufregende Idee zu sein.«

»Ist es auch«, erwiderte Rosalie. »Aber es würde bedeuten, weiter mit Harris Bridges zu arbeiten. Und wir kommen nicht gut miteinander aus.«

»Sie waren verlobt, nicht wahr?«, fragte Lady Hardcastle.

»Waren wir. Und dann nicht mehr. Und das ist auch der Grund für unsere nachhaltige Abneigung.«

»Ich bin einfach nur neugierig«, fragte Gwen, »und bestimmt hat es auch gar nichts mit dem Fall zu tun, aber warum haben Sie beide sich getrennt?«

»Der gute Harris und ich hatten eine Meinungsverschiedenheit darüber, ob es akzeptabel ist, wenn er seine Zuneigung mit so vielen Frauen teilt wie möglich. Er bestand darauf, dass das vollkommen in Ordnung sei. Ich war da anderer Meinung.«

»Ah, ja, ich verstehe, warum das ein Problem sein könnte.«

»Außerdem stellt sich, wenn man ihn kennenlernt – ihn wirklich und wahrhaftig kennenlernt –, heraus, dass unter diesem arroganten, übergriffigen und bevormundenden Äußeren das Herz eines ebenso arroganten, übergriffigen und bevormundenden Mannes schlägt. Du solltest es dir wirklich zweimal überlegen, bevor du mit ihm zusammenarbeitest, Nancy. Im Moment halten ihn Emrys und Hugo noch im Zaum, aber ohne die beiden …«

»Patrick ist doch auch Teil der Truppe«, erwiderte Nancy defensiv.

Rosalie verzog daraufhin nur das Gesicht.

Lady Hardcastle wollte gern zur Sache zurückkommen. »Sie haben sich also kurz mit dem Intendanten Mr. Adlam unterhalten, dann sind Sie zu Ihrem Treffen mit Harris Bridges und Patrick Cowlin aufgebrochen. Wo hat das stattgefunden?«

»In Patricks Garderobe«, erklärte Nancy.

»Und wie lange hat es gedauert?«

»Ungefähr eine Viertelstunde, würde ich sagen.«

»Und nachdem es vorbei war?«

»Ich bin mit Harris noch bis zu seiner Garderobe gegangen und dann ... nun, dann bin ich heimlich nach draußen geschlüpft, das wissen Sie ja bereits.«

»Natürlich«, entgegnete Lady Hardcastle. »Und als *dieses* Treffen dann vorüber war?«

»Da habe ich den ganzen Aufruhr drinnen mitbekommen und bin wieder ins Theater gegangen, um herauszufinden, was los ist.«

»Sind Sie auf dem Weg zu Harris' Garderobe irgendwem begegnet?«, fragte ich, weil ich mich an Bridges' Aussage erinnerte.

»Ich glaube nicht ... Nein, Moment, ich habe Paul in seine Garderobe gehen sehen.«

»Haben Sie sich mit ihm unterhalten?«

»Nein, er war am anderen Ende des Gangs, aber ich erinnere mich genau daran, ihn gesehen zu haben.«

»Ich habe, glaube ich, auch jemanden gesehen«, meldete Rosalie sich zu Wort.

»Ach ja?«, erwiderte ich. »Einen Mann im dunklen Anzug und einer Stoffmütze?«

»Nein, eine Frau in einem teuren Kleid.«

»Eine Frau?«, fragte Lady Hardcastle. »Hinter der Bühne?«

»Ja. Ich dachte mir noch, dass sie wohl einen der Jungs besucht. Hinter der Bühne tauchen oft Frauen auf. Sie war auf dem Rückweg vom … Sie wissen schon.«

Ich sah Lady Hardcastle an. Sie nickte, um mir zu signalisieren, dass sie sich erinnerte, dass eine Frau bei Thornell in der Garderobe gewesen war, und fuhr dann fort, sich Notizen zu machen. Kurze Zeit später war sie damit fertig und blickte auf.

»Gut, meine Damen, vielen Dank«, sagte sie. »Sie haben uns sehr weitergeholfen.«

»Ist das alles?«, fragte Rosalie.

»Im Moment schon. Wie gesagt, wir versuchen einfach nur, uns im Namen des Inspektors ein Bild vom Ablauf der Geschehnisse zu machen. Sie haben uns Material geliefert, sodass wir weitermachen können.«

»Sie wissen ja, wo Sie uns finden, falls Sie noch irgendetwas brauchen.«

»Das wissen wir, danke.«

»Wie schade, dass Sie nicht wirklich darüber nachdenken, ein eigenes Theater zu eröffnen«, sagte Nancy. »Sonst könnten wir mit unserem neuen Ensemble für Sie arbeiten.«

»Ach, das wäre doch wirklich wunderbar, oder?«, rief Lady Hardcastle.

»Ich muss zugeben, dass ich ernsthaft darüber nachgedacht habe, als wir uns mit Ihnen darüber unterhalten haben«, stimmte ich zu. »Vielleicht, wenn wir uns das nächste Mal zur Ruhe setzen.«

»Wovon denn zur Ruhe setzen?«, fragte Rosalie. »Was machen Sie denn tatsächlich?«

»Wir sind leider nur einfache Staatsdienerinnen«, antwortete Lady Hardcastle. »Nichts furchtbar Aufregendes.«

»Staatsdienerinnen, die gelegentlich Leute umbringen«, sagte Nancy.

»Aber nur gelegentlich, meine Liebe. Und nur, wenn sie es wirklich verdienen.«

»Ach, eine Sache noch«, ergriff ich noch einmal das Wort. »Ist eine von Ihnen Opfer der kürzlichen Diebstähle geworden?«

»Was denn für Diebstähle?«, fragte Rosalie.

»Hugo hat uns erzählt, es habe hinter der Bühne eine … Myriade von Diebstählen gegeben«, erklärte ich und ignorierte Gwens Grinsen, als ich einmal mehr das Wort »Myriade« verwendete.

»Ach das. Nein. Ich habe einige Leute murren hören, aber von mir ist nichts verschwunden. Nancy?«

»Von mir auch nicht, nein.«

»Wie schön«, sagte ich. »Danke.«

Nancy sah auf die Wanduhr der Teestube und zog dann an Rosalie gewandt die Augenbrauen hoch, die daraufhin selbst einen Blick darauf warf.

»Tut mir leid, meine Damen«, verkündete Rosalie, »aber wir sollten langsam ins Theater aufbrechen. Wir haben eine Leseprobe für unser nächstes Stück.«

»Morgen Nachmittag müssen wir auch arbeiten«, ergänzte Nancy, ganz offenbar wenig begeistert von diesem Eingriff in ihre sonntäglichen Pläne. »Ich musste sonntags um eins noch nie im Theater sein. Das sollte gar nicht erlaubt sein.«

»Danke, dass Sie sich die Zeit für uns genommen haben – Sie sind wirklich enorm hilfreich gewesen«, erwiderte Lady Hardcastle.

Unter weiterem Lächeln, Nicken und vielen Dankesworten standen die beiden Schauspielerinnen vom Tisch auf und holten ihre Mäntel von der Garderobe neben der Tür. Mit einem letzten Winken verschwanden sie, und wir widmeten uns wieder der ernsten Angelegenheit des Cremetortenverzehrs.

»Hat das wirklich weitergeholfen?«, fragte Gwen, während sie einen weiteren Rumkuchen in Angriff nahm. »Hörte sich nicht so an.«

»War es«, erwiderte ich. »Der Vorhang nach dem ersten Akt ist um etwa halb neun gefallen, und Paul Singleton war zu diesem Zeitpunkt definitiv noch am Leben, weil wir ihn ja die Bühne verlassen sahen. Er und Rosalie haben sich dann ein paar Minuten lang auf der Seitenbühne geküsst. Was er als Nächstes getan hat, wissen wir nicht, aber Nancy hat etwas bestätigt, was Bridges uns gestern schon erzählt hat, nämlich dass er ihn zu einem Zeitpunkt in seine Garderobe hat gehen sehen, den wir jetzt auf nach Viertel vor neun taxieren können, sehr wahrscheinlich aber vor zehn vor. Wir grenzen also den Todeszeitpunkt immer weiter ein.«

»Außerdem wissen wir«, fügte Lady Hardcastle hinzu,

»dass sich Bridges und Rosalie nicht im Guten getrennt haben, und dass die Geschichte ihrer Trennung komplizierter ist, als Bridges es uns glauben machen wollte. Er hat ganz klar insinuiert, dass Paul und Rosalie schon etwas miteinander hatten, bevor sie ihre Verlobung gelöst hatten, wohingegen nach ihrer Version er derjenige war, der fremdgegangen ist.«

»Es könnte ja beides teilweise stimmen«, mutmaßte Gwen.

»Könnte es wohl. Und wahrscheinlich ist es auch so.«

»Bridges hat sich gestern selbst ein ziemlich starkes Motiv für den Mord an Paul gegeben«, ergänzte ich. »Falls Singleton damit gedroht hat, den anderen von ihren Plänen zu erzählen, ein eigenes Ensemble zu gründen, wollte er ihn vielleicht loswerden.«

»Eben«, pflichtete Lady Hardcastle mir bei. »Und indem sie bestätigt hat, dass die Trennung nicht ohne Bitterkeit abgelaufen ist, hat Rosalie zugleich ein weiteres mögliches Tatmotiv geliefert – vielleicht hat er auch dafür Singleton verantwortlich gemacht.«

»Also ist es Bridges gewesen«, sagte Gwen mit Nachdruck.

Lady Hardcastle lachte. »Nun, auf jeden Fall können wir Bridges nicht als Tatverdächtigen ausschließen, wenigstens noch nicht.«

»Aber können es Rosalie oder Nancy gewesen sein?«

»Das erscheint weniger plausibel. Rosalie hat ein Alibi für den mutmaßlichen Todeszeitpunkt – praktischerweise hat es Sarah geliefert. Aber Nancy … Nun ja, wenn wir annehmen, dass Bridges Paul hätte umbringen können, nachdem er ihn in seine Garderobe gehen sah, könnte sie es genauso gut getan haben. Wir haben nichts als ihr Wort dafür, dass sie mit diesem unbekannten Burschen draußen gewesen ist.«

»Oder sie arbeiten zusammen«, sagte Gwen. »Sie decken sich gegenseitig und haben ihn wegen dieser Abspaltungsgeschichte umgebracht. Er hat Paul sowieso den Tod gewünscht, und sie ist leicht zu beeinflussen, also …«

»Das wäre natürlich denkbar. Aber ich bin noch nicht überzeugt. Was meinst du, Flo?«

»Ich kann mir nicht vorstellen, dass Nancy die Schuldige ist. Sie hat kein ausreichend starkes Motiv. Und obwohl ich selbst dachte, einer Sache auf der Spur zu sein, als Bridges über das neue Ensemble geredet hat, ist es nach reiflicher Überlegung doch nicht ganz das Motiv, das ich dachte. Aber wie Gwen schon sagt, wenn er Paul aus anderen Gründen den Tod gewünscht hat, könnte es der Tropfen gewesen sein, der das Fass zu Überlaufen brachte. Ich muss schon sagen, es ist wirklich nicht ausgeschlossen, dass ihr romantischer Ringelpiez in Gewalt hätte münden können.«

»Und Rosalie?«

»Warum sollte sie ihren Liebhaber umbringen?«, fragte ich. »Das ergibt für mich überhaupt keinen Sinn. Und Sie haben selbst gesagt, dass sie für den Mordzeitpunkt ein Alibi hat. Der geheimnisvolle Mann mit der Stoffmütze scheint sich hingegen in eine geheimnisvolle Frau im teuren Kleid verwandelt zu haben. Das ist schon seltsam.«

»Ich habe eigentlich angenommen, dass es sich bei der Frau um Thornells Besucherin gehandelt hat«, sagte Lady Hardcastle. »Diejenige, über die Bridges so lasziv gescherzt hat. Vielleicht würde es sich lohnen, herauszufinden, wer sie ist und wie sie dorthin gelangt ist.«

»Möglich«, stimmte ich zu. »Ach, glauben Sie denn, dass sie diejenige ist, die wir am Abend des Mordes an Browning gesehen haben?«

»Als wir auf der Bühne waren? Sie könnte es jedenfalls gewesen sein.«

»Es würde doch sehr zu unserem Glück passen, wenn wir die ganze Zeit im Theaterensemble ermitteln würden, nur um letztendlich herauszufinden, dass die Mörderin eine fremde Besucherin war.«

»Das stimmt. Wir müssen uns jedenfalls über sie erkundigen.« Sie blätterte ihre Notizen durch und sah dabei zwar nicht wirklich zufrieden, aber immerhin so aus, als ob wir Fortschritte gemacht hätten.

»Es ist nicht viel«, fasste sie zusammen und schloss ihr Notizbuch, »aber es wird Inspektor Sunderland immerhin ein bisschen Zeit sparen. Möchte eine von euch noch das letzte Stück Sahnetorte?«

14

Satt vom Kuchen und ohne Appetit auf Lunch, entschieden wir uns schließlich doch, noch einmal zum Theater zu fahren. Die Möglichkeit, der Probe beizuwohnen, hatte einen gewissen Reiz.

Haggarty blickte von seinem Buch auf, sagte: »Tag, Lady Hardcastle«, und winkte uns durch.

»Unsere kleine Flunkerei scheint ihn nicht zu stören«, sagte ich, als wir uns den Weg durch die Korridore zur Bühne bahnten.

»Er ist wahrscheinlich daran gewöhnt, dass Leute sich für jemand anderen ausgeben«, vermutete Lady Hardcastle.

Wir kamen an die kurze Treppe, ohne auch nur einmal falsch abgebogen zu sein, und ermahnten einander, leise zu sein, bevor ich die Tür zur Bühne öffnete – schließlich wollten wir die Probe nicht stören.

Aber niemand war hier.

»Na, das ist jetzt aber enttäuschend«, verkündete Lady Hardcastle in den leeren Zuschauerraum hinein. »Zumindest hatte ich gehofft, den kreativen Prozess aus nächster Nähe beobachten zu können, selbst wenn wir dabei nichts Neues über den Mord erfahren hätten.«

»Was jetzt?«, fragte Gwen.

»Wir könnten uns vermutlich hier rumdrücken, bis sie alle eintreffen.«

»Oder wir könnten an ein paar Türen klopfen«, erwiderte ich. »Abwarten ist doch was für Dummköpfe.«

»Deine Schwester ist ziemlich direkt, nicht wahr?«, sagte Lady Hardcastle. »Sie hält uns für Dummköpfe.«

»Bei allem Respekt«, entgegnete Gwen, »ich glaube, sie hat nur Sie einen Dummkopf genannt. Ich wurde gar nicht erwähnt.«

»Keiner von euch ist ein Dummkopf«, seufzte ich. »Ich versuche nur, uns zum Handeln anzuspornen.«

»Ist schon in Ordnung, Liebes«, sagte Lady Hardcastle und zwinkerte Gwen zu. »Wir werden angespornt. Das hätten wir wissen müssen.«

»*Sie* hätten das wissen müssen«, präzisierte ich. »Und jetzt kommt beide mit, bevor ich noch irgendwen treten muss.«

Ich ging von der Bühne, und sie folgten mir. Ich hätte schwören können, sie kichern zu hören.

Eine Weile wanderte ich ziellos umher, bis ich irgendwann auf einen Gang stieß, den wir vorher noch nicht erkundet hatten. Ich klopfte an die nächstbeste Tür. Keine Antwort. Ich sah meine Begleiterinnen an. Lady Hardcastle forderte mich mit einer Geste auf, den Knauf zu drehen.

Die Tür ging auf.

Zuerst fiel mein Blick auf einen Kartentisch, auf dem

eine glänzende Royal Standard Schreibmaschine stand. Daneben lag ein Stapel Papier. Das hier musste also Hugo Bartletts Garderobe sein.

Von der Stelle, an der ich den Schminktisch vermutete, kam Rascheln.

»Eine Sekunde«, sagte Hugo.

Es raschelte weiter.

Ich stieß die Tür noch ein bisschen weiter auf und sah Hugo Bartlett auf dem Stuhl vor dem Schminktisch sitzen. Im Spiegel konnte ich sein Gesicht erkennen. Der Bart bedeckte sein Kinn nur zur Hälfte, und die bartlose Seite sah überhaupt nicht wie der hübsche Mann aus, den ich erwartet hatte. Bartlett war nämlich überhaupt kein Mann.

»Schließen Sie die verdammte Tür«, sagte sie.

»Was ist denn hier los?«, fragte Lady Hardcastle und drängelte sich an mir vorbei, um besser sehen zu können. »Ach, hallo, meine Liebe. Sie müssen Helena sein. Es ist mir eine Freude, Sie endlich richtig kennenzulernen.«

Lady Hardcastle schob mich in den Raum und folgte mir, Gwen dicht hinter sich. Diese schloss die Tür.

Helena drehte sich zu uns um, der Bart hing ihr immer noch halb vom Gesicht.

»Sie wussten Bescheid?«, staunte sie.

»Wenigstens habe ich es vermutet«, entgegnete Lady Hardcastle.

»Was hat mich verraten?«

»Ach, einem fallen eben Dinge auf. Die leise Stimme und die gepflegte Gleichmäßigkeit des Bartes waren Hinweise, glaube ich. Aber was Sie wirklich verraten hat, war Ihr Verhalten bei unserem ersten Treffen im Crane's.«

»Mein Verhalten? Aber ich habe doch nur versucht, ein perfekter Gentleman zu sein.«

»Und das waren Sie auch, meine Liebe. Aber Sie haben einen fatalen Fehler gemacht.«

»Nämlich?«

»Sie haben uns zugehört. Zwei Frauen kommen mit der, um ehrlich zu sein, absurden Idee zu Ihnen, ein Theater in einer Küstenstadt zu eröffnen, und Sie haben sich hingesetzt und uns zugehört. Sie haben uns nicht von oben herab behandelt, Sie haben nicht rechthaberisch unsere falschen Vorstellungen zurechtgestutzt, Sie haben uns einfach nur zugehört. Sie waren begeistert und hilfsbereit. Sie waren genau das, was der Großteil der Männer, denen wir in unserem täglichen Leben so begegnen, nicht sind.«

Helena Bartlett musste lachen. »Daran muss ich wohl noch arbeiten.«

»Ach, und das geräuschvolle Rendezvous mit Ihrem Liebhaber Emrys Thornell in dessen Garderobe war auch ziemlich verräterisch.«

Helena lachte erneut. »Wie haben Sie das denn herausgefunden?«

»Bridges hat Sie gehört. Er war sich sicher, dass Thornell Damenbesuch hatte, aber wir wussten, dass das nicht stimmen konnte – Thornell hat Ihnen Ihr Alibi verschafft und uns erzählt, dass Sie in der Pause bei ihm waren. Falls er nicht log, mussten Sie also die Frau gewesen sein.«

»Ich habe ihm gesagt, dass es riskant ist«, erklärte Helena.

»Sie sind auch die geheimnisvolle Frau, die Rosalie am Abend von Pauls Mord hinter der Bühne gesehen hat«, warf ich ein. »Und diejenige, die wir am Montag im Zuschauerraum gesehen haben, als Browning ermordet wurde.«

»Schuldig in beiden Anklagepunkten. Ich treffe mich nicht gern mit Emrys in meiner Verkleidung als Hugo – das ist für uns beide ziemlich verwirrend – also riskiere ich es manchmal und gehe als ich selbst. Beim ersten Mal musste ich unbedingt auf die Toilette, und wir hatten die Zeit aus den Augen verloren. Bis ich auf dem Rückweg war, war mir gar nicht klar, dass schon Pause war. Ich hatte gehofft, ich wäre noch mal glimpflich davongekommen, aber anscheinend war das nicht der Fall. Und an dem Abend, als Sie auf der Bühne waren … Nun, ich bin zutiefst erschrocken, das kann ich Ihnen sagen. Ich musste mich in der Stadt mit jemandem treffen und konnte ja schlecht als ich selbst durch den Bühneneingang verschwinden, also dachte ich, ich gehe durchs Foyer raus. Ich habe nicht damit gerechnet, dass Sie immer noch da sein würden – ich dachte, Sie würden zu diesem Zeitpunkt schon das Theater besichtigen.«

»Eine Zeit lang hat uns das ein Rätsel aufgegeben«, gab Lady Hardcastle zu. »Aber inzwischen ergibt es Sinn. Kann die Person, mit der Sie sich am Montag getroffen haben, bestätigen, wo Sie waren?«

»Kann sie. Priscilla Cooper. Sie ist eine Schauspielerin, die ich vom Anfang meiner Karriere her kenne. Sie hat mir auch diese Maskerade vorgeschlagen.« Sie zeigte auf ihr Hugo-Kostüm. »Ich gehe gern mit ihr essen, wenn wir in der Stadt sind. Wir haben übrigens im Le Quai gegessen – anscheinend kennt man Sie dort.«

»In der Tat.«

»Niemand von den anderen weiß über Ihre wahre Identität Bescheid?«, fragte ich.

»Keiner. Sie halten mich einfach nur für einen etwas schüchternen Mann.«

»Wie hat Thornell es denn herausgefunden?«

»Ich hab es ihm erzählt. Zu diesem Zeitpunkt hatte ich mich bereits in ihn verliebt.«

»Aber warum haben Sie sich denn überhaupt als Mann ausgegeben?«, wollte Gwen wissen.

Wir anderen blickten meine Schwester erstaunt an.

»Ich meine«, rechtfertigte sie sich, »es ist ja nicht so, als gäbe es nicht eine ganze Reihe weiblicher Schriftstellerinnen. Zum einen ist da Jane Austen. Und Mary Shelley. Und ...«

»Die Liste ist lang«, sagte Helena, »genau wie die Liste weiblicher Theaterautorinnen. Aber auf eine von uns kommen hundert Männer, und die Anzahl respektierter Theaterdirektorinnen kann man an einer Hand abzählen. Stellen Sie sich nur vor, wie viel einfacher es gewesen ist, als Hugo statt als Helena Respekt für mein Werk zu ernten. Ich hatte große Mühe, irgendwen auch nur dazu zu bringen, einen Blick auf meine Arbeit zu werfen, bevor Priscilla vorgeschlagen hat, Hugo zu erfinden, und mir sämtliche Schmink- und Kostümtricks beigebracht hat. Auch wenn ich mich strategisch ein bisschen abbinden und einen entsetzlich unbequemen falschen Bart tragen muss, ist das ein kleiner Preis dafür, meiner Leidenschaft nachgehen zu können.«

»Wo wir gerade vom Abbinden sprechen«, sagte ich, »wie verstecken Sie denn … Sie wissen schon …?«

Sie knöpfte ihr Hemd am Bauch auf, und darunter kam ein dickes Polster zum Vorschein.

»Es ist eine Kombination, das zusammenzuquetschen, was Gott mir obenrum gegeben hat, und den Bauch darunter auszupolstern, sodass es umso weniger auffällt. Es sieht nicht wirklich gut aus – eher wie eine Art Fass –, aber es verbirgt die Ausbuchtungen.«

»Genial«, staunte Lady Hardcastle. »Das sollten wir uns notieren, falls wir uns jemals als Männer verkleiden müssen, Flo.«

»Sie können sich ja als Mann verkleiden«, entgegnete ich. »Ich habe so schon genug zu ertragen.«

»Es macht definitiv keinen Spaß«, pflichtete mir Helena bei. »Aber im Leben bietet es mir große Vorteile. Ich wünschte, ich hätte das schon während meiner Schulzeit gewusst. Meine Darstellung als Romeo wurde in Grund und Boden kritisiert, weil ich so gar keine jungenhafte Figur hatte.«

»Die Geschichte haben wir schon gehört«, erwiderte Lady Hardcastle.

Helena lachte. »Georgie erzählt sie also immer noch, ja?«

»Mit sehr großem Mitgefühl.«

»Das ist ganz bezaubernd. Aber inzwischen kenne ich

sämtliche Tricks, und wenn ich von allem frei sein, aber immer noch ein Auge auf die Dinge haben will, besuche ich manchmal elegant in Schale geschmissen eine Theatervorstellung und setze mich ins Publikum.«

»Sie sollten diesen Bart in Ordnung bringen, bevor noch irgendwer hier reinplatzt«, riet ihr Lady Hardcastle. »Ich möchte nicht der Grund dafür sein, dass Ihre Tarnung aufgedeckt wird. Wir können nachfühlen, wie das ist, und bei uns hängt nicht mal die gesamte Karriere von dieser Täuschung ab.«

»Danke«, erwiderte Helena. »Kann ich eigentlich irgendetwas für Sie tun? Ich habe den Eindruck, Ihnen etwas dafür schuldig zu sein, dass Sie mich aus dem Gefängnis geholt haben.«

»Nein, meine Liebe. Wir versuchen nur, uns ein umfassendes Bild von den Ereignissen der Mordnächte zu machen, aber wir wissen ja jetzt, wo Sie waren. Vermutlich haben Sie auch niemanden gesehen.«

»Nur Emrys und Priscilla«, antwortete Helena, trug geschickt etwas Klebstoff auf ihren Wangenknochen auf und fixierte damit Hugos ordentlichen Bart. »Wie sehe ich aus?«

»Wie ein allseits respektierter Theaterautor«, erwiderte Lady Hardcastle.

Hugo blickte uns ernst an. Der schüchterne Theaterschriftsteller war zurück. »Natürlich kann ich Sie nicht verpflichten, Stillschweigen hierüber zu wahren, aber ich flehe Sie an, alles für sich zu behalten, um meines Platzes in diesem prekären Geschäft willen.«

»Natürlich«, versprach ich.

»Unbedingt«, legte Gwen nach.

»Ich gebe Ihnen mein Wort«, fügte Lady Hardcastle hinzu. »Aber falls sich herausstellen sollte, dass Sie irgendetwas mit einem der beiden Todesfälle zu tun haben, wird es sowieso rauskommen.«

»Dann bin ich sicher«, entgegnete Hugo. »Am Montag war ich im Le Quai, und letzte Woche war ich wirklich mit Emrys zusammen. Wir haben seine Garderobe nicht verlassen, bevor wir den Aufruhr im Korridor bemerkt haben, als alle plötzlich zu Beginn des zweiten Aktes ganz aufgeregt herumgelaufen sind. Ich musste mich umziehen, bevor ich rauskommen und nachsehen konnte, was vor sich ging.«

»In diesem Fall müssen Sie sich keinerlei Sorgen machen. Aber …«

»Aber was?«

»Die gute Georgie sollte doch Bescheid wissen.«

Kurz wirkte Hugo melancholisch. »Sollte sie wohl, aber ich habe keine Ahnung, wie ich es ihr jetzt noch gestehen sollte. Als wir jung waren, waren wir so gut befreundet, und jedes Mal, wenn ich nach Bristol gekommen bin, wollte ich sie unbedingt wiedersehen, aber ich konnte das Risiko nicht eingehen. Es wäre wie aus einer meiner weniger raffinierten Farcen gewesen, als Helena nach Clifton hinaufzugehen und sie dann im Theater als Hugo zu begrüßen, während sie sich die ganze Zeit fragt, warum sie uns nie zusammen zu Gesicht bekommt. Nach einer Weile war die Verkleidung als Hugo allerdings so sehr ein Teil von mir geworden, dass ich mich entschied, sie einfach in diesem Aufzug zu besuchen. Sie hat alles sofort für bare Münze genommen, sodass ich selbstsüchtig unsere alte Freundschaft wiederaufleben lassen konnte, ohne meine Entlarvung zu riskieren.«

»Sie müssen sich etwas einfallen lassen«, beharrte Lady Hardcastle. »Sie vermisst Helena genauso sehr, wie das umgekehrt der Fall war. Lassen Sie nicht zu, dass Ihre Selbstsucht ihr diese Freude versagt.«

»Da haben Sie natürlich recht. Ich denke darüber nach.«

»Danke. Sie verdient etwas Besseres. Aber für den Augenblick lassen wir Sie jetzt wieder Ihr Dandykostüm anlegen und die Probe leiten. Unser Schweigen ist ja bedeutungslos, wenn Ihr Make-up nicht den Anforderungen genügt.«

»Sie wissen auch über unsere Probe Bescheid?«, staunte Hugo. »Gibt es denn irgendetwas, was Sie nicht wissen?«

»Es braucht sämtliche Bücher in allen Bibliotheken dieser Welt, um darin auch nur einen Bruchteil von dem aufzuzeichnen, was ich nicht weiß, meine Liebe, aber ich versuche stets, Augen und Ohren offen zu halten. Viel Glück.«

»Das sagen wir am Theater nicht«, erwiderte Hugo. »Das bringt schreckliches Unglück. Es heißt *Hals- und Beinbruch.*«

»Gütiger Himmel. Warum das denn?«

»Das weiß niemand.«

»Na ja, dann eben Hals- und Beinbruch, meine Liebe. Wir lassen Sie jetzt in Frieden.«

Gwen öffnete die Tür, und wir traten einmal mehr auf den Gang hinaus und überließen Bartlett seinen Vorbereitungen.

»Was nun?«, fragte Gwen.

»Jetzt fragen wir uns, ob wir Hugo Bartlett allzu rasch von der Liste der Verdächtigen gestrichen haben«, erwiderte Lady Hardcastle.

»Wieso das denn?«

»Stell dir vor, Paul Singleton kannte sein Geheimnis«, erklärte ich. »Du hast ja gehört, was er gesagt hat – seine Karriere wäre zu Ende, wenn das rauskommen sollte. Wir haben Leute kennengelernt, die aus deutlich weniger wichtigen Gründen einen Menschen getötet haben, als um ihr Lebenswerk zu beschützen.«

»Aber Hugo war doch bei Thornell, als Singleton gestorben ist«, beharrte Gwen. »Und bei ihrer Freundin Priscilla, als Browning umgebracht wurde.«

»Behauptet sie jedenfalls.«

»Diese Priscilla können wir doch ganz leicht ausfindig machen. Und Bridges hat sie zusammen mit Thornell gehört.«

»Tatsächlich, meine liebe Flo«, sagte Lady Hardcastle. »Vielleicht können wir sie letztendlich doch beide von der Verdächtigenliste streichen.«

»Wer ist dann als Nächstes an der Reihe?«, fragte Gwen.

»Sie ist ziemlich eifrig bei der Sache, nicht wahr?«, bemerkte Lady Hardcastle.

»Ihr macht solche Sachen eben die ganze Zeit«, verteidigte sich Gwen. »Ich muss hingegen bald wieder nach Hause – vielleicht bleibt das die einzige Gelegenheit in meinem Leben, mal einen Mörder zu fangen. Was ist mit dem alten Wieheißtergleich? Die Inspizienten-Zweitbesetzung. Cowlick.«

»Cowslip«, verbesserte Lady Hardcastle sie.

»Den Gefallen tue ich euch nicht«, sagte ich. »Ihr wisst beide sehr genau, wie er heißt.«

»Cow Parsley«, sagte Gwen.

»Cow-Catcher«, legte Lady Hardcastle nach.

»Was ist denn ein Cow-Catcher?«

»Ein großes Metallgitter, das man in Amerika vorne an eine Lokomotive montiert, um Kühe vom Gleis zu schubsen.« Mit der Hand vollführte sie eine pflügende Bewegung. »Obwohl es in Wahrheit mehr ein Kuhzerplatzer ist.«

»Igitt!«, rief Gwen.

»Cowlin«, sagte ich genervt. »Ihr habt gewonnen. Er heißt Patrick Cowlin, und ihr seid Idiotinnen.«

»Ich betrachte mich lieber als spitzbübisch«, entgegnete Lady Hardcastle.

»Oder auf spielerische Weise schelmisch«, fügte Gwen hinzu.

»Ihr wisst aber schon beide, dass ich euch umbringen kann, oder? Im Umdrehen meines zarten Händchens. Die Leichen wird nie jemand finden.«

»Wir sind ja schon artig«, versprach Gwen.

Als wir zur Bühne kamen, hatten sich schon einige der Schauspieler dort versammelt. Bridges stand mit Sarah zusammen, während Rosalie und Nancy irgendeine Art lauter Stimmübungen vollführten. Patrick Cowlin kämpfte derweil mit ein paar Champagnerflaschen auf dem Requisitentisch.

»Eine fehlt«, sagte er, als er uns bemerkte. »Es sind leere Flaschen. Wer klaut denn eine leere Flasche? Manchmal ist es wirklich zum Verzweifeln.«

»Menschen machen die komischsten Sachen«, erwiderte Lady Hardcastle. »Abgesehen davon, dass Sie herauszufinden versuchen, was mit Ihren vermissten Requisiten passiert ist – sind Sie gerade beschäftigt?«

»Ich muss gleich an der Leseprobe teilnehmen, aber mehr nicht. Was kann ich für Sie tun?«

»Vielleicht haben Sie gehört, dass Inspektor Wyatt von Pauls Fall abgezogen wurde und durch Inspektor Sunderland ersetzt worden ist.«

»Ist das der Bursche, der nach dem ersten Mord zu uns auf die Bühne gekommen ist und uns vernommen hat?«

»Genau der. Er muss sich noch um ein paar Angelegenheiten kümmern, bevor er sich richtig mit dem Fall befassen kann, also hat er uns gebeten, ihm ein bisschen Zeit zu sparen, indem wir uns einen Überblick darüber verschaffen, wo sich alle während der Pause am Dienstagabend aufgehalten haben.«

»Warum denn Sie? Und warum nicht an beiden Abenden?«

»Wir sind ihm gelegentlich behilflich. Es handelt sich um eine informelle Zusammenarbeit, aber sie funktioniert ziemlich reibungslos. Und wir glauben, dass wir, wenn wir Pauls Mörder erwischen können, zugleich auch Davey Brownings Mörder geschnappt haben. Die

Chancen stehen gut, dass es sich dabei um ein und dieselbe Person handelt.«

»Aha. Nun, Sie können ihm sagen, dass Harris und Nancy, kurz nachdem der Vorhang gefallen ist, zu mir in die Garderobe gekommen sind. Wir haben ungefähr zehn bis fünfzehn Minuten miteinander gesprochen, dann sind sie gegangen. Ich bin geblieben und habe eine Tasse Tee getrunken, nachdem der Vorarbeiter mir angekündigt hatte, dass alles für den zweiten Akt bereit ist, bin ich zur Bühne gegangen.«

»Sie waren also allein?«

»Nur ich und mein Tee.«

»Und als Sie zur Bühne gegangen sind, haben Sie da irgendwas Ungewöhnliches gesehen?«

»Sie meinen zum Beispiel Pauls Leiche? Nein. Schaut mal, das Bein ist im Weg.« Er zeigte auf den schwarzen Vorhang, hinter dem ich gestanden hatte, als wir die Bühne zum ersten Mal genauer in Augenschein genommen hatten. »Ich habe einen Blick auf die Bühne geworfen, um sicherzustellen, dass alles war, wo es sein sollte. Ich habe den Requisitentisch hier drüben überprüft … dann habe ich gewartet, bis wir das Zeichen aus dem Zuschauerraum bekommen haben, dass alles bereit ist. Als Sarah, Harris und Rosie dann angekommen sind, habe ich den Vorhang weggezogen und sie durchgeschickt.« Er zeigte auf eine Winde, die mit dem Hauptvorhang verbunden war.

»Sollte Paul denn nicht schon auf der Bühne sein?«, fragte Gwen. »Haben Sie das nicht überprüft, bevor sie weitergemacht haben?«

Cowlin wirkte ein bisschen verlegen. »Na ja. Eigentlich … Schauen Sie, ich wusste, dass er nicht da ist, in Ordnung? Ich kann von meinem Platz auf der Seitenbühne aus den Stuhl sehen, auf dem er hätte sitzen sollen, und ich dachte … Na ja, ich dachte eben, dass ich ihn in Verlegenheit bringen könnte. Mich hat wirklich gewurmt, dass er die Rolle bekommen hat. Ich wäre die perfekte Besetzung gewesen. Ich kriege viel lautere Lacher als er. Ich habe nur darauf gewartet, dass der eingebildete kleine Wicht mal zu spät kam, damit ich ihn bloßstellen konnte. *Ich muss allein auf der Bühne sein, um mich vorzubereiten*, hat er immer gesagt. *Achte darauf, dass mich niemand stört.* Jeden Abend hat er das gesagt. Und dann war meine Gelegenheit gekommen. Er hat nicht auf seinem Stuhl gesessen, als alle anderen fertig waren, also habe ich den Vorhang hochgezogen.«

»Sie hatten keine Bedenken, das Stück zu ruinieren?«, fragte ich.

»Es ist ja nicht gerade Shakespeare. Die anderen hätten irgendwas improvisiert, bis er aufgetaucht wäre, und sie hätten sich alle wieder gemeinsam auf Spur gebracht. Nachdem der Vorhang gefallen wäre, hätte es Ärger gegeben. Und dann hätte ich den anderen erklärt, warum ich die bessere Wahl für die Rolle bin. Aber … na ja, er war eben nicht zu spät, nicht wahr? Er war …«

»Wissen wir, ja. Wir haben im Publikum gesessen. Haben Sie denn sonst noch irgendetwas gesehen? Hat irgendwer sich verdächtig verhalten? War irgendwer, wo er nicht hätte sein sollen?«

»Nein, niemand. Es ist ja kein Stück mit hohen technischen Ansprüchen. Wir brauchen ein paar Bühnenarbeiter, um zwischen den Akten alles herzurichten, aber wenn sie mal fertig sind, verdrücken sie sich in ihren Raum neben der Werkstatt, wo sie Tee trinken und Karten spielen. Es ist nie jemand da.«

»Aha. Nun, vielen Dank, mein Lieber. Dann lassen wir Sie jetzt Ihre Leseprobe durchführen.«

Mit einem Nicken gesellte sich Cowlin zu seinen Kollegen in der Mitte der Bühne.

»Solange alle beschäftigt sind«, schlug Lady Hardcastle vor, »würde ich mich gern in Paul Singletons Garderobe umsehen.«

»Was können wir daraus denn lernen?«, fragte Gwen.

»Fast sicher gar nichts. Aber es fühlt sich trotzdem wie etwas an, was wir tun sollten. Ich wette, Inspektor Sunderland wird wissen wollen, was sich darin befindet.«

»Es ist die Nummer sechs«, erklärte ich.

»Ach, das hast du dir gut gemerkt. Ich wusste, dass ich Bridges danach gefragt habe, aber ich hab es mir aufgeschrieben, also konnte ich mich nicht an seine Antwort erinnern.«

Gwen sah sie verwirrt an.

»Ich kann mich an Dinge erinnern«, erläuterte Lady Hardcastle, »oder ich kann sie mir aufschreiben und mich daran erinnern, wo ich sie notiert habe. Ich finde, beides auf einmal ist Energieverschwendung. Ich habe mir bei unserem Gespräch mit Bridges Notizen gemacht und kann mich grob an den Inhalt der Unterhaltung erinnern, aber ich habe mir nicht die Mühe gemacht, mir irgendwelche Details zu merken, weil ich ja weiß, dass sie alle in meinem Notizbuch stehen.«

»Außerdem weiß sie, dass sie sich darauf verlassen kann, dass ich mich an alles erinnere«, ergänzte ich.

»Das auch«, bestätigte Lady Hardcastle. »Warum sich einen Hund halten und dann selbst bellen?«

»Wuff«, erwiderte ich mit gleichgültigem Achselzucken. »Ich wünschte, Sie würden kurz nachdenken, bevor Sie mich mit einem Hund vergleichen. Wir hatten mal die Phase, in der Sie mich Bluthund oder so was in der Art genannt haben. Das hat mir auch nicht gefallen.«

»Tut mir leid, Liebes. Aber wo ist denn jetzt Garderobe Nummer sechs?«

»Hier entlang.«

»Braves Mädchen«, sagte sie. »Bist du ein braves Mädchen? Und ob du das bist. Ja, du bist ein ganz braves Mädchen.«

»Im Umdrehen meines zarten Händchens könnte ich Sie töten«, erinnerte ich sie und machte mich auf den Weg zu Paul Singletons Garderobe.

Wir gelangten an die Tür, und ich drehte den Knauf, aber diesmal war abgeschlossen. Ich kramte in meiner Tasche nach dem Dietrich.

»Du solltest jetzt genau hinschauen«, sagte Lady Hardcastle zu Gwen. »Mit diesem Ding ist sie ein absolutes Genie.«

»Gwen kann damit auch umgehen«, erklärte ich, kniete mich hin und untersuchte das Schloss. »Wir haben es gemeinsam gelernt. Der magische Marius Marcu, Rumäniens berühmtester Entfesselungskünstler hat uns beigebracht, wie man alles von einem Vorhängeschloss bis zu einem Banktresor knackt.«

»Stimmt«, bestätigte Gwen. »Obwohl er eigentlich Morris Middleton hieß und aus Mexborough stammte. Netter Kerl. Seine Frau hat uns immer Lebkuchen gebacken.«

»Da hätten wir's – ein geknacktes Schloss.« Ich stand auf und öffnete die Tür.

Es war eine weitere Garderobe, die den anderen ziemlich ähnlich sah, aber diese hier war seit einer Woche nicht betreten worden. Sie roch muffig und vernachlässigt. Paul Singletons Kostüm aus dem ersten Akt lag in einem zerknitterten Haufen über einer Sessellehne. Neben dem kleinen Waschbecken in der Ecke stand ein Rasierset. Theaterschminke lag auf dem Schminktisch neben einer Tasse, in der wohl einmal Tee gewesen war, die jetzt allerdings einer Art grünem Schimmel eine Heimat bot.

Auf dem fadenscheinigen Sofa lagen Manuskripte und ein pfauenfederblauer Smoking.

»Er war nicht gerade ordentlich«, wies ich auf das Offensichtliche hin.

»Ach, ich weiß nicht«, entgegnete Lady Hardcastle. »Für mich sieht das alles ziemlich manierlich aus.«

Ich verzog das Gesicht, sagte aber nichts weiter.

»Und da ist auch das Jackett, das Bridges erwähnt hat«, sagte Gwen. »Pfauenblau. Wirklich ziemlich geckenhaft, oder?«

»Ist aber von guter Qualität«, sagte ich, als ich es aufhob. »Ein schönes Stück Satin.«

Aus reiner Gewohnheit fuhr ich mit den Händen darüber, tastete das Futter und die Nähte nach versteckten … Eigentlich wusste ich nicht, was darin versteckt sein sollte. Bei unserer anderen Arbeit wären es Geheimdokumente oder Waffen gewesen, aber ich dachte im Grunde nicht, dass ein Schauspieler irgendetwas besaß, was zu verstecken sich lohnen würde.

Und damit hatte ich recht. Nichts. Ich durchsuchte die Taschen und fand darin eine Tüte Minzbonbons und einen zerknüllten Zettel. Ich glättete ihn und las ihn laut vor.

»*Ich muss dich sehen – ich kann nicht länger warten. Treffen wir uns während der Pause in der Unterbühne. N.*«

»Na, so was«, staunte Lady Hardcastle. »Das ist ja mal ein Ding.«

Unser erster Gedanke war, noch einmal zu versuchen, uns Zutritt zur Unterbühne zu verschaffen, aber im Keller ging irgendetwas vor sich. Bühnenarbeiter und Handwerker stiegen die Treppe herauf und hinunter, und wir wussten von unserem ersten Versuch her, dass sie uns höflich, aber bestimmt zum Teufel jagen würden, falls wir versuchen sollten, uns dort umzusehen.

Stattdessen kehrten wir zur Seitenbühne zurück und sahen still dabei zu, wie das Ensemble eine weitere von Hugo Bartletts leichten Komödien probte.

Es gab ein paar wirklich komische Dialoge, und nach dem bisschen zu urteilen, was wir mitansahen, schien es sich um eine ziemlich geistreiche Geschichte zu handeln. Es wäre wirklich ein Jammer gewesen, wenn »Hugo« Bartlett aus irgendeinem Grund das Schreiben hätte aufgeben müssen – die Welt wäre dann einfach ein winziges bisschen weniger lustig.

Gwen und ich waren daran gewöhnt, schweigend dazustehen und Darstellern bei der Probe zuzuschauen, aber Lady Hardcastle war vollkommen durcheinander. Sie zappelte herum, machte »Ähm« und »Aah« und sah hin und her.

»Ist alles in Ordnung?«, flüsterte ich.

»Im Großen und Ganzen schon, meine Liebe, danke«, flüsterte sie. »Ich muss nur irgendwie einen besseren Blick auf die Bühne werfen. Ich weiß wirklich nicht, warum ich nicht früher daran gedacht habe.«

Von der Bühne drang ein ungeduldiges »Psst« zu uns herüber, und Lady Hardcastle hob entschuldigend die Hand. Sie gab Gwen und mir ein Zeichen, ihr zurück in den Korridor zu folgen.

»Wir müssen uns so bald wie möglich im Keller umsehen«, erklärte sie, als sich die Tür hinter uns geschlossen hatte. »Ich bin wirklich ein Dummkopf gewesen.«

»Was ist denn dort unten?«, fragte ich.

»Eine Antwort.«

15

Wir gingen zur Tür am oberen Ende der Kellertreppe und sahen, dass sie mit einem Löscheimer offen gehalten wurde. Von unten drangen Hämmern und Scheppern und einige Kraftausdrücke nach oben.

Der Vorarbeiter, Ned Stone, stampfte in seinen schweren Stiefeln die Treppe herauf und auf uns zu. »'N Abend, die Damen. Sehen Sie sich immer noch um?«

»Wir sehen uns um und saugen die Atmosphäre dieses wunderbaren Theaters in uns auf, Mr. Stone«, erwiderte Lady Hardcastle. »Was ist denn nur in Ihrem unterirdischen Labyrinth los?«

Stone war von ihrer sonderbaren Ausdrucksweise unbeeindruckt – schließlich hatte er die ganze Zeit mit der blumigen Sprache von Schauspielern zu tun. Er zog an seiner Pfeife und stieß eine Wolke aus süßlichem Rauch aus.

»Der Heizkessel macht Schwierigkeiten«, erklärte er. »Wir müssen ihn reparieren, bevor die Zuschauer kommen und sich über die Kälte beschweren.«

Jetzt, da er es erwähnte, fiel mir auf, dass es ziemlich kühl war.

»Dann kommen wir Ihnen nicht in die Quere«, sagte Lady Hardcastle. »Es sei denn, wir können irgendwie helfen? Wollen Ihre Männer vielleicht eine Tasse Tee?«

Stone lächelte. »Zu Tee sagen wir nie Nein, Ma'am. Das ist sehr nett von Ihnen. Wir sind zu fünft.«

Dann stampfte er in Richtung Werkstatt, und Lady Hardcastle sah Gwen und mich erwartungsvoll an.

»Das war ein bisschen leichtsinnig von mir«, erklärte sie. »Ich weiß ja nicht, wo die Sachen sind. Glaubt ihr ...?«

»Komm mit, Gwen«, sagte ich. »Lass uns mal sehen, ob wir irgendwo Tee für fünf auftreiben können.«

Gwen und ich machten im Aufenthaltsraum eine große Teekanne und ein paar nicht zusammenpassende Tassen und Untertassen ausfindig. Wir brachten den Tee nach unten in den Heizungskeller, wo fünf dankbare Männer in Overalls darüber herfielen. Ihrem Gespräch entnahmen wir, dass sie nicht wirklich wussten, was sie taten, dabei aber zuversichtlich waren, dass die korrekte Anwendung von ein paar schweren Schraubenschlüsseln und ein paar leichte Hammerschläge die alternde Heizungsanlage wieder zum Leben erwecken konnten.

Wir ließen sie weitermachen.

Lady Hardcastle hatte inzwischen draußen im Gang Mr. Adlam, den Intendanten, in ein Gespräch verwickelt.

»... und deshalb, verstehen Sie, ist es nun unsere Aufgabe, ein paar Fragen in seinem Namen zu stellen und ... Ach, hallo, die Damen. Ich habe gerade Mr. Adlam hier unseren Auftrag erläutert. Mr. Adlam, das sind meine Kollegin Miss Armstrong und ihre Schwester Mrs. Evans.«

»Sehr erfreut«, begrüßte uns Mr. Adlam. »Ich muss schon sagen, ich bin ein bisschen verwirrt. Ich kann mich erinnern, Hugo Bartlett erlaubt zu haben, dass eine Lady Webster-Green und eine Miss Goodheart sich als seine Gäste frei bei uns bewegen können – ich bin ja immer froh, wenn ich anderen Theaterdirektoren behilflich sein kann. Wenigstens solange sich ihr Haus weit weg befindet und sie mir nicht die Kundschaft abspenstig machen können.« Er lachte fröhlich und selbstzufrieden. »Jetzt stellt sich aber heraus, dass sie gar nicht existieren und dass Sie für den Polizeiinspektor arbeiten, mit dem ich mich am Abend des Mordes zuerst unterhalten habe und der nicht derselbe ist, der dann in dem Fall ermittelt hat. Nur dass er das jetzt doch ist, weil derjenige, der es bisher getan hat, davon abgezogen wurde. Es ist wirklich alles außerordentlich verworren.«

»Tut mir furchtbar leid. Wir hätten uns Ihnen vorstellen sollen. Für Sie muss es doch schrecklich sein, dass hier eine polizeiliche Ermittlung stattfindet.«

»Ach, meine Liebe, ganz im Gegenteil. Das Geschäft ist nie besser gelaufen. Um Ihnen die Wahrheit zu sagen, könnten wir hier eigentlich jede Woche einen Mord gebrauchen.« Bei diesen Worten sah er sogar noch selbstzufriedener aus.

»Interessanter Blickwinkel«, erwiderte Lady Hardcastle. »Sie haben also immer noch nichts dagegen, dass wir hier ein bisschen herumstöbern?«

»Meine liebe Lady, stöbern Sie, so viel Sie wollen. Und wenn Sie den Schuldigen stellen, machen Sie bitte so viel Aufhebens darum wie möglich. Hängen Sie gern an die große Glocke, dass im Duke's ein berüchtigter Mörder sein Unwesen treibt. Dann haben wir jeden Abend ein volles Haus.«

Und damit machte er kehrt und entfernte sich.

»Er war's«, sagte Gwen mit Nachdruck. »Er hat gehofft, dass ein Mord ihm ein volles Haus beschert.«

Ich schnalzte missbilligend mit der Zunge und schüttelte den Kopf.

»Wir haben die schwer arbeitenden Männer mit Tee versorgt«, sagte ich dann. »Außerdem haben wir für sie noch eine Dose Kekse aus dem Aufenthaltsraum stibitzt. Sie wissen noch nicht, wann sie fertig sind, aber sie machen, so schnell sie können.«

»Obwohl nicht ganz sicher ist, ob sie den Heizkessel wieder in Ordnung bringen oder das ganze Theater in die Luft jagen«, fügte Gwen hinzu. »Sie sind ganz offensichtlich Anhänger der Rohe-Gewalt-Schule des Ingenieurswesens: Wenn man etwas mit dem Hammer nicht reparieren kann, schlägt man einfach noch nicht hart genug zu.«

»Vielleicht sollten wir uns in das Café setzen, das wir neulich abends in der Nähe entdeckt haben, und uns für heute Abend stärken«, schlug Lady Hardcastle vor.

»Brauchen wir denn eine Stärkung?«, fragte ich. »Wir wissen doch noch immer nicht, was wir tun.«

»Ach, ich brauche immer eine Stärkung, meine Liebe –

ich dachte, so gut würdest du mich nach all den Jahren kennen. Du weißt doch, wie reizbar und unvernünftig ich werde, wenn ich hungrig bin.«

»Woran sollte ich denn den Unterschied erkennen? Sie sind doch die ganze Zeit reizbar und unvernünftig.«

»Sei still. Wollt ihr mich jetzt ins Whistler's begleiten, oder soll ich allein essen gehen?«

Also begleiteten wir sie ins Whistler's.

Als wir ins Duke's zurückkehrten, war der zweite Akt der *Hedonisten* in vollem Gange, der Heizkessel funktionierte, und die Bühnenarbeiter hatten sich in ihren Bau zurückgezogen. Wir überprüften, dass niemand in der Nähe war, dann begaben wir uns einmal mehr zu der *Unbefugten-ist-der-Zutritt-verboten*-Tür in den grummelnden Eingeweiden des Theaters.

Die Tür des Heizungskellers war angelehnt – daher kam das Grummeln –, aber es war niemand hier. Wir fanden die *Unterbühne-kein-Zutritt*-Tür, und ich reichte Gwen meinen Dietrich.

»Weißt du noch, wie es geht?«, fragte ich.

»Ich bin bestimmt sogar schneller als du«, erwiderte sie und machte sich an die Arbeit.

Ob sie wirklich schneller war, als ich es gewesen wäre, bezweifelte ich, war aber erfreut, dass meine »ältere Schwester« ihre Fähigkeiten unter Beweis stellen konnte und sich ein *Donnerwetter, gut gemacht* von Lady Hardcastle verdiente.

Hinter der Tür gab es einen Lichtschalter, ich drückte darauf.

Wir befanden uns unter der Bühne, in einem Raum mit sehr hoher Decke, die von schweren hölzernen Streben und Balken gestützt wurde und unter der mehrere Plattformen waren, auf die man über Leitern gelangte. Eine genauere Betrachtung ergab, dass die Plattformen ausgesparten Bereichen der Bodenbretter entsprachen: Falltüren. Das war also eine Unterbühne.

Oben gab es zwei Grabversenkungen im hinteren Teil der Bühne, eine Kesselfalltür in der Mitte, eine Versenkung an der rechten Seite und zwei Hubböden links und rechts, die mit Schiebetüren verschlossen werden konnten. Natürlich kannte ich all diese Begriffe zu diesem Zeitpunkt noch nicht, sondern musste sie später nachschlagen.

Die Unterbühne war ein beeindruckender Ort und zeigte zum Großteil starke Anzeichen dafür, dass die Technik seit vielen Monaten nicht benutzt worden war. Überall waren Spinnweben, und aus den Augenwinkeln sah ich, wie eine der hier lebenden Spinnen vor dem ungewohnten Licht krabbelnd Deckung suchte. Auch aus der hinteren Ecke, wo einige der größeren Bewohner Zuflucht suchten, war Scharren zu hören. Wie schon so oft fragte ich mich, was Ratten an Orten wie diesen zu fressen finden mochten, aber sie hörten sich an, als wären sie wohlgenährt, und bewegten sich schnell, also musste es ganz offenbar Nahrung geben.

Der Steinfußboden war von einer dicken Staubschicht bedeckt, die zum Großteil für einige Zeit unberührt hier gelegen haben musste. Allerdings gab es Anzeichen dafür, dass vor Kurzem jemand hier gewesen war. Zwischen der Tür und dem Hubboden an der linken Bühnenseite war der Staub verwischt. Er war grob weggekehrt oder -gewischt worden, sodass es unmöglich war, Fußspuren zu erkennen, aber ganz offensichtlich hatte sich innerhalb der letzten paar Tage wenigstens eine Person hier unten aufgehalten.

Ich wies Lady Hardcastle darauf hin, und sie neigte zustimmend den Kopf.

Wir konnten hören, wie die Schauspieler über unseren Köpfen umherliefen, und obwohl wir ihre Worte nicht genau verstanden, erzeugten ihre Schritte bei uns den Eindruck unmittelbarer Nähe. Auf Zehenspitzen näherte ich mich dem Hubboden selbst und nahm die Platte genau in Augenschein. Es gab einen kleinen Blutfleck an einem Ende – wenigstens sah es sehr nach einem aus –, und ich machte die anderen beiden stumm darauf aufmerksam. Sie nickten.

Gwen fand schließlich den Mechanismus. Er bestand aus einer komplexen Anordnung von Flaschenzügen, Zahnrädern und Gegengewichten, aber es sah so aus, als ob das Ganze leicht von einer einzelnen Person bedient werden konnte – ein paar Hebel und eine Winde schienen alles zu sein, was nötig war. Meiner oberflächlichen Betrachtung zufolge schien es zu genügen, einfach nur an dem ersten Hebel zu ziehen, um die Sicherung zu lösen, und ihn dann im richtigen Moment loszulassen, damit die Apparatur sich in Bewegung setzte. Die Luke würde sich öffnen, der Hubboden würde nach oben gleiten, und die Platte würde das Loch ausfüllen, das von der Schiebetür hinterlassen worden war. Mit der Winde konnte man anschließend das Gegengewicht wieder in Position kurbeln und mit dem zweiten Hebel den ganzen Prozess umkehren.

Mir kam eine Idee, und ich sah zu Boden, der zwar gefegt worden war, auf dem aber noch immer Sand sowie einige Leinenfäden verstreut lagen. Ich machte Lady Hardcastle stumm darauf aufmerksam, und sie nickte erneut.

Ansonsten gab es nicht viel zu sehen, und an dem anderweitig unberührten Staub war zu erkennen, dass unser oder unsere Besucher nicht weiter als bis zum Hubboden gegangen waren. Ich bedeutete den beiden anderen, mir zu folgen, und ging zur Tür zurück.

Wir schlossen und verriegelten sie hinter uns, bevor irgendeine von uns ein Wort sprach.

»Unsere Zeitleiste ist falsch«, sagten Lady Hardcastle und ich gleichzeitig.

Gwen musste lachen. »Macht ihr das oft? Hört sich so an.«

Lady Hardcastle und ich sahen einander an und zuckten mit den Schultern. »Nein«, sagten wir dann wie aus einem Mund.

»Das war definitiv das erste Mal«, fügte ich hinzu.

»Es hat allerdings ziemlich viel Spaß gemacht«, erklärte Lady Hardcastle. »Vielleicht sollten wir das für die Zukunft proben. Stell dir nur vor, wie die Leute dreinschauen würden, wenn wir unsere Ankündigungen immer aus einem Munde sprechen würden.«

»Warum ist denn die Zeitleiste falsch?«, frage Gwen. »Was hat uns das alles gezeigt?«

Wir gingen zur Treppe.

»Wir sind die ganze Zeit davon ausgegangen, dass Paul am Ende der Pause ermordet worden sein muss«, erklärte ich, »weil bis ungefähr zehn Minuten, bevor der Vorhang sich zum zweiten Akt hob, noch Leute auf der Bühne waren.«

»Aber gerade haben wir herausgefunden, dass er zu jedem beliebigen Zeitpunkt nach dem ersten Akt getötet worden sein könnte«, ergänzte Lady Hardcastle.

»In der Unterbühne?«, fragte Gwen.

»In der Unterbühne«, bestätigte ich.

»Aber der Mörder hätte dort warten müssen, um den Hubboden zu betätigen. Das ändert doch gar nichts an der zeitlichen Abfolge.«

»Sandsack«, erklärte ich.

Wir betraten den Korridor im Erdgeschoss.

»Nein«, erwiderte Gwen, »ich bin noch immer anderer Meinung.«

»Ich vermute, dass nicht viel Kraft notwendig ist, um die Hebel für die Falltüren unten zu halten«, sagte Lady Hardcastle. »Wahrscheinlich deutlich weniger als das Gewicht von ein oder zwei Sandsäcken, die hier dazu benutzt werden, alles Mögliche zu beschweren.«

»Redet weiter«, sagte Gwen, »gleich hab ich's verstanden.«

»Man muss nur einen oder zwei der Säcke an dem Hebel befestigen«, erläuterte ich, »und ihn dann herunterziehen, um die Sperre zu lösen. Dann schneidet man in einen der Säcke – oder in beide – ein kleines Loch und geht weg. Ich bin unsicher, wie viele Säcke nötig wären oder wie groß das Loch sein müsste, aber man müsste nicht lange herumexperimentieren, um das herauszufinden. Wenn man dann sicher wieder in seiner Garderobe sitzt oder irgendwo mit seinen Freunden plaudert, ist genug Sand herausgerieselt, und die Säcke sind zu leicht, um den Hebel noch länger runterzudrücken. Also hebt er sich, und die Leiche wird auf die Bühne befördert, sodass alle davon ausgehen, dass dort der Mord stattgefunden hat. Ich habe ein Geräusch gehört, kurz bevor der Vorhang sich gehoben hat. Ich dachte, in letzter Minute würden ein paar Requisiten verrückt, aber inzwischen gehe ich jede Wette ein, dass der Hubboden in Position gefahren ist. Der Plan wäre beinahe nicht aufgegangen – es war fast schon zu spät.«

»Aber man würde doch bemerken, dass die Leiche auf dem Hubboden und nicht auf der Bühne liegt«, gab Gwen zu bedenken.

»Das war gewiss ein Risiko«, räumte Lady Hardcastle ein, »aber ein ziemlich überschaubares. Jeder, der Singleton nahe genug gekommen wäre, um es zu bemerken, hätte ihn angeschaut und nicht den Boden, auf dem er lag. Alles, was der Mörder tun musste, war, irgendwann später wieder in die Unterbühne zu gehen, den Hubboden herunterzufahren, den Sand wegzufegen, die Sandsäcke wieder dorthin zu bringen, wo sie herkamen, und abzuschließen. Wie wir selbst herausgefunden haben, betritt diesen Raum eigentlich niemand. Wenn dann in ein paar Jahren im Duke's irgendeine komplizierte Inszenierung aufgeführt würde, für die vielleicht eine dieser Luken gebraucht würde, wäre der Mord längst vergessen, und niemandem würde auffallen, dass jemand dort gewesen war.«

»Wer ist also der Mörder?«, fragte Gwen. »Nancy? Sie hat die Nachricht unterschrieben. Ach, aber sie hat ja für den neuen Mordzeitpunkt ein Alibi.«

»Hat sie«, bestätigte ich, »aber sie teilt es mit Bridges und Cowlin, und alle drei haben einen stichhaltigen Grund, Singleton den Tod zu wünschen.«

»Genau wie Bartlett und Thornell«, ergänzte Lady Hardcastle. »Und auch sie bürgen füreinander.«

»Es gibt noch ein weiteres Problem«, fügte ich hinzu. »Singleton wurde um ungefähr Viertel vor neun noch lebendig gesehen.«

»Sei nicht albern, das Rätsel hast du doch selbst schon gelöst«, entgegnete Lady Hardcastle. »Im Pub. Kommt schon, ich muss das durchdenken. Irgendwo weit weg von neugierigen Ohren.«

»Können Ohren neugierig sein?«, fragte ich.

»Jetzt schon. Ich habe den Eindruck, dass ein weiterer unangekündigter spätabendlicher Besuch bei Georgie angezeigt ist.«

»Die arme Lady Bickle.«

»Ach, die genießt das«, erwiderte Lady Hardcastle leichthin. »Wir verleihen ihrem eintönigen Leben doch einen willkommenen Schuss Glamour und Aufregung.«

Als wir gerade das Theater verlassen wollten, war das Stück zu Ende, und die Schauspieler kamen von der Bühne. Anscheinend war nicht alles gut.

»… verdammt unprofessionell«, sagte Harris Bridges zu Patrick Cowlin, als sie uns im Korridor über den Weg liefen. »Ach, guten Abend, die Damen. Ich hoffe, Sie mussten das nicht mitansehen.«

»Tut mir leid, mein Lieber«, sagte Lady Hardcastle. »Wir hatten anderweitig zu tun.«

»Da haben Sie Glück gehabt«, sagte er. Sie gingen weiter zu ihren Garderoben und ließen uns stehen.

»Was war das denn?«, fragte Gwen.

Es dauerte nicht lange, bis wir es herausfanden.

Denn nur ein paar Augenblicke später schwankten Sarah Griffin und Rosalie Harding in den Gang und stützten sich gegenseitig.

»Wie geht's, Leute?«, rief Sarah viel zu laut.

Rosalie begrüßte uns kichernd mit der Champagnerflasche, die sie am Hals festhielt.

»Guten Abend, die Damen«, erwiderte Lady Hardcastle. »Sie scheinen ja guter Laune zu sein.«

Sarah legte den Finger an die Lippen. »Psst. Erzählen Sie es den Jungs nicht, aber wir haben echten Champagner auf die Bühne geschmuggelt.«

Rosalie schwenkte uns die Flasche vor der Nase herum und kicherte erneut.

»Wir sind ihnen gerade begegnet«, sagte ich. »Ich glaube nicht, dass sie etwas bemerkt haben.«

Sarah schwankte leicht und zeigte mit unstetem Finger auf Gwen und mich. »Ihr seid Zwillinge. Ich wollte schon immer ein Zwilling sein.«

»Ach ja?«, entgegnete ich. »Warum denn?«

»Ich hab meine Schwester verloren. Sie war älter als

ich und hat mich ganz alleingelassen. Ich wollte eine Zwillingsschwester.«

»Das tut mir leid«, erwiderte ich. »Ich hoffe, es ist nicht zu qualvoll für Sie gewesen, uns die ganze Zeit hier zu haben.«

»Nein, nein, nein, nein«, beteuerte sie. »Es war wundervoll. Sie ist ermordet worden, wissen Sie? Meine Schwester. Sie war siebzehn. Erst siebzehn.«

Der gespielte Schmollmund wandelte sich zu einem Ausdruck echter Trauer, und ihre Augen begannen zu glänzen. »Sie ist in Six Oaks Wood erdrosselt worden. Das liegt in Suffolk, wissen Sie? Kennen Sie Suffolk? Ich stamme aus Suffolk. Sie haben ihn nie erwischt. Ich habe ihn gekannt, aber ich war erst fünfzehn, also haben sie mir nicht geglaubt.«

Rosalies Kichern war versiegt, und sie wirkte ziemlich beunruhigt über die Wendung, die das Gespräch genommen hatte.

Das fiel auch Lady Hardcastle auf. »Ich denke, Sie sollten sie in ihr Zimmer zurückbringen«, sagte sie zu Rosalie. »Kümmern Sie sich um sie.«

Rosalie nickte. »Komm schon, wir stecken dich in dein schönes, warmes Bett.«

»Ich will aber nicht ins Bett«, protestierte Sarah. »Ich will mit den Zwillingen reden. Ich liebe Zwillinge. Ich wollte immer ein Zwilling sein, weißt du?«

»Ich weiß, Liebes«, entgegnete Rosalie. »Aber jetzt bringen wir dich heim.«

»Das wäre schön. Gute Nacht, Lady Webster-Green-Hardcastle. Gute Nacht, Zwillinge.«

Rosalie führte sie davon.

»Das reicht fast, um deshalb zur Abstinenzlerin zu werden«, sagte Lady Hardcastle.

»Wenn Sie zur Abstinenzlerin werden«, erwiderte ich, »spende ich sämtliches Geld, das Sie mir noch vom Kartenspielen schulden, an einen wohltätigen Zweck Ihrer Wahl.«

»Du willst mein eigenes Geld für wohltätige Zwecke spenden? Das hört sich nicht wie ein besonders gutes Angebot an. Was habe ich denn davon?«

»Ein nüchternes Leben. Außerdem ein längeres Leben. Ihre Leber wird es Ihnen danken.«

»Würde sie wahrscheinlich. Ich denke mal über dein Angebot nach. Aber sollen wir jetzt erst mal zu Georgie fahren? Ich brauche dringend was zu trinken, und sie hat einen so gut sortierten Weinkeller.«

Um ungefähr halb elf trafen wir am Berkeley Crescent ein. Mir war das mehr als nur ein bisschen unangenehm, schließlich gab es Regeln, Konventionen, Vorgehensweisen. Mehrfach unangekündigt um halb elf Uhr abends vor jemandes Haustür aufzutauchen, gehörte sich einfach nicht. Ich versuchte, mich im Hintergrund zu halten, als Lady Hardcastle an der Tür klingelte.

Erneut öffnete Sir Benjamin.

»Ha!«, rief er mit einem fröhlichen Lächeln. »Ich habe mit Georgie um zehn Schilling gewettet, dass ihr das seid. Kommt rein. Sie sitzt im Salon. Ich wette, sie freut sich, euch zu sehen – ich habe Besuch von ein paar Freunden aus dem Krankenhaus.«

Wir folgten ihm ins Haus. Galant half er uns aus den Mänteln, dann winkte er uns in den Salon.

»Ihr kennt ja den Weg«, sagte er noch und machte sich dann wieder auf ins Speisezimmer. »Wir versuchen, leise zu sein.«

Schallendes Gelächter umgeben von großen Zigarrenrauchschwaden waberte zu uns in die Halle heraus, als er die Tür aufmachte. Er winkte noch einmal fröhlich, dann schloss er die Tür hinter sich.

Wir gingen in den Salon.

»Emily«, rief Lady Bickle erfreut. »Flo. Gwenith. Ach, was für eine Freude, euch zu sehen. Ich habe gerade gedacht, wie wundervoll es wäre, ein wenig Gesellschaft zu haben.«

»Und als ob wir deine Gebete erhört hätten, sind wir hier«, entgegnete Lady Hardcastle.

»Genau. Setzt euch. Kann ich euch irgendwas anbieten? Die Bediensteten sind leider schon zu Bett gegangen. Aber das wisst ihr ja bereits – es ist ja eure übliche Besuchszeit. Vielleicht wieder ein paar Sandwiches?«

»Wir haben reichlich im Whistler's zu Abend gegessen, meine Liebe, vielen Dank.«

»Dann vielleicht ein bisschen Käse? Ich habe ja Lust auf ein bisschen Käse. Dauert nur einen Moment.« Sie legte ihr Buch hin und stand auf. »Getränke nehmt ihr euch selbst, ja?«

Sie ging hinaus, und ich schenkte Lady Hardcastle einen Brandy und Gwen einen Portwein ein. Es gab auch einen Krug Wasser, von dem ich mir ein Glas nahm. Schließlich musste ich noch heimfahren.

Auf dem niedrigen Couchtisch lagen ein paar WSPU-Flugblätter, und um die Wartezeit zu überbrücken, plauderten wir über die Suffragetten. Kurze Zeit später kam Lady Bickle mit einem Tablett zurück, auf dem sich Käse und Cracker türmten. Außerdem gab es noch Trauben und eine kleine Schale Quittenkäse.

»Bitte sehr«, sagte sie. »Langt zu. Ich habe gerade große Lust auf ein bisschen Double Gloucester.«

»Möchten Sie auch etwas trinken, Mylady?«, fragte ich.

»Ach, nennen Sie mich doch nicht so, Liebes. Nicht nach all der Zeit. Und ja, bitte. Noch ein Glas Portwein, wenn Sie gerade stehen.« Sie streckte mir ihr leeres Glas entgegen. »Also, was habt ihr für Neuigkeiten? Wie laufen die Mordermittlungen?«

Kurz und knapp fasste Lady Hardcastle beinahe alles zusammen. Allerdings hatten wir uns entschieden, Hugos wahre Identität nicht zu enthüllen – das war etwas, was Helena ihrer alten Freundin selbst würde erklären müssen. Doch auch so war das Geflecht aus Motiven, wackeligen Alibis und dem genialen Gebrauch des Hubbodens ziemlich beeindruckend.

Wenigstens wirkte Lady Bickle beeindruckt.

»Na, also, das habt ihr gut gemacht«, lobte sie. »Obwohl ...«

»Ja?«, fragte Lady Hardcastle.

»Nun, ihr habt noch nicht herausgefunden, wer es getan hat, oder?«

»Ach, ich bin mir da inzwischen ziemlich sicher. Das Problem ist, dass ich es nicht beweisen kann. Wir müssen die Person dazu bringen, sich uns gegenüber zu verraten.«

»Und wie stellst du dir das vor?«

»Ah. Nun ja. Da hast du leider einen wunden Punkt erwischt. Im Augenblick habe ich noch keine Idee, und das ist auch der Grund für unseren Besuch. Zwei Köpfe denken besser als einer, und vier besser als drei. Ich dachte, wir könnten uns zusammentun und einen Plan entwerfen, eine List, eine Strategie, einen Trick von solch wunderbarer Effizienz, dass man uns dafür besingen wird. Oder einfach nur etwas, was die betreffende Person aus der Deckung lockt. Ganz ehrlich, es muss gar nicht besonders raffiniert sein, solange es nur funktioniert.«

»Uns fällt bestimmt etwas ein. Wollt ihr hier übernachten? Bis nach Littleton Cotterell ist es eine ganz schöne Strecke.«

»Das wäre uns sehr recht, meine Liebe, danke.«

»Großartig«, erwiderte Lady Bickle und erhob sich. »Dann noch eine Runde. Für Sie auch, Flo. Ich habe gesehen, dass Sie für den Fall Wasser getrunken haben, dass Sie die beiden heimbringen müssen. Was wollen Sie haben?«

»Einen Brandy, bitte«, antwortete ich.

Und dann machten wir uns an das Austüfteln eines Plans.

16

Am Sonntagmorgen standen wir mit den ersten Sonnenstrahlen auf. Das heißt, *ich* stand mit den ersten Sonnenstrahlen auf, weil ich nicht anders konnte. Ich hatte allerdings auch einiges zu erledigen, also hatte ich nicht wirklich etwas dagegen, auf und angezogen zu sein, lange bevor die anderen sich überhaupt regten. Während das Hausmädchen die Kamine einfeuerte und die Köchin das Frühstück zubereitete, bemühte ich mich, Lady Bickles Hausangestellten nicht in die Quere zu kommen. Ich überredete Miss Gossman – Lady Bickles Kammerzofe – mir die Benutzung ihres Nähzeugs zu erlauben, womit ich ein paar kleinere Änderungen an den Kleidern von Gwen und mir vornahm. In so kurzer Zeit war es unmöglich, sie vollkommen gleich aussehen zu lassen, aber einen unaufmerksamen Beobachter würden wir wohl hinters Licht führen, solange wir uns nicht allzu lange in seinem Blickfeld aufhielten.

Gwen stand als Nächste auf, und ich stellte sicher, dass sie mit Tee und Toast versorgt war, bevor ich ein Vorfrühstück für Lady Hardcastle herrichtete. Um Gwen hätte ich mir allerdings keine Sorgen machen müssen, denn die Bediensteten schlossen sie umgehend ins Herz, als sie hereinbrauste und sofort damit begann, mit ihnen über ihre Arbeit, ihre Familien und ihre Lieblingsbeschäftigungen an den freien Nachmittagen zu plaudern.

Indem Lady Hardcastle sich erinnerte, dass vor uns möglicherweise ein interessanter Tag lag, konnte sie mühsam ihren Impuls unterdrücken, sich über das frühe Wecken zu beschweren. Zwar murrte sie ein kleines bisschen, aber ich konnte sie schnell davon überzeugen, dass es so das Beste war.

Als Lady Hardcastle schließlich bereit für Gesellschaft war, saß Lady Bickle bereits mit Gwen im Frühstückszimmer, wo die beiden neuen besten Freundinnen sich schon an den Speisen bedienten.

»Guten Morgen, ihr Lieben«, begrüßte uns Lady Bickle, als wir hereinkamen. »Setzt euch und langt zu. Trotz der Aufregung habe ich einen Bärenhunger.«

»Danke«, erwiderte Lady Hardcastle. »Frühstückt Ben denn mit uns?«

»Meine Liebe, der süße Ben liegt noch stöhnend und jammernd im Bett. Ich habe seinen Kammerdiener mit Tinkturen, Hausmitteln und Elixieren hochgeschickt, mit denen er versuchen soll, die Symptome seines Katers zu lindern, aber wie die meisten Ärzte ist er ein schrecklicher Patient. Ich rechne nicht vor Mittag mit ihm.«

»Sie waren bis spät in die Nacht auf. Wann sind seine Freunde denn gegangen?«

»Ungefähr um drei, glaube ich. Und sie haben sich

dabei nicht gerade leise verhalten. Die hartherzige Seite von mir findet, dass ein Kater das Mindeste ist, was sie dafür verdient haben.«

»Ich hoffe trotzdem, dass er sich schnell erholt«, entgegnete Lady Hardcastle lächelnd. »Können wir es jetzt alle kaum noch erwarten aufzubrechen?«

Murmelnd gaben wir unsere Zustimmung. Wir waren eben Britinnen – wie viel Begeisterung hatte sie erwartet?

»Großartig«, sagte sie. »Und jede weiß, was sie zu tun hat?«

Einmal mehr nuschelten und murmelten wir zustimmend mit Mündern voller Ei und Würstchen.

Trotz dieser Beteuerungen sowohl unseres Eifers als auch unserer Bereitschaft bestand Lady Hardcastle darauf, den Plan beim Essen noch einmal durchzugehen.

Nach Beendigung des Frühstücks rief Lady Bickle im Bridewell an und sprach mit Inspektor Sunderland. Dann gab es für uns bis zum Lunch nicht viel mehr zu tun. Wir wollten alle Schauspieler gemeinsam treffen und wussten von unserem Gespräch mit Nancy und Rosalie am Vortag in der Teestube in Cotham, dass sie nicht vor ein Uhr proben würden. Den Vormittag verbrachten wir daher lesend, plaudernd und mit Wortspielen, bei denen Gwen brillierte und Lady Bickle sich als überraschend unfähig herausstellte.

Sir Benjamin hatte um kurz nach zwölf einen sehr belämmerten Auftritt und versuchte dabei tapfer, jovial Konversation zu betreiben, doch letztendlich blieb er gerade mal lange genug für eine Kanne Kaffee und einige Runden Toast, bevor er wieder zurück ins Schlafzimmer schlurfte.

Um halb eins beschlossen wir, dass es an der Zeit zum Aufbruch wäre. Wir hatten uns eigentlich angewöhnt, vom Berkeley Crescent zum Theater mit dem Automobil zu fahren, aber es war ein so schöner Morgen, dass wir uns entschieden, zu Fuß zu gehen.

Als wir uns dem Theater näherten, blieben Gwen und ich erst einmal zurück, während Lady Hardcastle und Lady Bickle das Gebäude ohne uns betraten. Daher muss ich mich von hier an auf die Berichte dieser beiden Ladys und später dann von Gwen verlassen, die mir erzählten, was nach unserem Eintreffen dort passierte. Ihre Geschichten deckten sich zum größten Teil, sodass ich mit einiger Zuversicht davon ausgehen konnte, dass das nun Folgende eine mehr oder weniger zutreffende Zusammenfassung der Ereignisse war.

Lady Hardcastle und Lady Bickle betraten also gemeinsam das Theater und begaben sich direkt zu Hugo Bartletts Garderobe. Lady Hardcastle klopfte an.

»Ja?«, ertönte von drinnen eine Stimme.

»Wir sind's, Emily und Georgie, mein Lieber«, sagte Lady Hardcastle. »Dürfen wir reinkommen?«

»Moment.«

Nach einigen Augenblicken des Raschelns und Scheppperns öffnete sich die Tür, und Helena Bartletts Gesicht lugte hinaus.

»Kommt schnell rein«, flüsterte sie.

Lady Bickle starrte sie einfach nur an.

»Ich meine es ernst, Georgie«, bekräftigte Helena, »kommt rein.«

Die beiden Damen traten ein, und Lady Hardcastle schloss die Tür hinter ihnen.

»Oh, Nell«, rief Lady Bickle. »Wie schön, dich zu sehen. Wann bist du denn angekommen? Warum hast du dich nicht bei uns gemeldet? Wo ist Hugo? Warum ...« Sie betrachtete noch einmal Helenas Kleidung. »Oh. Aber ...«

»Das ist eine lange Geschichte, Georgie, altes Haus«, erklärte Helena. »Die Kurzversion: In der Theaterwelt tut man sich leichter als Mann denn als Frau. Ich wollte es dir sagen, aber alles war so kompliziert, also habe ich es einfach ... gelassen.«

»Aha«, erwiderte Lady Bickle etwas kühler, als Lady Hardcastle erwartet hatte. »Nun, jetzt weiß ich ja Bescheid. Warum hast du dich entschlossen, ausgerechnet jetzt bartlos zu erscheinen? Vermutlich bist du so nicht ins Theater gekommen.«

»Ich habe ihn abgenommen, als ich gehört habe, dass ihr vor der Tür steht. Emily hat gestern versucht, mich zu überzeugen, dir alles zu erzählen, aber ich wusste nicht, wie. Und dann warst du hier und ...«

Lady Bickle wandte sich an Lady Hardcastle. »Du wusstest Bescheid? Du wusstest, dass meine älteste Freundin als ihr eigener Bruder maskiert in der Stadt ist, und hast nichts gesagt?«

»Ich hatte Geheimhaltung gelobt, Liebes«, erwiderte Lady Hardcastle. »Wenn du inzwischen irgendetwas über mich weißt, dann doch bestimmt, dass ich Geheimhaltungspflichten sehr ernst nehme. Ich habe sie zu meinem Beruf gemacht.«

»Ja. Nun.« Lady Bickle ließ sich nicht erweichen. »Hast du überhaupt einen Bruder?«, fragte sie wieder an Helena gewandt.

»Zwei Schwestern. Du hast sie in London kurz nach unserem Schulabschluss kennengelernt. Erinnerst du dich?«

»Ja, Amelia und Sophia. Bezaubernde Mädchen. Kein Wunder, dass keine von euch jemals Hugo erwähnt hat. Er hat gar nicht existiert.«

»Oh, aber das tut er«, widersprach Helena, setzte sich und klebte Hugos Bart wieder an. »Er ist ein sehr erfolgreicher Theaterschriftsteller mit einem eigenen Ensemble und einer Reihe erfolgreicher Stücke aus seiner Feder.«

»Und doch …«, setzte Lady Bickle an, aber Lady Hardcastle war nicht in der Stimmung dafür.

»Ihr müsst das später untereinander klären«, sagte sie.

»Und mit dir«, ergänzte Lady Bickle.

»Und mit mir, wenn du willst, ja. Aber für den Augenblick haben wir etwas Wichtigeres zu tun. Hugo, wir brauchen Ihre Hilfe dabei, das Ensemble zu versammeln. Stehen denn bei der Probe alle gemeinsam auf der Bühne?«

»Ja«, bestätigte Bartlett.

»Dürfen wir diese Tatsache bitte kurz ausnutzen, um etwas zu verkünden?«

»Worum geht es denn?«

»Um die Morde an Paul Singleton und Davey Browning.«

»Sie haben Neuigkeiten? Was denn für welche? Haben Sie den Schuldigen erwischt?«

»Es ist einfacher, es Ihnen allen auf einmal zu erklären«, sagte Lady Hardcastle. »Ist das möglich?«

»Ich sehe keinen Grund, warum nicht«, entgegnete Bartlett. »Bestimmt wollen alle Bescheid wissen.«

»Danke, mein Lieber. Für wann ist die Probe angesetzt?«

»Punkt ein Uhr.«

»Dann lassen wir Sie sich jetzt weiter vorbereiten und treffen uns um eins auf der Bühne.«

Lady Hardcastle und Lady Bickle trafen Punkt ein Uhr auf der Bühne ein, wo sich das Schauspielensemble bereits versammelt hatte. Aus Höflichkeit hatten sie außerdem Mr. Adlam dazugebeten. Er war ganz offensichtlich hocherfreut von der Aussicht auf einen weiteren öffentlichen Skandal, der die Zuschauerzahlen und damit seine Profite in die Höhe treiben würde.

Lady Hardcastle trat in die Mitte der Bühne, ihre Schritte hallten laut auf den Brettern wider. Die Gruppe verstummte.

»Guten Tag, alle zusammen«, begrüßte sie sie. »Danke, dass Sie mir gestatten, Sie bei der Arbeit zu stören. Ich möchte Sie nicht lange aufhalten, aber ich dachte mir, Sie würden vielleicht gern erfahren, wie es mit den Ermittlungen bezüglich der Morde an Ihrem Freund Paul Singleton und dem Bühnenarbeiter Davey Browning vorangeht.«

»Haben Sie den Mistkerl erwischt?«, fragte Sarah –

obwohl sich die beiden Versionen des Berichts darin unterscheiden, welches Wort statt »Mistkerl« tatsächlich benutzt wurde.

»Noch nicht, meine Liebe«, erwiderte Lady Hardcastle. »Aber das Netz zieht sich zusammen. Was wir haben, ist ein ziemlich schlagender Beweis in Form einer Notiz, die Mr. Singleton dazu auffordert …«

»Paul, bitte«, unterbrach Rosalie. »Ich habe Sie doch gebeten, ihn Paul zu nennen.«

»Tut mir leid. Eine Notiz, die Paul dazu auffordert, sich mit seinem Mörder zu treffen. Inspektor Sunderland wird dieses Beweisstück später sicherstellen, damit es von grafologischen Experten in London untersucht werden kann, um so seinen Urheber zweifelsfrei zu ermitteln. Für den Moment hat allerdings meine Kollegin Miss Armstrong diese Notiz noch bei sich und bewahrt sie sicher auf. Sie bewacht außerdem den Tatort des ersten Mordes, um einige weitere Hinweise zu schützen, die Pauls Mörder hinterlassen hat und von denen wir hoffen, dass sie zur Verhaftung des Schuldigen für diese außerordentlich verabscheuungswürdigen Taten führen.«

Die Schauspieler sahen alle gleichzeitig auf den Platz am vorderen Teil der Bühne, wo Singletons Leiche gefunden worden war. Anscheinend waren sie mehr als nur ein bisschen verwirrt darüber, mich dort nicht zu entdecken.

»Was denn für weitere Hinweise?«, fragte Nancy.

»Und warum ist sie nicht hier?«, fragte Sarah und zeigte auf den entsprechenden Punkt auf der Bühne.

»Alles wird sich zu gegebener Zeit aufklären«, erwiderte Lady Hardcastle. »Für den Moment wollte ich nur, dass Sie alle wissen, dass die Qual des Nichtwissens bald vorüber sein wird, und ich wollte Ihnen versichern, dass der Schuldige in Kürze seiner gerechten Strafe zugeführt wird.«

»Wenigstens eine gute Nachricht«, sagte Sarah. »Ich denke, ich spreche für uns alle, wenn ich Ihnen sage, dass wir es kaum erwarten können, dass diese Sache endlich durchgestanden ist. Wir haben uns nichts anmerken lassen, aber es war eine schreckliche, schreckliche Zeit für uns. Endlich alles hinter uns lassen zu können, wird eine Erleichterung sein.«

»Ich bin zuversichtlich, dass Sie das tatsächlich bald können«, entgegnete Lady Hardcastle. »Und jetzt lassen wir Sie weiter Ihre wichtige Arbeit verrichten, aber seien Sie nicht beunruhigt, wenn Sie bald Polizisten hier entdecken.«

Sofort wurde wild durcheinandergeredet. Lady Hardcastle und Lady Bickle verzogen sich still und leise in Richtung Seitenbühne und verschwanden.

Während all das sich abspielte, gingen Gwen und ich zur Unterbühne. Natürlich taten wir das. Wenn eine List funktioniert, gibt es keinen Grund, sich eine andere auszudenken, nur um den Hunger der Welt auf Neues zu stillen, also saßen wir leise plaudernd zusammen in der Unterbühne.

Wir konnten das Licht eingeschaltet lassen – jeder sollte ja wissen, dass ich hier war –, und so saßen wir zusammen auf dem Hubboden und schwelgten in Erinnerungen, analysierten die Gegenwart und spekulierten über die Zukunft. Wir hörten Lady Hardcastles unverkennbare Schritte auf den Bühnenbrettern über uns, als sie auf die Bühne trat, und noch einmal, als sie wieder ging. Im Jargon unseres derzeitigen Aufenthaltsorts war das unser Stichwort. Jetzt waren wir an der Reihe.

Wir warteten.

Nach einer gefühlten Ewigkeit war uns noch immer bei Weitem nicht der Gesprächsstoff ausgegangen, aber wir bedauerten, dass keine von uns eine Armbanduhr besaß. Irgendwann gab uns das Muster der Schritte auf der Bühne den Hinweis, dass die Schauspieler Pause machten. Das war unser nächstes Stichwort.

Wir gaben ihnen ein paar Minuten, sich voneinander zu trennen und in Richtung Tee oder Toilette durch die Gänge zu laufen, dann zog Gwen ihren Mantel an und verließ den Raum. Ich hatte mir Mühe gegeben, unsere Kleider einigermaßen ähnlich aussehen zu lassen, genau wie vor ein paar Tagen im Pub, aber letztendlich hatte das keinen großen Unterschied gemacht. Die Umstände hier waren vollkommen andere – zumal uns niemand in den Keller hatte gehen sehen.

Von hier an muss ich mich auf Gwens Schilderung der Ereignisse verlassen.

Gwen stieg die Treppe hinauf und trat auf den Gang, wobei sie darauf achtete, nicht zu leise zu sein. Mit einem fröhlichen Winken an Haggartys Adresse verließ sie das Theater und ging die Gasse hinunter, die auf die Frogmore Street führte. Als sie an den verzinkten Mülltonnen am Ende der Gasse anlangte, ertönte hinter ihr ein gefährliches metallisches Klicken.

»Das ist weit genug, Mrs. Evans«, sagte eine vertraute Frauenstimme.

Gwen drehte sich um und sah Sarah Griffin in der Gasse stehen und einem kleinen vernickelten Revolver auf ihren Bauch zielen.

»Sie dachten wohl, ich würde direkt zur Unterbühne gehen, nicht wahr? *Ach, sieh da, Armstrong ist heimlich spazieren gegangen, als sie dachte, dass es niemand mitbekommt. Jetzt ist meine Gelegenheit, nach unten zu gehen und die Beweise beiseitezuschaffen.* Obwohl ich nicht sicher bin, was für Beweise ich hinterlassen haben soll – eigentlich meinte ich, ziemlich sorgfältig aufgeräumt zu haben. Egal, auf diesen alten Trick falle ich nicht herein. Ich habe immer davon geträumt, eine Zwillingsschwester zu haben, erinnern Sie sich? Ich habe mir vorgestellt, wie viel Spaß wir haben könnten, indem wir uns als die jeweils andere ausgaben. Glauben Sie dumme Trinen wirklich, dass Sie die Einzigen sind, denen jemals dieser Gedanke gekommen ist?«

»Wenn Sie das herausgefunden haben«, erwiderte Gwen, »warum sind Sie dann nicht einfach mit Ihrer glänzenden Pistole runtergegangen und Flo entgegengetreten?«

»Weil ich anders als Sie *keine* dumme Trine bin. Ich weiß alles über die kleine Florence Armstrong und ihre Partytricks. Ich habe die Zeitungsberichte darüber gelesen, wie sie Leute entwaffnet und im Handumdrehen überwältigt hat. Ich würde mich also kaum direkt mit ihr messen, oder? Ich brauche irgendein Druckmittel. Ich brauche, meine liebe Mrs. Evans, eine Geisel.«

»Wenn Flo Sie die Beweise beiseiteschaffen lässt, lassen Sie mich also gehen?«

»Ich würde das ein wenig anders formulieren, aber ja, im Großen und Ganzen ist das so. Wenn Flo mir die Notiz gibt und mich aufräumen lässt, erschieße ich Sie beide nicht.«

»Sie werden am Ende gehängt.«

»Nur wenn ich erwischt werde. Und jetzt knien Sie sich mit dem Gesicht zur Wand hin und legen Sie die Hände hinter den Kopf.«

Gwen gehorchte, und Sarah ging an ihr vorbei, richtete die Waffe auf Gwen und kehrte mit ihr zusammen zum Bühneneingang zurück.

»Das läuft doch wie geschmiert«, sagte Sarah. »Und jetzt gehen Sie schön langsam zur Unterbühne. Wenn unterwegs irgendwer irgendetwas zu Ihnen sagt, bleiben Sie höflich und ruhig. Wenn Sie Theater machen, erschieße ich Sie und lasse mir etwas einfallen.«

»Hört sich vernünftig an.«

»Oder ich könnte Sie einfach gleich erschießen. An Ihrer Stelle würde ich es nicht darauf anlegen, seien Sie besser ein braves Mädchen.«

Gwen ging vor Sarah her zurück durch den Bühneneingang und winkte Haggarty noch einmal fröhlich im Vorbeigehen zu. Sie ging gemessenen Schrittes über den Gang zu der Tür mit der Aufschrift *Unbefugten ist der Zutritt verboten* und die Treppe hinunter. Vor der Tür zur Unterbühne blieb sie stehen.

»Lassen Sie mich nicht warten«, befahl ihr Sarah. »Ich muss noch einen Zug erwischen.«

Gwen machte die Tür auf und trat ein. Sarah folgte dicht hinter ihr.

Der Raum war leer.

»Wo ist denn nun die berüchtigte Florence Armstrong?«, fragte Sarah gereizt.

Mit einer Geschwindigkeit, die Sarah vollkommen unvorbereitet erwischte, wirbelte Gwen auf dem Absatz herum, ließ die linke Hand vorschnellen und packte Sarah am Handgelenk. Noch in der Drehung zog sie die Schauspielerin über die Hüfte, warf sie auf den Rücken und entwand ihr die Waffe.

»*Ich* bin die berüchtigte Florence Armstrong«, verkündete ich und richtete die Waffe auf sie. »Sie dumme Trine. Ich dachte, Sie wüssten alles darüber, sich für jemand anderen auszugeben.«

»Aber Sie tragen doch Gwens Schuhe. Sie hat immer diese Schuhe an, so habe ich Sie auseinandergehalten.«

»Seltsamerweise haben wir dieselbe Schuhgröße, also können wir tauschen.«

Ich fühle mich ein bisschen schuldig, bei meinem Bericht ein wenig geflunkert zu haben, aber unser Ziel war schließlich ein Täuschungsmanöver. Sarah war außer sich darüber, in die Irre geführt worden zu sein. Sie lag auf dem Rücken und durchbohrte mich mit Blicken, vom Sturz noch immer ganz außer Atem.

Ich verabscheue Schusswaffen, also steckte ich die hübsche, kleine Pistole in die Manteltasche, da ich davon ausging, dass ich die mörderische Schauspielerin auch ohne Waffe leicht unter Kontrolle halten konnte. Sarah beobachtete mich aufmerksam, dann trat sie mir mit einer unerwarteten Behändigkeit und Genauigkeit schmerzhaft gegen das Knie. Ich taumelte rückwärts und stieß dabei gegen einen Teil des Mechanismus für eine der Falltüren, die sich wenig elegant öffnete und mich am Rücken traf. Im Fallen hörte ich mein Kleid zerreißen.

Das war außerordentlich erschreckend und, wie sich herausstellte, mehr als nur ein bisschen gefährlich. Sarah war schon wieder auf den Füßen und stürzte sich mit wilder Wut in ihren schönen Augen auf mich.

Durch meinen Sturz war ich noch immer aus dem Gleichgewicht, sodass ihre ersten ungestümen Schläge mich schmerzhaft erwischten. Sie hatte offenbar keinen Plan und schien kein anderes Ziel zu verfolgen, als mir so wehzutun, wie sie konnte. Ein paar Sekunden lang gelang ihr das recht gut, aber ich schaffte es, mich mit den Armen nicht mehr einfach nur abzustützen, sondern mich gegen die wilden, unkoordinierten Schläge zu schützen, die auf meinen Kopf einprasselten.

Etwas zu spät bemerkte ich, dass sie doch einen Plan gehabt hatte. Als ich die Arme nämlich zum Schutz hob, schoss ihre rechte Hand mit unheimlicher Geschwindigkeit nach vorn in meine Manteltasche, und sie nahm ihre Pistole wieder an sich. Mit der linken Hand peitschte sie mir dabei weiter vor dem Gesicht herum, sodass ich zu langsam war, um sie aufzuhalten. Bevor ich wusste, wie mir geschah, war sie schon von mir weggerollt und richtete die verfluchte Waffe wieder auf mich.

Langsam erhob sie sich und achtete dabei darauf,

einen Sicherheitsabstand zwischen uns einzuhalten. »Lassen Sie es uns noch mal versuchen, okay? Welche Beweise glauben Sie gefunden zu haben? Ich dachte, ich hätte sehr gründlich hinter mir aufgeräumt.«

»Mörder machen immer Fehler.«

Zum ersten Mal schien sie an sich selbst zu zweifeln. Sie sah sich rasch um.

»Nun?«, fragte sie dann. »Wo sind die Beweise?«

»Zum einen gibt es die Notiz«, antwortete ich und wischte mir Blut von der Lippe, wo sie mich mit ihrem Ring erwischt hatte.

»Die Nachricht, die ich geschrieben habe, um Paul hier runterzulocken? Die Nachricht, die – wie er glaubte – von Nancy war? Nein, die ist meine Versicherung. Sie ist mit *N* unterschrieben, vergessen Sie das nicht. Die *sollten* Sie finden. Sie sollte sie auf Nancys Spur führen.«

»Sie haben Paul hier runtergelockt?«, fragte ich. »Warum?«

Sarah seufzte. »Muss ich Ihnen das wirklich erklären?«, fragte sie gereizt. »Sie wissen doch, dass mein Geständnis wertlos wäre, nicht wahr? Selbst wenn ich geschnappt werde, würde mein Anwalt einfach sagen *Hörensagen, Euer Ehren*, damit ist Ihr sogenanntes Beweisstück entkräftet.«

»Tun Sie mir den Gefallen«, erwiderte ich. »Ich möchte einfach wissen, ob wir alles richtig ausgetüftelt haben.«

»Also gut«, antwortete sie mit einem neuerlichen Seufzen. »Ich habe ihn hier heruntergelockt, um ihn zu töten. Eigentlich wollte ich dazu das Küchenmesser aus dem Aufenthaltsraum benutzen, aber dann lag praktischerweise dieser Dolch auf dem Tisch im Korridor, und ich dachte mir, dass ich Nancy so sogar noch leichter den Mord anhängen könnte oder sogar dem Fremden mit der Mütze. Obwohl an die Geschichte nie wirklich jemand geglaubt hat. Na ja.«

»Es gab gar keinen Fremden im dunklen Anzug und mit Stoffkappe?«

»Natürlich nicht.«

»Vielleicht hätten Sie mehr aus der seltsamen Frau machen sollen, die im Theater herumgelaufen ist.«

»Was für eine Frau?«

»Wenn Sie nichts über sie wissen, ist es egal, aber sie wäre ein viel besserer roter Hering gewesen.«

»Vielleicht wäre sie das, aber jetzt ist das wohl irrelevant – wir sind schon ein, zwei Schritte weiter.« Sie gestikulierte mit der Pistole. »Hopp, hopp, kleine Flo, lassen Sie uns doch mal den Hubboden inspizieren und nachsehen, was ich angeblich übersehen habe, hm?«

Ich erhob mich langsam und vorsichtig und gab mir alle Mühe, nicht zur Tür zu schielen.

Wir gingen zum Hubboden hinüber, und sie untersuchte ihn gründlich.

»Hier ist nichts«, sagte sie dann. »Ich habe einen winzigen Blutspritzer übersehen, aber der beweist überhaupt nichts.«

Sie beugte sich leicht vor, um auf dem Boden nachzusehen. Noch immer zielte sie mit der Waffe auf mich, aber ihre Aufmerksamkeit war auf den vollkommen beweisfreien Fußboden gerichtet. Jetzt war es an mir, unerwartet zuzuschlagen.

Zuerst packte ich die Hand mit der Waffe, schob sie nach oben und von mir weg, sodass sie, selbst wenn sie reflexhaft abdrückte, etwas anderes als mich treffen würde. Ich setzte die Bewegung fort, trat schnell näher und entschied, dass die Umstände nun etwas Nachdrücklicheres erforderten, als sie einfach nur auf den Rücken zu werfen. Also schlug ich ihr mit der offenen Handfläche ins Gesicht, sodass sie rückwärts auf dem Hubboden landete. Dann nahm ich die Pistole an mich und wollte schon nach meinen Begleiterinnen rufen, als ich sah, dass sie sich erneut aufrappelte.

Also sprang ich auf die Plattform des Hubbodens und versuchte, sie zu überwältigen, aber sie wehrte sich noch immer.

»Warum bleiben Sie nicht einfach liegen?«, rief ich fassungslos. »Mit muskelbepackten Schurken hatte ich weniger Mühe als mit Ihnen.«

»Bühnenkampf, Liebes, hat man Ihnen das nicht gesagt?«, knurrte sie. »Legen Sie sich nie mit Schauspielern an.«

Sie schwang die Beine von der Plattform und versuchte, irgendetwas in die Hände zu bekommen, womit sie sich wieder hochstemmen konnte. Was sie allerdings zu greifen bekam, war der Hebel, der die Sperre löste.

Es schepperte und rumpelte, als der Hubboden mit uns darauf hochzufahren begann. Im ersten Moment begriff sie nicht, was sie getan hatte, und ich nutzte die Gelegenheit, um ein weiteres Mal zuzuschlagen. Sie fiel rückwärts um, schlug mit dem Kopf auf der Plattform auf und war bewusstlos. Endlich.

Ich wollte gerade die Fahrt nach oben und meine triumphale Ankunft auf der Bühne genießen, als mir auffiel, dass ihre Beine noch immer über den Rand der Plattform hingen. Wenn ich sie nicht rasch wegzog, würde sie sie verlieren.

Ein paar panische Sekunden lang mühte ich mich ab und versuchte, sie auf die Plattform zu hieven, während sich bereits die Klappe über uns öffnete. Wir kamen der Bühne immer näher, aber sie wollte sich einfach nicht rühren. Ich riskierte einen Blick über den Rand, während die Öffnung immer näher kam.

Ihr Schuh hatte sich am Hebel verhakt.

Ich zog noch einmal mächtig an ihr, sodass er sich endlich, Zehntelsekunden bevor wir auf der Bühne auftauchten, löste.

Ich keuchte vor Anstrengung. Sarah war noch immer bewusstlos. Ein paar Sekunden lang lag ich einfach nur neben ihr, bis ich Schritte neben mir vernahm.

»Bist du in Ordnung, meine Liebe?«, fragte Lady Hardcastle.

»Vollkommen in Ordnung«, erwiderte ich und richtete mich auf. »Haben Sie alles mitangehört? Taugt es als Geständnis?«

Lady Hardcastle kniete sich neben mich und untersuchte mich, wobei ihr Inspektor Sunderland über die Schulter blickte. Der kräftige Sergeant, den wir in der Mordnacht im Zuschauerraum gesehen hatten, stand hinter ihm, und auch Lady Bickle und Gwenith reckten im Hintergrund die Hälse, um möglichst viel erkennen zu können.

»Es ist mehr als ausreichend, Miss Armstrong«, antwortete der Inspektor. »Vielen Dank.«

Neben mir hörte ich ein Stöhnen, als Sarah allmählich wieder zu sich kam.

»Miss Sarah Griffin«, sagte Inspektor Sunderland. »Ich verhafte Sie wegen des Mordes an Paul Singleton am Dienstag, dem 7. November 1911, und wegen des Mordes an Mr. David Browning am Montag, dem 13. November 1911. Handschellen, bitte, Sergeant.«

Wir machten dem Sergeant Platz, und Sarah wurden Handschellen angelegt, dann wurde sie auf die Füße gehievt.

Bevor er ihnen folgte, wandte Inspektor Sunderland sich an uns: »Vielen herzlichen Dank. Wie immer brauche ich Aussagen von Ihnen allen, aber im Moment muss ich Miss Griffin erst mal einsperren. Ich komme später zurück.«

Er winkte und verließ die Bühne.

»Jetzt komm her, *fach*, lass uns mal einen Blick auf dich werfen.« Gwen fuhrwerkte mir mit einem Taschentuch im Gesicht herum, und ich ließ sie gewähren. »Sie hat dir einen ziemlichen Schlag auf die Lippe verpasst. Das wird morgen hässlich aussehen.«

»Dann kann ich Sie wenigstens auseinanderhalten«, warf Lady Bickle ein. »Ich habe mich bemüht, kein Theater darum zu machen, aber es war wirklich ein Problem.«

Gwen und ich schnalzten gleichzeitig tadelnd mit der Zunge.

17

Dank einiger Informationen, die uns Inspektor Sunderland verraten hatte, bevor wir das Haus der Bickles verließen, waren wir uns schon ziemlich sicher gewesen, dass Sarah die Mörderin war. Nicht vollkommen sicher, aber doch sicher genug, damit alle meinen Vorschlag, eine Abwandlung unserer List aus dem Dog and Duck anzuwenden, für vernünftig hielten.

Nach dem ursprünglichen Plan hätte ich in der Unterbühne bleiben sollen, während Lady Bickle und Lady Hardcastle sich im Heizungskeller versteckten, um mich bei Bedarf zu unterstützen. Falls Inspektor Sunderland rechtzeitig zum Showdown eintreffen würde, umso besser – er könnte mit ihnen zusammen warten.

Aber Sarah hatte recht: Gwen und ich hatten den So-tun-als-ob-man-die-andere-wäre-Trick nicht erfunden. Wir hatten sogar einmal einen Bühnenzauberer eine Variation davon bei seinen Auftritten nutzen sehen, also wusste ich, dass ein Mitglied der Theaterwelt sich möglicherweise denken konnte, was wir vorhatten. Falls sie sich dazu entschloss, mit harten Bandagen zu kämpfen, wäre Gwen wehrlos, wenn sie das Theater allein verließ. Also schlug ich vor, die Plätze zu tauschen. Falls die Dinge in der Gasse sich hässlich entwickelten, würde ich, nicht meine Schwester, einer Mörderin gegenüberstehen.

Nachdem wir uns darauf geeinigt hatten, schlug Lady Hardcastle vor, dass Gwen die Unterbühne ebenfalls verlassen und sich zu ihnen in den Heizungskeller begeben solle. Ich wies darauf hin, dass das den Zwillingstrick vollkommen obsolet machen würde, wurde aber überstimmt. Falls Sarah auf den Trick nicht reinfiel oder jemand vollkommen anderes der Schuldige war, der unser Manöver ohnehin nicht durchschaut hatte, wäre ein leerer Raum beim Eintreffen der entsprechenden Person kein Problem. In diesem Fall könnte Lady Hardcastle mit ihrer treuen Pistole an der Tür erscheinen und immer noch das Überraschungsmoment auf ihrer Seite haben.

Also hatten wir es so gemacht.

Hinzufallen und mehrfach ins Gesicht geschlagen worden zu sein, war nicht Teil des Plans gewesen, aber wenn man sich in einen Kampf mit wütenden Mörderinnen begibt, kann so etwas eben passieren. Meine Lippe würde wieder verheilen.

Der einzige Moment der Verwirrung war entstanden, als sie bemerkten, dass wir auf dem Weg hinauf zur Bühne waren. Sie machten kehrt und rannten über die Treppe zurück nach oben, wo sie Sarah bewusstlos auf dem Hubboden auf der linken Seite der Bühne vorfanden, mich keuchend und nach Luft schnappend neben ihr.

Wie dem auch sei: Ende gut, alles gut.

»Ich denke, wir sollten hier nicht länger im Weg rumstehen«, entschied Lady Hardcastle. »Die anderen tauchen jeden Moment wieder zur Probe hier auf.«

»Sollen wir ihnen sagen, was passiert ist?«, fragte Lady Bickle. »Sie wollen es doch sicher erfahren.«

»Alles zu seiner Zeit«, erwiderte Lady Hardcastle. »Lass sie erst mal proben. Wir teilen ihnen alles mit, sobald Inspektor Sunderland aus dem Bridewell zurück ist – auch er wird die Einzelheiten erfahren wollen.«

»Na gut«, willigte Lady Bickle ein. »Sollen wir, bis er zurückkommt, Tee bei Crane's trinken? Ich zahle.«

Wir sagten Haggarty Bescheid, wo wir zu finden waren, und als Inspektor Sunderland dann ins Theater zurückkehrte, schickte Haggarty einen Botenjungen zu Crane's, um uns zu holen.

Als wir eintrafen, fragte der Inspektor gerade Haggarty nach den Darstellern, die er in seiner langen Zeit als Portier des Duke's Theatre schon kennengelernt hatte. Er lächelte.

»Ah, meine Damen, da sind Sie ja. Tut mir leid, dass ich Sie beim Nachmittagstee stören muss.«

»Machen Sie sich deshalb keine Gedanken, mein lieber Inspektor«, erwiderte Lady Hardcastle. »Wir wollten nur den Schauspielern bei ihrer Arbeit nicht ins Gehege kommen, und bei Crane's gibt es einfach den besten Kaffee der Stadt.«

»Und die besten Kuchen«, ergänzte Gwen. »Ich wünschte, wir hätten ein Crane's in Woolwich.«

»Sie machen auf jeden Fall gute Cremeschnitten«, stimmte ihr der Inspektor zu.

Ich überreichte ihm eine kleine Schachtel. »Wir haben Ihnen eine mitgebracht.« Auch Haggarty gab ich eine Schachtel. »Ihnen auch, Mr. Haggarty.«

»Vielen Dank«, sagten sie gleichzeitig.

»Wir haben Sie doch nicht warten lassen?«, fragte Lady Hardcastle.

»Ich hatte es sehr angenehm – ich habe mich mit Mr. Haggarty unterhalten. Wussten Sie, dass er einmal Sir Henry Irving begegnet ist?«

»Ach ja?«, rief Lady Bickle. »Wie wunderbar. Wie war er denn so?«

»Ein ganz netter Kerl«, entgegnete Haggarty. »Hat sich immer Zeit für die Angestellten des Theaters genommen. Hat gesagt, wir sind genauso wichtig wie seine Schauspieler.«

»Und damit hat er doch auch recht«, sagte Lady Bickle.

»Wo wir gerade von den Schauspielern sprechen«, sagte Lady Hardcastle. »Ich nehme an …«

»Sie sind alle vollzählig anwesend, Mylady«, sagte Haggarty. »Niemand hat das Theater verlassen, seit Sie gegangen sind.«

»Großartig. Danke, Mr. Haggarty. Sollen wir dann reingehen? Bestimmt warten alle ungeduldig auf unsere Enthüllungen.«

»Nach Ihnen, Mylady«, sagte der Inspektor.

Als wir auf die Bühne kamen, saßen die Schauspieler bereits auf den verschiedenen Requisiten verteilt, die sie im ersten Akt der *Hedonisten* verwendeten. Sie hielten die Skripte für das neue Stück in der Hand, und einer oder zwei von ihnen schrieben sich mit einem Bleistift etwas auf, während Hugo Bartlett seine Notizen durchging.

»... und jetzt, wo ich es laut gehört habe, denke ich, es wäre besser, wenn Henrietta auf Seite dreiundzwanzig *mit einer Banane* statt *mit einer Ananas* sagt. Außerdem würde ich gern noch ein paar Änderungen in der dritten Szene des zweiten Akts vornehmen, wo Alice und William sich wegen des Heilbutts streiten, also macht euch bitte noch nicht die Mühe, das zu lernen. Und schließlich ...« Er bemerkte unsere Anwesenheit. »Ah, wir haben Besuch. Willkommen. Hat die Polizei nun Ihre Beweise? Dürfen wir endlich erfahren, wer Paul umgebracht hat? Und wissen Sie vielleicht auch, was mit Sarah passiert ist? Wir haben sie seit unserer Pause nicht mehr zu Gesicht bekommen.«

»Genau darum sind wir hier«, erwiderte Lady Hardcastle. »Ist das gerade ein schlechter Zeitpunkt?«

»Überhaupt nicht«, entgegnete Hugo. »Ich muss nur noch verkünden, dass morgen Mittag alle wieder im Theater sein müssen, damit Emrys Zeit für das nächste Stück *Zu viel(e) Tee(s)* blocken kann. Wir müssen im Moment noch im Bühnenbild der *Hedonisten* proben, aber wir treffen uns am Dienstag mit unserem Bühnenbildner, also sollten wir bis dahin eine klare Idee davon haben, wie viel Platz wir brauchen. Danke, Lady Hardcastle. Jetzt gehört Ihnen unsere gesamte Aufmerksamkeit.«

Hugo verbeugte sich und setzte sich auf die Lehne des Sessels, in dem Emrys Thornell saß und an seiner Meerschaumpfeife zog, die in Form einer Miniaturbüste William Shakespeares geschnitzt war.

»Danke«, entgegnete Lady Hardcastle. »Wie Sie alle wissen, wurden Miss Armstrong und ich gebeten, nach dem Mord an Ihrem Freund Paul Singleton zu ermitteln. Im Lauf der letzten Tage haben wir daher ein wenig über Sie alle gelernt, und langsam haben wir begriffen, wie genau und warum die Ereignisse an jenem Dienstag sich zugetragen haben.«

Die Schauspieler waren nun vollkommen aufmerksam.

»Hier auf der Bühne haben wir angefangen«, fuhr Lady Hardcastle fort. »Wir haben herausgefunden, dass Pauls Leiche, obwohl sie für alle auf der Bühne – und im Zuschauerraum, sobald der Vorhang sich einmal gehoben hatte – sichtbar war, von der Seitenbühne aus nicht gut gesehen werden konnte. Ein kleiner Vorhang ist im Weg, sehen Sie?« Sie zeigte in die entsprechende Richtung.

»Das ist ein Schal«, warf Patrick ein. »Wir nennen sie Schals. Im Gegensatz zu den Hauptvorhängen.«

»Danke, mein Lieber«, sagte Lady Hardcastle. »Aber das bedeutet, dass er ermordet worden sein muss, nachdem die Arbeiter die Bühne für den zweiten Akt hergerichtet hatten, aber bevor irgendjemand von Ihnen dann auftrat. Die Pause begann ungefähr um halb neun und dauerte eine halbe Stunde, fast bis neun Uhr. Die Bühnenarbeiter brauchten für ihre Vorbereitungen zwischen fünfzehn und zwanzig Minuten, und die Darsteller, die den zweiten Akt eröffneten, standen erst ein oder zwei Minuten, bevor sich der Vorhang hob, auf der Seitenbühne. Daher schätzten wir den Mordzeitpunkt auf irgendwann zwischen zehn vor neun und neun.«

Sie sah sich um. Noch konnten alle ihr folgen.

»Wir sind von der Annahme ausgegangen, dass einer von Ihnen der Mörder sein musste.«

Darauf folgten allgemeine Protestrufe, aber sie hielt die Hand hoch, um für Ruhe zu sorgen.

»Das war die einfachste Erklärung«, fuhr sie fort. »Natürlich wäre denkbar gewesen, dass der Täter ein Bühnenarbeiter oder ein vollkommen Fremder war, aber der Großteil der Morde wird von Menschen begangen, die das Opfer kennen.«

Unter den versammelten Schauspielern kehrte Ruhe ein.

»Wir fanden heraus, dass Sarah und Rosalie zum Zeitpunkt des Mordes in den Gängen auf dem Weg zur Bühne waren. Emrys und Hugo waren in Emrys' Garderobe, um sich über neue Projekte zu unterhalten. Nancy war nicht im Gebäude, und Harris war in seiner Garderobe, nachdem sie beide zu Beginn der Pause kurz bei Patrick vorbeigeschaut hatten. Alle schienen also erklären zu können, wo sie sich aufgehalten hatten. Außerdem wussten wir, dass Paul noch am Leben war, denn er war dabei beobachtet worden, wie er um ungefähr Viertel vor neun in seinem auffälligen blauen Smoking in seine Garderobe ging. Wer konnte ihn also getötet haben? Ganz bestimmt niemand von Ihnen. Irgendwer hat einen Mann in einem dunklen Anzug und einer Stoffmütze erwähnt …«

»Davon habe ich nie etwas gehört«, warf Harris Bridges ein.

»Nein, und wir haben das die meiste Zeit über auch einfach vergessen. Glücklicherweise, wie sich herausgestellt hat – den er war eine Erfindung.« Ganz offenbar hatte sie sich entschieden, die geheimnisvolle Frau unter den Tisch fallen zu lassen, die in den Gängen gesehen worden war. Dass irgendwer Hugo Bartlett Fragen über sie stellte, war wirklich nicht nötig.

»Wer sollte denn so etwas erfinden?«, fragte Bridges.

»Dazu kommen wir gleich noch«, antwortete Lady Hardcastle. »Nachdem wir also festgestellt hatten, dass alle für die Mordzeit ein Alibi hatten, wandten wir unsere Aufmerksamkeit zunächst den möglichen Motiven zu. Sie alle hatten, wie sich herausstellte, ein Motiv, Paul den Tod zu wünschen …«

Lady Hardcastle musste den aufbrandenden Sturm der Entrüstung erst abflauen lassen, bevor sie weiterreden konnte.

»Jetzt über diese Motive zu reden, wäre ein Vertrauensbruch«, sagte sie, als sich die Unruhe ein wenig gelegt hatte, »aber Sie alle haben uns gegenüber etwas enthüllt, was Ihnen einen Grund geliefert hätte, ihn umzubringen. Das half uns also auch nicht weiter. Außerdem hatten Sie alle, wie Inspektor Wyatt mehrfach angemerkt hat, Zugang zur Mordwaffe. Irgendetwas stimmte ganz offenbar mit unseren Überlegungen nicht. Nachdem wir uns im Theater umgesehen und die Unterbühne entdeckt hatten, wussten wir, was das war.«

»Wir benutzen die Falltüren aber nie«, merkte Emrys an. »Ich kann sie nicht leiden.«

»Und genau darauf hat die schuldige Person gebaut. In der Unterbühne entdeckten wir einen kleinen Blutfleck auf dem Hubboden vorne links« – sie zeigte auf die Stelle, an der Pauls Leiche gefunden worden war – »sowie Hinweise darauf, dass der Mechanismus so manipuliert worden war, dass er von allein auslöste. Das warf all unsere Überzeugungen in Bezug auf den Mordzeitpunkt über den Haufen. Wenn Paul in die Unterbühne gelockt, dort erdolcht und dann durch den automatischen Mechanismus auf die Bühne gefahren worden war, mussten wir sämtliche Alibis erneut überprüfen. Noch immer bestand das Problem, dass Paul ungefähr zur Hälfte der Pause lebend gesehen worden war, aber die Antwort darauf lieferte uns ein Vorfall, der sich letzte Woche in unserem Dorfpub zugetragen hat. Jemand hatte sich für jemand anderen ausgegeben, indem er dessen Jacke getragen hatte, wissen Sie? Hier im Theater schworen die Zeugen Stein und Bein, Paul noch lebend gesehen zu haben, aber eigentlich war es nur seine Jacke gewesen.«

»Sie wollen also behaupten, dass er in der Unterbühne im Keller getötet wurde«, fragte Rosalie, »und dass der Mörder daraufhin seine Jacke angezogen hat und in seine Garderobe gegangen ist, damit wir alle dachten, dass Paul am Leben war?«

»Und damit verschaffte sich die schuldige Person gleich noch ein Alibi«, bestätigte Lady Hardcastle. »Indem sie so den augenscheinlichen Mordzeitpunkt verschob, brachte sie uns dazu, die vollkommen falschen Fragen zu stellen.«

»Das ist ja alles schön und gut«, meldete sich Bridges zu Wort, »aber wer hat Paul denn nun ermordet? War es einer der hier Versammelten? Oder Sarah? Ist es Sarah gewesen?«

Geraune brandete auf. Lady Hardcastle hielt wieder die Hände hoch.

»Wir kamen dem Verständnis darüber, was passiert war, dann heute Morgen näher, als wir Inspektor Sunderland hier baten, ein paar Fragen an seine Kollegen in Suffolk zu stellen. Sobald wir die Antworten hatten, begannen wir damit, das Netz um die schuldige Person zuzuziehen. Im Sommer 1896 wurde das Land von einem Mord erschüttert. Ein junges, erst siebzehnjähriges Mädchen wurde in Six Oaks Wood erwürgt. Ihr Name war Ida Oxborrow. Der Mörder wurde nie gefasst, in der Gegend ging man davon aus, dass es ein Junge etwa im selben Alter gewesen sein musste – Harvey Bird –, von dem bekannt war, dass er in das Mädchen verliebt gewesen war und viel Zeit mit ihr und ihrer jüngeren Schwester Audrey verbracht hatte. Die Jahre vergingen. Audrey und ihre Eltern zogen aus Suffolk weg, und Audrey wurde Schauspielerin. Sie nahm den Künstlernamen Sarah Griffin an. In einer eigentümlichen Laune des Schicksals wandte sich auch Harvey unter dem Namen Paul Singleton der Schauspielerei zu.

Niemand weiß, warum beide sich dazu entschlossen, ihren Namen zu ändern, und niemand kann erklären, wie sie fünfzehn Jahre später als Mitglieder desselben Theaterensembles endeten. Aber so war es. Wir gehen davon aus, dass Paul Sarah nicht wiedererkannt hat, sie ihn aber schon. Vielleicht lag es an etwas, was er gesagt hat, als sie beide verlobt waren, irgendeine beiläufige Bemerkung, während sie eines Tages Hand in Hand durch den Wald spazierten? Wir werden es wohl nie erfahren, aber was auch immer es war, diese unbedachte Enthüllung besiegelte sein Schicksal. Sie löste die Verlobung und machte sich stattdessen daran, seine Ermordung zu planen. Sie lockte ihn mit einer Nachricht, die angeblich von Nancy stammte, in die Unterbühne und erstach ihn dort mit dem Dolch aus dem Theaterfundus. Dann zog sie sich seinen Smoking über ...«

»Moment mal«, meldete sich Patrick. »Paul hat diese Jacke in der ersten Woche unseres Aufenthalts hier verloren. Er hat sich ununterbrochen über den Verlust beschwert.«

»Eben«, erwiderte Lady Hardcastle. »Sarah hat sie aus seiner Garderobe gestohlen. Sie war so klug, noch weitere Dinge zu stehlen, damit ja niemand zu eingehend über die vermisste Jacke nachdachte – möglicherweise finden wir alle vermissten Gegenstände in der Unordnung ihrer Garderobe wieder, falls sie die Sachen nicht anderweitig losgeworden ist. Sie ist also in Pauls Garderobe gegangen und hat darauf geachtet, dabei gesehen zu werden – wie sich herausstellte von Harris und Nancy –, dann hat sie die Jacke dort mit der belastenden Nachricht in der Tasche liegen lassen – für den Fall, dass man ihr die Lüge über den geheimnisvollen Fremden mit der Stoffmütze nicht abnehmen würde. Wir werden mehr darüber erfahren, wenn Inspektor Sunderland sie später vernimmt, aber ich vermute, dass sie vorhatte, am Ende des Gastspiels zu verschwinden. Dann hätte irgendwer die Jacke und die Nachricht gefunden, und der Verdacht wäre auf Nancy gefallen. Und falls daraufhin trotzdem noch irgendwer herausgefunden hätte, was wirklich passiert war, wäre sie längst über alle Berge gewesen und hätte unter dem nächsten falschen Namen in einer anderen Stadt gelebt. Womit sie nicht rechnete, war, dass das Gastspiel verlängert wurde. Außerdem hat sie nicht damit gerechnet, zur Tatzeit gesehen worden zu sein. Auch hier müssen wir erst die Befragung des Inspektors abwarten, um ganz sicherzugehen, aber ich halte es für plausibel, dass Davey Browning sie – oder vielleicht auch Paul – in jener schicksalhaften Nacht auf dem Weg zur Unterbühne gesehen haben muss. Vielleicht hat er sie einfach nur danach gefragt, vielleicht wollte er sie damit erpressen. Jedenfalls entschied sie, dass auch er sterben muss.«

»Wie sicher sind Sie denn, dass Sarah die Schuldige ist?«, fragte Nancy.

»Vor Kurzem hat sie den Mord Miss Armstrong gegenüber gestanden«, antwortete Lady Hardcastle. »Wir sind also so sicher wie nur irgend möglich.«

Es folgten einige Sekunden vollkommener Stille, die schließlich von Inspektor Sunderland durchbrochen wurde.

»Im Licht der Informationen, die Lady Hardcastle, Miss Armstrong und Mrs. Evans zusammengetragen haben«, sagte er, »werde ich Sarah Griffin noch heute wegen Mordes anklagen. Wir haben bereits Aussagen von Ihnen allen zu Protokoll genommen, aber ich glaube, Sie werden mir zustimmen, dass sie unvollständig sind, also würde ich Sie darum bitten, jedes hilfreiche Detail hinzuzufügen, an das Sie sich erinnern können. Bitte halten Sie sich in den nächsten Tagen für eventuelle Befragungen durch meine Beamten bereit.«

»Das wäre dann, denke ich, alles«, schloss Lady Hardcastle. »Es sei denn, irgendwer hat noch weitere Fragen?«

Darauf erfolgte allgemeines Kopfschütteln, aber niemand sprach ein Wort.

»Dann lassen wir Sie jetzt weiter Ihren Sonntagabend genießen«, verabschiedete sich Lady Hardcastle. »Wollen wir?«, fragte sie an uns gewandt. Sie zeigte auf die Tür, und wir gingen nach links von der Bühne ab.

Auf der Frogmore Street verabschiedeten wir uns dann auch vom Inspektor und versprachen, dass auch wir uns bereithalten würden, um weitere Aussagen zu machen.

Lady Hardcastle, Lady Bickle, Gwen und ich stiegen über die steile Lodge Street zur Park Row hinauf und dann weiter Richtung Queens Road und Berkeley Crescent.

»Wie kann es sein«, fragte ich, als wir schnaufend und keuchend die Lodge Street hinaufgingen, »dass jeder Weg in Bristol bergauf führt? Ich bin mir sicher, dass wir heute Morgen auf dem Weg zum Theater ebenfalls bergauf gegangen sind.«

»Sind wir nicht«, lachte Lady Bickle, »aber ich weiß, was Sie meinen. Es ist mir schon oft aufgefallen, wenn ich mit Freunden von außerhalb durch Clifton und Redland spaziert bin. Auf dem Hinweg geht es bergauf, und ich denke bei mir: *Na ja, immerhin geht es dann auf dem Heimweg bergab.* Aber ohne Ausnahme muss ich dann auch auf dem Nachhauseweg bergauf gehen. Ich habe wirklich keine Ahnung, wie das möglich ist.«

»Hexerei«, vermutete Lady Hardcastle. »Entweder das, oder du vergisst einfach, wie weit du auf dem Weg hierher bergab gegangen bist, und erinnerst dich nur an den mühseligen Bergaufteil der Strecke. Eins von beidem. Ich überlasse dir die Entscheidung.«

»Du hast wirklich kein Fünkchen Romantik in deiner Seele, Emily Hardcastle«, schalt Lady Bickle. »Ich entscheide mich dafür, dass meine Wahlheimat etwas Magisches und Mystisches an sich hat.«

»Und damit hast du auch vollkommen recht. Ich bin wahrscheinlich wirklich zu nüchtern.«

Der Rest des Weges führte stetig leicht bergauf.

Bei unserer Ankunft nahm uns Williams die Mäntel ab, und auf Lady Bickles Bericht, wie einmal mehr eine Mörderin von Lady Hardcastle zur Strecke gebracht worden war, gab er pflichtschuldig bewundernde Geräusche von sich. Auch Sir Benjamin war endlich auf und ähnlich beeindruckt.

»Ich muss darauf achten, dass du auf einer deiner Spritztouren bist, wenn ich mich mal entscheiden sollte, jemanden aus dem Weg zu räumen«, sagte er. »Sonst lässt du mich ins Gefängnis werfen, bevor ich noch *Skalpell* sagen kann.«

»Wir richten es dann so ein, dass Georgie dich besuchen darf, mein Lieber«, erwiderte Lady Hardcastle.

»Wen willst du umbringen, liebster Ben?«, fragte Lady Bickle.

»Die Liste ist lang, mein Herz. Zunächst gäbe es wenigstens ein halbes Dutzend Personen in der Krankenhausleitung, die absolut niemand vermissen würde.«

»Nun, solange du den alten Sir Wieheißternoch de Dingsbums beiseite räumst, drücke ich bei allen anderen ein Auge zu. Er muss auf jeden Fall dran glauben.«

»Keine Sorge, er steht ganz oben auf der Liste.«

Es folgte eine Einladung zum Essen, und Sir Benjamin wollte die ganze Geschichte hören. Lady Bickle unternahm einen halbherzigen Versuch, das Thema zu wechseln, aber es war offensichtlich, dass sie genauso begierig wie er darauf war, sämtliche Details zu hören.

Bei der Schilderung des Kampfes empfahl er einen Orthopäden, der mein Knie auf einen etwaigen Schaden hin untersuchen sollte, aber ich versicherte ihm, dass es in Ordnung sei. Er inspizierte dennoch gründlich die blauen Flecken auf meinem Gesicht, was ihm einen Tadel seiner Frau einbrachte. Sie erinnerte ihn daran, dass er Hirnchirurg und daher überhaupt nicht qualifiziert sei, Leuten im Gesicht herumzufummeln.

»Es liegt aber ganz in der Nähe des Gehirns, Liebling«, entgegnete er. »Direkt vorne am Behältnis.«

»Lass die arme Frau doch einfach in Frieden«, mahnte

Lady Bickle. »Sie wird auch ohne deine dilettantische Einmischung wieder gesund.«

Das Essen war köstlich, wie immer bei den Bickles, und die Gesellschaft war angenehm und unterhaltsam. Wir plauderten noch eine ganze Weile bei Brandy und Kaffee, und als wir uns dann zum Aufbruch bereit machten, war es beinahe schon Mitternacht.

Ich hatte den ganzen Abend auf Wein, Brandy und Portwein verzichtet, also konnte ich uns nach Littleton Cotterell chauffieren, wo wir ins Bett fielen und uns dem wohlverdienten Schlaf hingaben.

18

Am Montag erhielt Gwen ein Telegramm von Dai, der wegen irgendeiner dringenden Angelegenheit früher zurückbeordert worden war. Er war sicher wieder bei ihnen zu Hause in Woolwich angekommen.

»Ich sollte dann wohl besser heimfahren«, sagte Gwen. »Er würde das nie von mir verlangen, aber mir gefällt der Gedanke an den Schaden nicht, den er in meiner Küche anrichten könnte, während er unbeaufsichtigt seinen Lieblingseintopf zubereitet. Er ist zwar nicht wirklich hilflos in der Küche, aber furchtbar unordentlich.«

Vielsagend blickte ich zu Lady Hardcastle, die daraufhin jedoch nur grinste.

»Du darfst so lange bleiben, wie du willst, Liebes«, sagte Lady Hardcastle, »das weißt du. Aber wenn dir das lieber ist, fahren wir dich auch zum Bahnhof, sobald du bereit zum Aufbruch bist. Die Entscheidung liegt ganz allein bei dir.«

»Danke«, antwortete Gwen.

Sie schaute in den Fahrplan und sah, dass am folgenden Tag um elf ein Zug nach London ging, was ihr wunderbar passen würde. Ich sah ebenfalls in den Plan.

»Du musst zweimal umsteigen, bevor du überhaupt erst in Swindon bist«, sagte ich. »Und da musst du dann noch mal umsteigen. Aber sieh dir den hier an. Wenn du den Zug um 11.23 Uhr von Bristol Temple Meads aus nimmst, bist du schon in der Hälfte der Zeit in Paddington. Wenn du dann in die U-Bahn nach Charing Cross steigst, bist du in Woolwich, bevor Dai auch nur den Versuch unternommen hat, das Haus niederzubrennen. Wir bringen dich morgen früh nach Temple Meads.«

»Da sage ich nicht Nein«, erwiderte Gwen. »Ich werde zu gern in eurem Rolls Royce herumkutschiert.«

»Dann hätten wir das ja geklärt«, entschied Lady Hardcastle. »Was möchtest du mit dem angebrochenen Tag anfangen?«

»Ich würde gern noch eine Besichtigungstour hier in der Gegend machen, falls ihr beide Zeit habt. Jetzt bin ich seit über einer Woche hier und habe mehr von Bristol gesehen als von eurem eigentlichen Wohnort.«

Also fuhren wir nach Chipping Bevington, wo wir ihr die Freuden der Buchhandlung, der Boutique, des Kurzwarenhändlers, aber vor allem von Pomphreys Trödelladen vorführten, wo sie zu meinem Entzücken – und Lady Hardcastles Entsetzen – ebenfalls von meinem Lieblingsstück in seinen Bann geschlagen wurde: dem Wasserpfeife rauchenden ausgestopften Elchkopf mit dem tropischen Topi.

Wir aßen in der Grey Goose zu Mittag und spielten dann zu Hause noch ein paar Runden *Suffragetto*, bevor wir ein leichtes Abendessen zu uns nahmen und dann noch einmal zum Dog and Duck hinuntergingen.

Daisy freute sich, uns zu sehen. »Guten Abend, alle zusammen. Zwei Brandys und ein Portwein, richtig?«

»Ja, meine Liebe, danke«, erwiderte Lady Hardcastle und kramte in ihrer Handtasche nach der Geldbörse.

»Stecken Sie die wieder ein, Mylady«, sagte Old Joe, der uns bei unserem Eintreffen bemerkt hatte und jetzt sein Dominospiel unterbrach, um sich mit uns zu unterhalten. »Ihr Geld ist hier überflüssig. Sie haben mir ein Vermögen an gestohlenem Alkohol gespart.«

»Nicht zu vergessen, dass ihr Agnes Bingle vor sich selbst gerettet habt«, fügte Daisy hinzu. »Ihr seid unsere lokalen Heldinnen.«

»Ich habe doch gar nichts gemacht«, erwiderte Lady Hardcastle. »Das waren alles die Armstrong-Schwestern.«

»Egal«, entgegnete Old Joe, »Sie alle haben uns einen großen Dienst erwiesen, also gehen die Getränke aufs Haus.«

»Danke, Joe«, erwiderte Lady Hardcastle. »Das ist sehr freundlich.«

»Jagruti Bland hat gestern nach der Abendandacht nach dir gefragt, Gwen«, sagte Daisy. »Sie sind zu Agnes' Haus rübergegangen und haben den ganzen Alkohol zurückgeholt. Alle Flaschen standen noch ungeöffnet in ihrer Küche. Jedenfalls hab ich ihr gesagt, dass wir dich schon ein paar Tage nicht mehr zu Gesicht bekommen haben. Agnes geht es allerdings einigermaßen. Sie wohnt für ein paar Wochen bei den Blands, bis sie wieder ganz die Alte ist.«

»Das freut mich«, erwiderte Gwen. »Ich wäre selbst noch mal in die Pfarrei gegangen, aber in den letzten Tagen waren wir ziemlich beschäftigt.«

»Irgendwas Aufregendes?«

Die nächste halbe Stunde erzählten wir Daisy die Geschichte des Theatermordes. Es dauerte nicht lange, bis wir ein ziemlich großes Publikum angezogen hatten. Gwen übertrieb maßlos bei der Schilderung meiner Rauferei mit Sarah Griffin, und zwischen drei der Bauersfrauen in der Menge brach eine hitzige Diskussion darüber aus, wie man am besten Blutergüsse behandelte. Als wir dann fertig waren, standen so viele Brandy- und Portweingläser auf dem Tresen aufgereiht, dass sie Dais gesamtes Regiment mit Alkoholvergiftung ins Lazarett geschickt hätten. Wir mussten die spendierten Drinks an die Stammkunden verteilen, die daraufhin erneut auf unsere Großzügigkeit anstießen. Anscheinend hatten sie vergessen, dass sie die Getränke ja selbst bezahlt hatten.

Wir verließen den Pub um zehn und gingen bibbernd die frostige Straße zum Haus hinauf. Lady Hardcastle wollte noch aufbleiben und Karten spielen, aber Gwen war vollkommen erschöpft, und ich überzeugte meine Herrin, uns stattdessen lieber alle zu Bett gehen zu lassen.

Am Dienstagmorgen fuhren wir Gwen zum Bahnhof Temple Meads und winkten dem Paddington Express hinterher.

Auf dem Rückweg durch die Stadt kamen wir am Prince's Theatre an der Park Row vorbei.

»Was sollen wir heute Abend unternehmen?«, fragte Lady Hardcastle. »Hast du Lust auf einen Theaterbesuch?«

Nachbemerkung des Autors

Das Duke's Theatre ist erfunden. Soweit ich das sagen kann, hat es auf der Frogmore Street in Bristol nie ein Theater gegeben, obwohl sich dort im Augenblick eine Veranstaltungsstätte, die O2 Academy, befindet (früher einmal ein Club namens The Studio). Zu der Zeit, in der die Geschichte spielt, gab es im Herzen der Stadt zwei große Theater, das Prince's Theatre auf der Park Row und das Theatre Royal (auch bekannt unter dem Namen Bristol Old Vic) auf der Grand King Street (heute nur noch King Street). Das Prince's gibt es schon lange nicht mehr, aber das Bristol Old Vic gedeiht noch immer prächtig und hält den Rekord als das älteste dauerhaft betriebene Theater im englischen Sprachraum.

Für diese Geschichte brauchte ich vollkommene Kontrolle über die baulichen Gegebenheiten des Theaters. Ich wusste, dass es Fans des Old Vic stören würde, wenn ich es mit der Architektur dieses viel geliebten Etablissements nicht so genau nahm, also habe ich ein Theater erfunden, das nur eine kurze Strecke davon entfernt lag. Außerdem war es hilfreich, die Freiheit zu haben, die Intendanz und ihre Geschäftspraktiken zu erfinden, ohne Theaterhistorikern irgendwelchen Kummer zu bereiten.

Natürlich ist auch das Stück *Die Hedonisten* frei erfunden. Falls es Sie interessiert, das Theatre Royal zeigte an Lady Hardcastles Geburtstag im Jahr 1911 ein Melodram von Fred Melville mit dem Titel *The Bad Girl of the Family.* Karten gab es zum Preis von zwei Schilling, einem Schilling sechs Pence, einem Schilling, acht Pence und vier Pence. In der darauffolgenden Woche: *Through the Divorce Court. The Worst Woman in London* ist ein echtes Stück, ebenfalls aus der Feder von Fred Melville, Mr. Adolphus Bedlington und sein hochgelobtes Melodram *Die enttäuschende Ehefrau* gibt es hingegen nicht.

Restaurants kommen und gehen in bekümmernder Frequenz, und möglicherweise hat es mitten in der Stadt irgendwann einmal wirklich ein Lokal namens Le Quai gegeben. Falls ja, ist es nicht das aus der Geschichte.

Gwens Geschichte über die Frau aus Swindon, die behauptete, ihr Gedächtnis verloren zu haben, stammt aus der *Bristol Times and Mirror* vom Montag, dem 13. November 1911.

Suffragetto ist ein Brettspiel aus dem Jahr 1907 oder 1908. Es wurde von der WSPU mit den Werbeslogans »Der allerletzte Schrei!« und »Ein originelles und interessantes Geschicklichkeitsspiel zwischen Suffragetten und Polizisten für zwei Spieler(innen)« herausgegeben. Die Spielregeln werden von Flo in der Geschichte im Großen und Ganzen erklärt.

Weil ich diese erfunden habe, werden Sie auf keiner Karte von Bristol die Woodwell Lane finden. Die heutige Jacob's Well Road, die hügelabwärts führt, um sich von hinten an die Frogmore Street zu pirschen, hat einen ähnlichen Verlauf.

Der Ursprung des Ausdrucks *break a leg* ist, wie Bartlett sagt, unbekannt. Aberglaube ist im Theater weit verbreitet und vielgestaltig. Es gibt im Deutschen den Ausdruck Hals- und Beinbruch, der in einem ähnlichen Kontext verwendet wird, aber es gibt keinen direkten Hinweis auf eine Verbindung. Eine der fantasievolleren Erklärungen lautet, dass *leg* genannte Vorhänge an den Seiten einer Vorbühne die Darsteller vor Blicken abschirmen, während sie auf den Seitenbühnen warten. Um auf der Bühne zu stehen, muss man gewissermaßen ein Bein durchbrechen, das heißt hinter einem dieser Vorhänge hervortreten. Es gibt keinerlei dokumentierten Hinweis darauf, dass dies der Ursprung dieses Ausdrucks ist, unterhaltsam ist die Geschichte allemal. Wahrscheinlicher ist allerdings, dass der Aberglaube diktiert, jemandem Glück zu wünschen, bringe Unglück. Im Umkehrschluss ist es dann zu bevorzugen, jemandem irgendeine Katastrophe zu wünschen – wenn dieser Wunsch dann unvermeidlich auch nicht in Erfüllung geht, ist alles gut.

Soweit ich weiß, gibt es nirgendwo einen Ort namens Six Oaks Wood, nicht einmal in Suffolk.

Danksagung

Wie immer bin ich dem fantastischen Team bei Thomas & Mercer zu Dank verpflichtet, die sich so gekonnt und sorgsam um mich kümmern. Meine Lektorin Victoria Pepe gibt mir immer die besten Ratschläge und erträgt mein Geschwätz über Dachse und Füchse mit freundlicher Gelassenheit. Laura Gerrard war eine Quelle weiterer Ratschläge und hat es geschafft, mir dabei zu helfen, mein geistlos weitschweifiges Geschreibsel in ein Buch zu verwandeln, auf das wir alle stolz waren.

Nicole Wagner, meine »Managerin für Autorenbeziehungen« scheint nie erwähnt zu werden, aber auch sie ist ein unschätzbarer Quell für praktische Hilfe.

Ich habe einige signierte Exemplare der Lady-Hardcastle-Reihe für die Versteigerung signierter Bücher »Children In Reed« gestiftet, die abgehalten wird, um die Aktion der BBC »Children In Need« zu unterstützen. Um dem Ganzen noch etwas zusätzliche Würze zu geben, durfte die Gewinnerin eine Figur in einem der folgenden Lady-Hardcastle-Bücher werden. Joanna Webster-

Green, Besitzerin des wunderbaren Spielzeugladens Little Treasures in Bristol hat das Rennen gemacht. Und weil ihr Gebot so großzügig war, hat Lady Hardcastle selbst ihren Namen als Pseudonym verwendet.